SCHACH-BIBLIOTHEK

Helmut Pfleger · Otto Borik · Michael Kipp-Thomas

Die Schach-Revanche
Kasparow/Karpow 1986

**Mit zwei Psychogrammen
von Dr. phil. Reinhard Munzert**

Von den gleichen Autoren ist bereits das Buch „Schach WM '85" (Nr. 0785) erschienen.

CIP-Kurztitelaufnahme der Deutschen Bibliothek

Pfleger, Helmut:
Die Schach-Revanche: Kasparow/Karpow 1986 / Helmut Pfleger; Otto Borik;
Michael Kipp-Thomas. – Niedernhausen/Ts.: Falken-Verlag, 1986.
  (Falken-Bücherei)
  ISBN 3-8068-0831-7
NE: Borik, Otto:; Kipp-Thomas, Michael:

ISBN 3 8068 0831 7

© 1986 by Falken-Verlag GmbH, 6272 Niedernhausen/Ts.
Titelbilder: Sowjetunion heute, Köln
Titelgestaltung: Kreativ-Design-Studio Gerd Aumann, Wiesbaden-Nordenstadt
Fotos: Annette Borik, Wildeshausen, Frederic Friedel,
Dr. Reinhard Munzert, Bubenreuth, Dr. Helmut Pfleger, München
Satz: Annette Borik, Wildeshausen
Druck: H. G. Gachet & Co., 6070 Langen

817 2635 4453 6271

Inhalt

Vorwort ⸻ 6

Zur Vorgeschichte dieser Weltmeisterschaft ⸻ 8

Schach ist gesund ⸻ 14

Psychologische Portraits ⸻ 20

    Garry Kasparow ⸻ 20

    Anatoli Karpow ⸻ 31

Schach im Fernsehen ⸻ 43

Die Ouvertüre (London) ⸻ 53

1. Partie remis	55		7. Partie remis	78
2. Partie remis	58		8. Partie 1:0	83
3. Partie remis	63		9. Partie remis	89
4. Partie 1:0	66		10. Partie remis	91
5. Partie 0:1	70		11. Partie remis	94
6. Partie remis	74		12. Partie remis	99

In der Stadt der „weißen Nächte" (Leningrad) ⸻ 101

13. Partie remis	103		17. Partie 0:1	117
14. Partie 1:0	106		18. Partie 0:1	119
15. Partie remis	109		19. Partie 0:1	125
16. Partie 1:0	112			

Über Hattricks und sonstige Rekorde ⸻ 128

20. Partie remis	129		23. Partie remis	137
21. Partie remis	131		24. Partie remis	139
22. Partie 1:0	134			

Vorwort

Zum dritten Male innerhalb von nur zwei Jahren hatten Anatoli Karpow und Garry Kasparow die Frage zu klären, wer denn der stärkste Schachspieler der Welt sei. Wir wissen, der Titelverteidiger behielt seinen Titel. Wie geht es nun weiter? Werden diese beiden unbestritten stärksten Spieler der Welt „ewig" gegeneinander spielen (müssen)? Wird das Interesse der Öffentlichkeit nicht nachlassen?

Wir meinen nein. Zum einen sind ausgeglichene Duelle mit ungewissem Ausgang immer interessanter als einseitige Kämpfe, in denen sich schon nach wenigen Partien das Endergebnis abzeichnet. Zum anderen sind die Kämpfe Karpow — Kasparow alles andere als „Grabenkriege", deren versteckte Feinheiten allenfalls einen versierten Profi, kaum jedoch einen „normalen" Schachspieler begeistern können. Von einigen durch die Wettkampftaktik diktierten oder durch Ermüdung erzwungenen „Beruhigungsremisen" abgesehen, werden alle Partien zwischen Karpow und Kasparow mit vollem Einsatz und mit offenem Visier ausgekämpft.

Werfen wir einen Blick über den Zaun. Es kommt in vielen Sportarten vor, daß ein „König" und ein „Kronprinz" die Szene völlig beherrschen, und dennoch läßt das Interesse der für diese Sportart Begeisterten nicht nach. Im Gegenteil, die Sportgemeinde freut sich immer wieder auf das „Duell der Duelle", wenn die Weltbesten wieder einmal die Klingen kreuzen. Denken wir zum Beispiel an die Verhältnisse im Damentennis, als die Finalgegnerinnen jahrelang fast ohne Ausnahme Martina Navratilova und Chris Evert-Lloyd hießen. Oder an die berühmten Spiele im Eishockey in den siebziger Jahren zwischen den Teams der UdSSR und der ČSSR. Oder . . .

Halt. Was für die anderen Sportarten gilt, muß nicht für den Denksport Schach zutreffen. Blättern wir doch in den vergilbten Annalen der Schachgeschichte. Hat es eigentlich eine solche „Zweierherrschaft" schon einmal gegeben?

Hier müssen wir passen. Ein vergleichbares Beispiel können wir nicht finden. Zwar spielten Michaïl Botwinnik und Wassili Smyslow in den Jahren 1954 bis 1958 drei Wettkämpfe gegeneinander (wobei alle möglichen Ergebnisse vertreten waren: Unentschieden, Sieg für Smyslow, Sieg für Botwinnik), doch „absolute Herrscher" waren die beiden bestimmt nicht. Außerhalb der Wettkämpfe, in der Turnierarena, hatten sie sich gegen mehrere ebenbürtige Gegner durchzusetzen, nicht immer mit Erfolg. Dagegen gewinnen Karpow und Kasparow praktisch jedes Turnier, an dem sie teilnehmen. Die erwähnte „Alleinherrschaft" dieser Rivalen ist wirklich einmalig.

Na und? Mag sein, daß der sechste WM-Kampf Karpow — Kasparow (wenn es wirklich dazu kommen sollte) nicht mehr mit Spannung verfolgt wird; wir sind erst bei dem dritten WM-Duell dieser Spieler. Dieses bot alles, was man von einem Kampf der Schachgiganten erwarten darf: brillante Ideen, schöne Kombinationen und einen spannenden Verlauf. Die Schachwelt wurde nicht enttäuscht. Und uns hat es viel Spaß gemacht, dieses Buch zu schreiben.

Garry Kasparow, der alte und neue Schachweltmeister

Zur Vorgeschichte dieser Weltmeisterschaft

Am Anfang war — das Ende, nämlich der Abschluß der Schach-WM 1985. Am 9. November 1985 um 20.11 Uhr gab Anatoli Karpow die 24. Partie des WM-Kampfes auf. Garry Kasparow war der jüngste Weltmeister der Schachgeschichte geworden.

Nun, das ist für Sie sicher keine Neuigkeit. Weniger bekannt dürfte das darauffolgende Tauziehen hinter den Kulissen sein. Um diese teils skandalösen Vorgänge besser zu verstehen, müssen wir weit ausholen.

Die Geschichte der Weltmeisterschaften ist 120 Jahre alt. Im Jahre 1866 fand ein Wettkampf zwischen den beiden anerkanntermaßen besten Schachspielern der Welt statt. Wilhelm Steinitz besiegte Adolf Anderssen und nannte sich fortan unwidersprochen Schachweltmeister. Bis 1946 trugen vier weitere Schachkoryphäen diesen Titel: Emanuel Lasker, Jose R. Capablanca, Alexander Aljechin und Max Euwe. In einem Zeitraum von achtzig Jahren gab es also nur fünf Schachweltmeister! Diese „Langlebigkeit" der Schachkönige lag nicht unbedingt an ihrer klaren Überlegenheit; es gab vielmehr keine festen Regeln über die Austragung von Weltmeisterschaften — der jeweils amtierende Weltmeister konnte seinen Gegner selbst und den Zeitpunkt des WM-Kampfes nach seinem Gutdünken bestimmen. Wie jede unkontrollierte Macht wurde auch diese oft mißbraucht; mancher Weltmeister wich des öfteren einem unangenehmen Gegner aus, oder er zögerte den Wettkampf so lange hinaus, bis sein Rivale den Gipfel seiner Laufbahn überschritten hatte.

Im Jahre 1948 beschloß der Weltschachbund FIDE (aus dem Französischen: „Fédération Internationale des Échecs") diesem untragbaren Zustand ein Ende zu setzen. Fortan mußte jeder Weltmeister seinen Titel alle drei Jahre verteidigen. Der Herausforderer wurde in mehreren Qualifikationsturnieren ermittelt und der WM-Kampf auf 24 Partien beschränkt. Dabei wurden dem amtierenden Weltmeister zwei Vergünstigungen eingeräumt: Bei einem unentschiedenen Ausgang behielt er den Titel, bei Verlust hatte er das Recht auf eine Revanche. Von dieser Regel profitierte (zunächst) ein einziger Spieler, nämlich Michail Botwinnik. Er gewann niemals einen „normalen" WM-Kampf; 1951 und 1954 spielte er gegen Bronstein bzw. Smyslow unentschieden, und 1957 und 1960 verlor er gegen Smyslow bzw. Tal. In den beiden Rückkämpfen (1958 und 1961) holte sich Botwinnik jedoch seinen Titel zurück. Nicht von ungefähr wurde der erwähnte doppelte Bonus des Weltmeisters *Lex Botwinnik* genannt! „Immer hat der Weltmeister irgendwelche Sonderrechte; früher brauchte er erst gar nicht anzutreten, und jetzt hat er wenigstens zwei Trümpfe im Ärmel!" Wegen dieser berechtigten Klagen der führenden Großmeister schaffte die FIDE 1962 das Rückkampfprivileg wieder ab. Als Botwinnik 1963 gegen Petrosjan verlor, war dies sein letzter WM-Kampf.

1974 gab es eine weitere Änderung des WM-Modus: Die Beschränkung auf 24 Partien wurde aufgehoben und stattdessen sollte derjenige Spieler Weltmeister werden bzw. bleiben, der zuerst sechs Partien gewinnt (Remispartien wurden nicht gezählt). Damit wurde ein unentschiedener Ausgang einer WM verhindert und das zweite Privileg des Weltmeisters abgeschafft. Diese Regelung geht auf einen Vorschlag Fischers zurück; wenn er auch 1975 seinen Titel nicht verteidigte, wurde „seine" Regelung noch weitere neun Jahre beibehalten. 1977 tagte der FIDE-Kongreß in Caracas, und Anatoli Karpow, der Fischers Titel kampflos „erbte" und kurz vor einem WM-Kampf gegen Kortschnoi stand, klagte vor den FIDE-Delegierten, daß der Weltmeister nunmehr gar keinen Vorteil gegenüber seinem Herausforderer besitze. Die naheliegende Frage, warum der eine Wettkampfgegner *überhaupt* Vorteile haben sollte, wurde seltsamerweise nicht gestellt. Der FIDE-Exekutivrat beschloß vielmehr, die Rückkampf-Regelung wieder einzuführen und dem geschlagenen Weltmeister *„innerhalb von 12 bis 15 Monaten"* nach dem Verlust seines Titels die Chance einzuräumen, ihn wieder zurückzugewinnen. Damit wurde die *Lex Botwinnik* wieder eingeführt, allerdings nur zur Hälfte, denn Karpow erklärte sich im Gegenzug bereit, das WM-Match auf sechs Gewinnpartien und eine unbegrenzte Anzahl der (Remis-)Partien zu spielen. Bei diesem Modus ist der unentschiedene Ausgang der WM ausgeschlossen, das zweite „Botwinnik-Privileg" also hinfällig.

Zwei WM-Kämpfe gegen Kortschnoi folgten (1978 und 1981), und Karpow setzte sich jeweils durch, so daß die Rückkampfregelung, da nicht beansprucht, fast in Vergessenheit geriet.

Wir nähern uns der Gegenwart. Das (erste) Match zwischen Karpow und Kasparow, angefangen im September 1984 und abgebrochen im Februar 1985, offenbarte die Schwächen des unbegrenzten Wettkampfes. Nach 46 Partien stand immer noch kein Sieger fest, Karpow führte mit 5:1 Gewinnpartien. Nach 48 Partien war das Duell zwar nicht beendet, aber es stand nur noch 5:3 für Karpow, der, offenbar angeschlagen, zwei Partien hintereinander verlor. Was weiter geschah, wurde in unserem Buch „Schach-WM 1984/85" ausführlich beschrieben; der FIDE-Präsident Florencio Campomanes brach den Wettkampf eigenmächtig ab.

Beim Abbruch der WM am 15. Februar 1985 verfügte Campomanes bei der Pressekonferenz und in einer Pressemeldung am selben Tag:

A) Das Match wird ohne Entscheidung abgebrochen.

B) Ein neues Match wird am 1. September beim Stand von 0:0 gespielt. Der nächste FIDE-Kongreß im August wird über die weiteren Wettkampfbedingungen bestimmen. Der Gewinner des Wettkampfes wird für den Zeitraum 1985-86 Weltmeister.

F. Campomanes, FIDE-Präsident . . .

Der Abbruch der WM war natürlich ein riesiger Skandal, der dem Ansehen des Schachs enorm geschadet hat, doch wir wollen das bereits Gesagte und Geschriebene nicht wiederholen und konzentrieren uns nun auf den langen und von weiteren Skandalen gesäumten Weg zur WM 1986. In einem interessanten Hintergrundbericht des Journalisten Frederic Friedel, veröffentlicht in der Fachzeitschrift „Schach Magazin 64", Ausgabe 2/86, wird die Erklärung von Campomanes wie folgt kommentiert:

„Kein Wort also von einem Rückkampf, der letzte Satz schließt ihn sogar aus. Das war vollkommen einleuchtend, denn gleichzeitig war beschlossen worden, künftige WM-Kämpfe wieder auf 24 Partien zu beschränken. Das alte Remis-Privileg wurde also dem Weltmeister zurückerstattet, das neuere Rückkampf-Privileg wieder abgeschafft. Bei einer Pressekonferenz im April in London hat sich auch Campomanes nach Auskunft verschiedener Anwesender durchaus in diesem Sinne geäußert.

Daß tatsächlich kein Rückkampf beabsichtigt war, geht auch aus einer Mitteilung des Ham-

Der Weltmeister ist den ständigen Ärger mit dem FIDE-Chef Campomanes leid, und er unterstützt nun die „Opposition". Links Großmeister Raymond Keene, der für den Posten des FIDE-Generalsekretärs kandidiert, in der Mitte Prof. Lincoln Lucena, der große Gegenspieler des umstrittenen FIDE-Präsidenten.

burger Bundesligaspielers und *Welt-am-Sonntag*-Mitarbeiters Rainer Grünberg hervor. Dieser hat am Tage des Abbruchs um 16.30 Uhr mit Alfred Kinzel (Mitglied des Exekutivrates der FIDE, Anm. der Autoren) in Moskau telefoniert, der ihm von einem Treffen zwischen Campomanes, Kinzel, Gligoric (Hauptschiedsrichter), Karpow und Kasparow und den beiden Delegationsführern berichtete. Kinzel erzählte, daß Kasparow mehrere Forderungen gestellt habe, aber die einzige, die man akzeptiert habe, sei die, daß es nach dem nächsten WM-Match keinen Rückkampf geben soll.
Im Juli 1985 traf dann der FIDE-Exekutivrat in Tunis zusammen. Hier wurde die Rückkampf-Klausel diskutiert und eine neue WM-Regelung beschlossen. Nunmehr hieß es in den entsprechenden Absätzen der WM-Bestimmungen:
Falls der Wettkampf 12:12 endet, behält der Weltmeister seinen Titel.
Falls der Weltmeister das Match verliert, so gibt es keinen Rückkampf.

Jetzt war es endgültig, es gab wieder das Remis-Privileg, jedoch grundsätzlich kein Rück-kampfrecht für den Weltmeister. Die Spitzenspieler der Welt und insbesondere Kasparow wären mit dieser klaren Entscheidung zufrieden gewesen, wenn es da nicht zusätzlich noch eine kleine „Übergangsregelung" gäbe:

Die obige Regelung ist für alle künftigen Weltmeisterschaften gültig, mit Ausnahme des 1985er Matches Karpow — Kasparow. Für das 1985er Match wurde die folgende „Über-gangsregelung" vom Komitee getroffen:

(1) Falls beim 1985er WM-Match der Weltmeister verliert, gibt es einen Rückkampf.

(2) Falls es einen Rückkampf gibt, qualifiziert sich der Verlierer nicht für das Halbfinale in den Kandidaten-Wettkämpfen, sondern für ein besonders einzurichtendes „Kandidaten-Finale" über 24 Partien gegen den Gewinner der Halbfinal-Wettkämpfe.

Das ist wirklich so beschlossen worden! (Rundbrief des FIDE-Präsidenten vom 14. 7. 1985). Karpow wird mit neuen Privilegien überhäuft: Bei einem Verlust seines Titels bekommt er einen Rückkampf (im Gegensatz zu allen anderen Weltmeistern in der Zukunft); ferner muß er bei nochmaligem Verlust im Rückkampf nicht wie jeder andere unter den letzten vier des nächsten Kandidatenzyklus spielen, sondern in einem speziellen Match gegen den näch-sten Herausforderer. Dieser müßte also zuerst Karpow und dann Kasparow schlagen, um Weltmeister zu werden. Hier wurde eindeutig eine *Lex Karpow* geschaffen, denn nur er kann von der neuen Regelung profitieren.

Die neue *Lex Karpow* war natürlich so weitreichend, daß sie der FIDE-Vollversammlung zur Abstimmung vorgelegt werden mußte. Das geschah erst wenige Tage vor dem Beginn des zweiten Wettkampfes, bei der Generalversammlung in Graz, und zwar am letzten Tag in gro-ßer Eile. Die neue Regelung wurde von den „erschöpften, demoralisierten und enervierten" Delegierten (so Beobachter Raymond Keene) zur Kenntnis genommen, aber nicht ratifiziert. 48 Stunden vor Beginn des WM-Kampfes wurde Kasparow erstmals offiziell informiert, so daß er keine Gelegenheit hatte, Protest einzulegen."

Soweit die Auszüge aus dem Artikel von Frederic Friedel. Die Kette der Campomanes-Skan-dale verlängerte sich jedoch bald um ein neues Glied.

Kaum war die WM 1985 beendet und Kasparow zum neuen Weltmeister gekürt, schon drängte Campomanes auf die schnellstmögliche Aufnahme des Rückkampfes. Nicht ein Jahr wollte er warten, wie es früher immer üblich war, sondern nur drei Monate. Warum diese Eile?

Der Grund ist unschwer auszumachen. Nach dem Eklat um den Abbruch des ersten Mat-ches formierte sich gegen Campomanes eine weltweite Opposition, die von Tag zu Tag stär-ker wurde. Der Weltmeister hat naturgemäß viel zu sagen in der Schachwelt und obendrein besitzt er eine Stimme in hohen FIDE-Gremien. Also mußte der neue Weltmeister Kasparow, der den Gegenkandidaten auf den FIDE-Vorsitz unterstützte, aus der Sicht von Campomanes bald seinen Titel verlieren. Und der einzige, der dies bewerkstelligen konnte, war nun einmal Karpow, also mußte der Rückkampf möglichst bald ausgetragen werden.

Kasparow erklärte jedoch klipp und klar, so früh wolle er nicht antreten, und selbst Karpow zeigte sich von der Idee eines vorgezogenen Wettkampfes nicht übermäßig erbaut. Doch Campomanes ging voll auf Kollisionskurs. Er stellte Kasparow ein Ultimatum: Bis Mitternacht vom 7. auf den 8. Januar 1986 sollte der Weltmeister sein Einverständnis zum Beginn des Rückkampfes bereits am 10. Februar 1986 erklären und auf einem Zettel Leningrad oder London als bevorzugten Austragungsort ankreuzen. Damit — und das war der Sinn der Sache! — sollte er sich dem Willen des FIDE-Präsidenten beugen. Wenn Kasparow sich nicht fügt, wird Karpow zum Weltmeister erklärt. Soweit das englische Blatt „Guardian" vom

31. 12. 1985, Interview mit Campomanes. Am 3. Januar 1986 telefonierte F. Friedel mit Kasparow, und siehe da, dieser wußte noch gar nichts von seinem Glück. „Schach Magazin 64" kommentierte: „Eigentlich ist es selbst unter Räubern üblich, dem Opfer persönlich mitzuteilen, was man will („Geld . . .) und was passiert, wenn nichts passiert (. . . oder Leben"). In der FIDE des Herrn Campomanes herrschen anscheinend andere Sitten."
Kasparow ließ das Ultimatum verstreichen. Die Schachwelt hielt den Atem an: Würde Campomanes es wirklich wagen, nach allen vorausgegangenen Skandalen auch noch den Weltmeister zu entthronen?
Die festgefahrene Situation wurde überraschend gelöst. Der sowjetische Schachverband war das ewige Hickhack leid und griff energisch ein. Wichtige Funktionäre setzten sich mit Karpow und Kasparow an einen Tisch und handelten einen Kompromiß aus. Innerhalb von 30 Minuten (Karpow) war alles geregelt. Der wesentliche Punkt der gemeinsamen Erklärung beider Spieler: „Der Wettkampf soll erst im Juli oder August stattfinden." Ende Januar reisten beide Rivalen in einer zumindest nach außen hin getragenener Einvernehmlichkeit nach Luzern, um dort, in der „Höhle des Löwen" (FIDE-Zentrale) ihre Entscheidung bekanntzugeben.

Einmal nicht am Schachbrett! In den Pausen zwischen den Verhandlungen in Luzern vertrieben sich Karpow und Kasparow die Zeit mit Kartenspielen.

Der FIDE-Präsident Campomanes ist ein guter Spieler. Die Aufnahme ist während eines offenen Turniers in Berlin entstanden; nicht in Luzern, wie man aus der Aufschrift auf Campomanes' T-Shirt schließen könnte.

Nun geriet Campomanes in eine prekäre Lage. Hatte er bisher im wesentlichen nur die Schachföderationen der westlichen Länder gegen sich, so stellte sich nun auch der mächtige sowjetische Schachverband (und somit auch alle Schachföderationen des Ostblocks) gegen ihn. Diese ungewöhnliche Ost-West-Allianz hätte zwar immer noch nicht die Mehrheit im FIDE-Kongreß erreichen können, sie würde jedoch über 95% der organisierten Schachspieler vertreten: Eine gewaltige „Anti-FIDE" erschien plötzlich realistisch. Fast gleichzeitig mit der erwähnten Machtprobe gründeten die westeuropäischen Schachverbände eine „Europäische Schachunion", und aus dem fernen Moskau ließen die Sowjets freundlich grüßen: Sie wollen über einen eventuellen Anschluß ihrer Föderation nachdenken! Dieser Wink mit dem Zaunpfahl verfehlte seine Wirkung nicht; Campomanes gab nach, eine weitere FIDE-Krise wurde (vorerst) gelöst.

So lang und so unerfreulich war die Vorgeschichte der Schach-WM, über die dieses Buch berichtet! Doch — Ende gut, alles gut: Der Kampf um die Schachkrone 1986 wurde zu einem der spannendsten und schönsten Duelle der Schachgeschichte!

Schach ist gesund!

Von GM Dr. med. Helmut Pfleger und FIDE-Meister Gerd Treppner

Was heißt eigentlich „Gesundheit", und wann ist ein Mensch als „gesund" zu betrachten? Wenn Herz, Kreislauf und sonstige innere Organe in Ordnung sind, wenn man sich keine bösen Bazillen einfängt und von Hexenschuß, Hühneraugen, Hämorrhoiden und dergleichen verschont bleibt — solch eine vordergründige Antwort gäbe uns sicher Otto Normalverbraucher. Und dann würde er uns wohl die Überschrift um die Ohren schlagen mit der provozierenden Frage, wie denn Schach gegen das alles helfen oder zumindest vorbeugen könnte?!

Nun, selbst solcher Denkart ließe sich manches entgegenhalten. Daß Schach Sport ist — nicht gnadenhalber als solcher anerkannt, sondern weil die körperliche Belastung beim Turnierspiel den geläufigeren Sportarten wie Bahnengolf, Motorsport, Eisstock- oder Sportschießen entspricht — haben Untersuchungen erhärtet. Aber sie liefern darüber hinaus noch ein paar höchst interessante Erkenntnisse mehr: Zum Beispiel verhielten sich die Cholesterinwerte bei Spielern eines Turniers wie diejenigen anderer Sportler im Ausdauertraining — eine Konstellation, die als günstig betrachtet wird, um einer Arteriosklerose vorzubeugen. Bekannt ist ferner, daß die meisten Spieler während eines Turniers mehr oder weniger Pfunde verlieren — bei Höchstbelastungen wie etwa in einem WM-Match kann das sogar an die Substanz gehen. Überspitzt formuliert, ist man versucht, unserem Otto Normalverbraucher zu antworten: Zumindest macht Schach schlank und schützt vor Arterienverkalkung . . .

Aber eigentlich braucht man das gar nicht, denn der oben aufs Korn genommene vordergründige Gesundheitsbegriff ist schlicht falsch. Organische Schäden und Beschwerden können psychische Ursachen haben und diese wiederum ihre Wurzeln im sozialen Bereich. Jeder, der schon einmal durch Ärger in Beruf und Familie unter Dauerstreß geriet, bis er Magengeschwüre oder gar einen Herzinfarkt bekam, kann dies bestätigen. Die relativ jungen Fachgebiete der Psychosomatik und Sozialmedizin zeigen, daß es noch viel weitergehende und subtilere dieser „grenzübergreifenden" Zusammenhänge gibt. Nicht zuletzt deswegen hat die Weltgesundheitsorganisation der Vereinten Nationen den Begriff „Gesundheit" sehr weit gefaßt: Gesundheit ist der Zustand völligen körperlichen, seelischen und sozialen Wohlbefindens.

So betrachtet gibt es nun überhaupt keinen Zweifel mehr, daß Schach „gesund" ist, denn das seelische und soziale Wohlbefinden kann es nachweislich fördern und damit indirekt oft auch das körperliche. Gar nicht selten wird es bei psychischen und sozialen Störungen direkt als Therapie eingesetzt! Man hat sogar überraschend gute Wirkung in Fällen von psychosomatisch bedingten Krankheiten wie z. B. Asthma beobachtet. Aus einer bekannten Klinik in den USA ist der Fall eines zwölfjährigen Jungen überliefert, dessen schwere Kontaktstörung

Sportmedizinische Untersuchungen an Turnierspielern während einer Partie ergaben interessante Erkenntnise. Schach ist auch körperlich so anstrengend, wie viele etablierte Sportarten.

nicht zuletzt durch das Schach überwunden wurde, und Patienten eines Wohnheims für psychisch Kranke in München begannen erstmals Kontakte untereinander zu suchen und zu finden, nachdem ihnen die Helfer das Schachspielen beigebracht hatten. Die Kontakte bezogen sich anfangs nur auf das Spiel, gingen jedoch bald darüber hinaus — was auch bei gesunden Menschen immer wieder beobachtet wird.
Aussagen über die heilsame Wirkung des Schachs gibt es viele, so schon in alter Zeit die Meinung von Ibn Masawaihi, des Arztes des Kalifen Harum al Raschid, der vom Kalifen der „1001 Nacht" gefragt wurde, ob das Schachspiel auch während einer Krankheit empfehlenswert sei. Er antwortete — und dies scheint die erste ärztliche Stellungnahme zu diesem Thema zu sein —, daß es im allgemeinen erlaubt sei und nur in ganz besonderen Fällen nicht ratsam.
„Weil auch das Schachspiel eine Medizin ist, allerheiligster Vater", sagt im 12. Jahrhundert Meister Andrea zum Bischof von Florenz, die letzterer allzu gern zu sich nimmt. „Ich brauche Gottes Gnade für meine menschlichen Schwächen. Ich bin ein unverbesserlicher Liebhaber des Schachspiels."

Das war, viele Jahrhunderte später, auch der große amerikanische Staatsmann Benjamin Franklin: „Verschiedene sehr schätzbare und im Laufe des menschlichen Lebens nützliche Eigenschaften des Geistes können dadurch erworben und gekräftigt werden, so daß sie zu Gewohnheiten werden, die uns nie im Stich lassen." Man könnte meinen, der große amerikanische Gelehrte und Staatsmann hätte den 1981 in den Johannes-Anstalten Moosbach angelaufenen Versuch, Schach als Therapie für geistig Behinderte anzuwenden, vorausgeahnt! Dort zeigte sich nämlich, daß Patienten durchaus imstande waren, das, was sie beim Schach profitierten, aufs tägliche Leben zu übertragen. Verhaltensgestörte etwa, die unfähig gewesen waren, länger als ein paar Minuten bei einer Sache zu bleiben, zeigten generell mehr Ausdauer und Konzentration, sobald sie Schach gelernt hatten, und liefen so leicht weder vom Essen noch von der Arbeit mehr weg. Die therapeutische Wirkung schien übrigens unabhängig vom Erfolg, sondern beruhte allein auf dem Reiz der stets neuen, wechselnden Möglichkeiten des Spiels. Die Wissenschaft scheint langsam aber sicher alles Positive über Schach zu bestätigen, was viele bisher als Ausgeburt idealistischer Sonntagsreden ignorierten.

Die in seelischer und sozialer Hinsicht positiven Aspekte des Schachs können sich aber auch bei Kranken und Behinderten ganz allgemein auszahlen — und genauso bei körperlich Gesunden, denen zum Beispiel Vereinsamung droht oder sie schon ereilt hat. Letzteres gilt vor allem für alte Menschen, die sich überflüssig vorkommen und quasi nur noch warten, bis der Tod sie „abholt". Allen diesen Problemgruppen kann Schach nicht nur Kontakte vermitteln, sondern es bietet ihnen auch die mit Abstand besten Chancen aller Sportarten, bei Jüngeren bzw. Gesunden mitzuhalten. Daß Alter überhaupt kein Handicap sein muß, beweist Ex-Weltmeister Smyslow, der 1957(!) den Titel gewann und heute mit 65, fast 30 Jahre danach, noch immer Turniere höchsten Niveaus bestreitet. Er stand nur einen Schritt vor dem WM-Finale 1984 und wurde erst von Kasparow gestoppt! In Deutschland ist Großmeister Unzicker solch ein Beispiel, der mit 60 noch am Spitzenbrett seines Vereins „1836 München" in der Bundesliga sitzt — meist mit gutem Erfolg. Auch auf weniger hoher Ebene gibt es viele Beweise, wie Schach im Alter den Geist „fit" hält; so betreut einer unserer gemeinsamen Schachfreunde mit nun bald 80 Jahren noch regelmäßig Jugendgruppen und hält Unterricht.

Der Philosoph Gottfried Wilhelm Leibnitz meinte, daß Schach das Denken vervollkommne. In einer psychologischen Untersuchung der Justus-Liebig-Universität Gießen wurde über den Nachweis hinaus, daß die dem Sport allgemein zugeschriebenen förderlichen Wirkungen auch auf das Schach zutreffen, noch eine Reihe spezifischer Merkmale genannt, von denen positive Auswirkungen auf weite Bereiche der Persönlichkeit ausgehen wie gesteigerte Konzentrationsfähigkeit, Aufnahme komplexer räumlicher Sachverhalte, verbessertes Gedächtnis, erhöhte Fähigkeit zur kritischen Analyse und effektivere Vorausplanung. Es zeigt sich somit, daß der Schachsport ein ganzes Bündel positiver Wirkungen hervorruft, die in ihrer Gesamtheit zu einer allgemeinen körperlichen und geistigen Leistungssteigerung auf allen Gebieten des täglichen Lebens führen.

Auch Kranke und Behinderte können zumindest am „normalen" Spielbetrieb teilnehmen. 1962 wurde in Hamburg-Bergstedt ein Wohnheim für Schwerstbehinderte (Gelähmte, Muskelschwund- und Multiple-Sklerose-Geschädigte) gegründet — damals weit vor der Stadt. Man machte dort einen Schachklub auf, dem bald auch Nichtbehinderte beitraten; Busse mit Hebebühnen erlaubten schließlich Auswärtsspiele, und der soziale Kontakt war hergestellt. Man braucht wohl nicht zu betonen, daß hier das Gemeinschaftserlebnis viel, viel wichtiger war als der schachliche Erfolg; doch vielen Kranken und Behinderten mag es auch seelisch

*Großmeister
Dr. Helmut Pfleger*

gut tun, wenn sie sich selbst beweisen, daß sie wenigstens auf einem Gebiet Gesunden ebenbürtig oder gar überlegen sind.
Das führt uns zum nächsten Aspekt, wie Schach dem psychischen und sozialen Wohlbefinden nützlich sein kann: Es erlaubt, unbewußt und damit ohne Schuldgefühle, aggressive Konflikte auszuleben, die ansonsten das eigene Innenleben schwer schädigen oder auf verhängnisvolle Weise nach außen durchbrechen könnten. Bei nicht wenigen Spielern kontrastiert persönlich friedfertiges Wesen verblüffend mit draufgängerischem, ja brutalem Spiel am Brett. Natürlich gibt es auch gegenteilige Beispiele; doch erlaubt das Spiel dem Menschen, sein tiefstes Inneres hervorzukehren (Schiller: „Der Mensch spielt nur, wo er in voller Bedeutung des Wortes Mensch ist, und er ist nur da ganz Mensch, wo er spielt"). Gerade Schach ist in dieser Beziehung, wie Psychoanalytiker meinen, mit einer so reichen Symbolik befrachtet, daß es dazu unvergleichliche Möglichkeiten bietet. Zum einen ist der Zustand

eigener Allmacht fesselnd, wenn man die Steine führt wie der Feldherr die Schlacht; viele brauchen dies gerade nach schlimmen Tagen mit Ärger und Kränkungen zur Wiederherstellung des seelischen Gleichgewichts, und von allen Spielen ist Schach wegen seines lebensnahen Modellcharakters dazu mit Abstand am besten geeignet. Wir wollen gar nicht ausführlich auf verdrängte sexuelle und ödipale Konflikte eingehen, die nach Meinung mancher Tiefenpsychologen ebenfalls speziell im Schach bewältigt werden können; wir begnügen uns mit der Feststellung, daß Schach dem unbewußten Teil des seelischen Innenlebens (und das ist der weitaus größere) auf vielfache Weise guttun kann. Seltsamerweise haben viele Leute, gerade was das Geistig-Seelische angeht, von Schach die genau umgekehrte Meinung. Sie glauben, daß zumindest herausragende Spieler schon an der Grenze zum Wahnsinn stünden, und nicht nur Paradebeispiele wie Morphy, Steinitz oder Bobby Fischer werden immer wieder als „Beweise" zitiert, sondern auch schon kleine Schrullen und Absonderlichkeiten anderer. Generell läßt sich dazu nur sagen: Alles das, was man in dieser Hinsicht von Schachspielern kennt, gibt es auch bei anderen Sportlern und Künstlern, die Höchstleistungen bringen, und zwar oft in viel größerem Ausmaß, ohne daß sich seltsamerweise jemand darüber aufregt. Viele Schriftsteller, Maler u. a. kämpften mit ihrer Arbeit gegen Depressionen und andere psychische Störungen an; manche verfielen tatsächlich dem Wahn — und doch wird wohl niemand auf die Idee kommen, Menschen, die solche Berufe ergreifen wollen, als potentielle Irre zu bezeichnen.

Dazu noch zweierlei: Daß geistige Höchstleistung zu echter Geisteskrankheit führen kann, gehört ins Reich der Fabel; man darf das nicht mit momentanen „Zusammenbrüchen" verwechseln (etwa nach einer schweren Blindsimultanvorstellung), die ohne weiteres auch bei Sportlern im athletischen Bereich vorkommen, wenn sie sich total verausgaben. Die Ursache für echte Geisteskrankheiten liegt in der Persönlichkeitsstruktur, und es ist ziemlich sicher (natürlich nicht beweisbar), daß solche Menschen auch ohne Schach wahnsinnig geworden oder zumindest dem Wahnsinn nahe gekommen wären. Eine solche Tendenz kann sich höchstens verstärken, wenn eine bereits gefährdete Persönlichkeit total vom Spiel besessen ist und sich durch Abkapselung, gefolgt von Kontaktarmut, Realitätsverlust etc., weitere Schäden zuzieht.

Summa summarum läßt sich also im Hinblick auf den notwendigerweise erweiterten Gesundheitsbegriff zusammenfassen: Schaden kann Schach so gut wie nie; dafür dem seelischen oder sozialen Wohlbefinden direkt und damit oft auch indirekt dem körperlichen helfen. Das beweisen nicht zuletzt ungezählte Zeugnisse von Menschen, die durch das Spiel einfach das neu oder wiedergewonnen haben, was man Lebensfreude nennt. Dr. Tarrasch, der allerdings als einer der führenden Meister seiner Zeit pro domo spricht, schätzte es so ein: „Ich habe ein leises Gefühl des Bedauerns für jeden, der das Schachspiel nicht kennt; ungefähr so, wie ich jeden bedaure, der die Liebe nicht kennengelernt hat. Schach hat, wie die Liebe, wie die Musik, die Fähigkeit, den Menschen glücklich zu machen." Francis Bacon sah „keinen besseren Ausweg von den Übeln des Lebens als eine Partie Schach". Ex-Weltmeister Boris Spasski hilft Schach ebenso wie Tennis gegen depressive Verstimmungen: die eigene aktive Betätigung ist sicher besser als ein passiv konsumiertes Medikament. Am überzeugendsten scheinen uns aber die vielen Beispiele einfacher „namenloser" Menschen — z. B. der Verhaltensgestörten, von denen schon die Rede war und die schon nach kurzer Zeit viel lieber Schach spielen wollten als anderen im Stundenplan vorgesehenen Dingen nachzugehen. Solange die Beschäftigung mit Schach nicht zur Sucht ausartet, sondern die Freude am Spielerischen die Oberhand behält, solange wird es im weitesten Sinn unserer Gesundheit dienen.

Zum Schluß noch ein Wort zum heute verbreiteten und beliebten Computerschach. Mit einigen Einschränkungen gelten die vorherigen Ausführungen auch hierfür; darüber hinaus kann der jederzeit verfügbare Schachcomputer Partner sein, wenn aus räumlichen oder zeitlichen Gründen ein menschlicher Gegenspieler nicht zur Verfügung steht. Auch werden heutzutage viele von der Elektronik faszinierte Jugendliche erst über das „Medium" Computer zum Schachspiel geführt. Es ist wie mit allen dienstbaren Geistern, die der Mensch sich erschuf: es kommt auf den sinnvollen Gebrauch an.

Psychologische Portraits

von Dr. Reinhard Munzert

Garry Kasparow

„Schwimm gut, Garry, im stürmischen Meer des Schachs!" wünschte Exweltmeister M. Botwinnik seinem Schüler Kasparow (5, *VIII* — *).
Wie wir wissen, hat Kasparow alle Wellen und Fluten gut überstanden. Dabei haben ihm nicht nur seine exzellenten schachlichen Fähigkeiten und Kenntnisse geholfen, sondern auch seine beachtliche psychische Stärke und sein psychologisches Verständnis des Spiels.

Kindheit und Jugend
Um das Leben und die Schachkarriere des neuen Weltmeisters richtig zu verstehen, muß man bis in seine Kindheit zurückgehen.
Wie viele erfolgreiche Schachspieler lernte er das Spiel schon in jungen Jahren kennen. Allerdings auf eine etwas andere Weise als sonst üblich, nämlich durch das Beobachten seiner Eltern beim Lösen von Schachproblemen. Mit sechs Jahren konnte er Bezeichnung und Farbe eines jeden Feldes des Brettes auswendig hersagen und beherrschte die Zugweise jedes Steines, ohne daß er diese erläutert bekommen hätte. Überhaupt zeigte sich schon damals sein erstaunliches Gedächtnis und sein Lerneifer.
Mit sieben Jahren wird Garry Mitglied der Schachabteilung der jungen Pioniere von Baku. Im selben Jahr ereignete sich etwas Tragisches: Garry verlor seinen Vater. Diesen Verlust und seine Auswirkungen auf ihren Sohn beschreibt Mutter Clara folgendermaßen: „Das war eine sehr schwere Zeit für uns. Sehr schwer. Garry liebte seinen Vater sehr. Ist ihm wie aus dem Gesicht geschnitten, äußerlich ist er das genaue Ebenbild seines Vaters. Sie waren so viel zusammen . . . Für mich war es schwer, auch seinen Vater zu ersetzen . . . Man machte für ihn alles, damit er den Verlust nicht zu tief fühlte" (37, *23*).
Seine Mutter mußte vermutlich sehr kämpferisch und energisch sein, um diesen Lebensabschnitt zu bewältigen. Indirekt gab sie damit wohl auch ihrem Sohn ein Beispiel für Einsatzbereitschaft und Ausdauer in schwierigen Situationen.
Garrys Mutter richtete jetzt all ihre Liebe und Aufmerksamkeit auf ihren Sohn. Für das Einzelkind Garry wurde die Bindung an sie noch stärker, als es ohne Vaterverlust der Fall gewesen

---

* Die erste Zahl bezeichnet die Quelle im Literaturverzeichnis, die zweite Zahl gibt die Seite an. Fehlt die Seitenangabe, so handelt es sich um eine TV-Sendung, eine Pressekonferenz o. ä.

Garry Kasparow mit dem Autor

wäre. Auf Garry trifft sicherlich zu, was Freud einmal über Goethe geschrieben hat: „Wenn man der unbestrittene Liebling der Mutter gewesen ist, so behält man fürs Leben jenes Eroberergefühl, jene Zuversicht des Erfolges, welche nicht selten wirklich den Erfolg nach sich zieht." (14, *26*)
Die Schachtrainer, die Garry damals betreuten, stellten in gewisser Hinsicht einen Vaterersatz für ihn dar. Dies dürfte eine Bedingung gewesen sein, die Garrys Interesse am Schach (unbewußt) noch steigerte. Sicherlich sollte der Junge durch die Beschäftigung mit Schach auch vom Tod seines Vaters abgelenkt werden (7, *14*).
Übrigens war Kasparow — ähnlich wie Karpow — in seiner Kindheit kränkelnd, was man heute beim Anblick des sportlichen Weltmeisters kaum für möglich hält (4).
Garry fiel schon bald in örtlichen und überregionalen Schachkreisen durch seine erfolgreiche Spielweise auf. Schließlich wurde er in Botwinniks berühmte Schachschule aufgenommen. Botwinnik erinnert sich an diese Zeit: „Er war ganz klein, kaum zehn Jahre, als er bei uns in der Schule erschien. Seine Überlegenheit gegenüber anderen Kindern war augenfällig; er vermochte schon damals Varianten sehr genau und weit zu berechnen. Er war aber ein leicht erregbares Kind. Fortdauernd sagte ich zu ihm: Du mußt erst nachden-

ken, bevor Du Deinen Zug wählst, während er nach wie vor umgekehrt handelte," (6, *122*). Noch heute betont Kasparow, wie wichtig der Unterricht und der Einfluß Botwinniks für ihn waren.

Garry machte weiterhin rasche Fortschritte und errang erstaunliche Siege. Über seine schachlichen Erfolge berichten zahlreiche Bücher, so daß ich hier nicht die einzelnen Stationen seiner Karriere anzuführen brauche.

Schach nahm einen immer größer werdenden Platz im Leben Garrys ein. Dazu seine eigenen Äußerungen: „Ich war 14, als mir klar wurde, daß Schach dabei war, mein Lebensinhalt zu werden" (23, *33*), und „In bestimmten Augenblicken trifft der Mensch weitreichende Entscheidungen. (Nach einem Turniersieg in Minsk 1978; R. M.) erkannte ich, daß mein Leben untrennbar mit dem Schach verbunden wäre. Ich würde nicht sagen, daß ich mich seitdem nur mit dem Schachspiel beschäftigte und in Zukunft nur damit beschäftigen werde; aber damals war das eine endgültige Entscheidung, die Entscheidung fiel für das Schach." (37, *22*). Botwinnik sprach schon damals allerhöchstes Lob über Kasparow aus: „Die Zukunft des Schachs liegt in den Händen von Jungen wie diesem" (18, *X*). Auch andere Großmeister äußerten sich sehr positiv über das Talent Garrys, z. B. die Exweltmeister Tal und Petrosjan.

Garry mußte übrigens wegen dieser Anerkennung und seiner vielen Erfolge eine psychische Leistung vollbringen, die bisher kaum beachtet wurde. Schon in jungen Jahren wurde er nämlich mit Erfolg überhäuft und es wurden allergrößte Hoffnungen in ihn gesetzt. Es bestand ja durchaus die Gefahr, daß er dadurch zu selbstzufrieden bzw. sogar überheblich werden könnte und er deshalb den Boden unter den Füßen verlöre oder aber andererseits die Erwartungen ihn erdrückten.

Glücklicherweise ist beides nicht geschehen. Garry war so ehrgeizig, daß der Erfolg ihn zwar ermutigte und sicherlich eine Steigerung der Selbstsicherheit bewirkte, doch hatte er noch große Ziele vor sich. In seiner Kindheit hätte er schon manchmal den Gedanken gehabt, eines Tages um die Weltmeisterschaft zu spielen, erinnert sich Kasparow (37, *22*).

Natürlich wollte er auch die hohen Erwartungen seiner Mutter und seiner Trainer nicht enttäuschen und arbeitete hart weiter, unterstützt von seiner Mutter. Diese äußerte sich jüngst dazu folgendermaßen: „ . . . ohne die Zähne zusammenzubeißen, ohne äußerstes Streben, kann man nie das höchste Ziel erreichen . . . Das Wort ‚Ruhe' gibt es für uns nicht. Seit er neun war, gab es keinen Tag für ihn ohne festen Arbeitsplan. Wir haben ständig gearbeitet, es ist sehr schwer zur Spitze zu gelangen. Und weder er noch ich könnten es verstehen, nur für den Spaß zu leben" (21, *21f.*).

Ein neuer Höhepunkt war 1980 die Erringung der Jugendweltmeisterschaft in Dortmund. Nach diesem Erfolg wurde er gefragt, ob er nach Deutschland gekommen sei, um den Ersten zu machen. Er bejahte dies mit folgender Erklärung: „Warum sollte jemand sonst so weit fahren. Und dazu noch ohne meine Mutter, was die Angelegenheit verschlimmert" (18, *XI*). Diese Aussage verdeutlicht einerseits den Ehrgeiz und die Selbstsicherheit Garrys und betont außerdem die — nach wie vor bestehende — feste Bindung des jugendlichen Garry an seine Mutter.

Schon damals — wie auch heute noch — richtet die ehrgeizige Mutter stets ihr Augenmerk und ihre Tatkraft, als eine Art von Managerin, auf den erfolgreichen Verlauf der Schachkarriere ihres Sohnes. Erst vor kurzem nannte er seine Mutter: „Meinen besten Freund und meinen ersten Trainer" (21, *20*).

Auf die Frage, was ihr an ihrem erwachsenen Sohn am besten gefalle, antwortete sie übrigens: „Am meisten seine Zielstrebigkeit, seine Energie, das ist wie Dynamit" (37, *23*).

Nachdem jetzt einige wesentliche psychologische Aspekte der Kindheit und Jugend Kasparows und deren mögliche Bedeutung für seine Schachkarriere aufgezeigt wurden, soll im folgenden der erwachsene Großmeister betrachtet werden.

Persönlichkeit und Eigenschaften
Richtet man den Blick auf sein Äußeres, so fällt neben der sportlichen Erscheinung auf, daß Kasparow älter und reifer aussieht, als es seine 23 Jahre erwarten lassen (Gerüchte, daß er tatsächlich älter sei, sind allerdings nicht zutreffend).
Doch nun zu seiner Persönlichkeit. Beginnen wir mit den hervorstechendsten Eigenschaften:
Seine Willensstärke, psychische Stabilität und Ausdauer sind enorm. Das beeindruckendste Beispiel hierfür bietet sein Verhalten beim ersten Wettkampf mit Karpow, als er monatelang kaltblütig und kampfstark am Abgrund einer Niederlage entlang spielte, ohne zu straucheln. Hier zeigte er, daß er auch schwierigste Zeiten unbeschadet durchstehen kann.
Mut und Entschlossenheit charakterisieren ihn. Draufgängerisch scheut er kein Risiko, weder im Schach noch im sonstigen Leben.
Er sagt sehr oft, was er denkt und tut, was er für richtig hält, auch wenn er weiß, daß er dafür Unannehmlichkeiten bekommen könnte. Keinesfalls läßt er sich — durch wen auch immer — einschüchtern. „Sein Selbstvertrauen ist beträchtlich, grenzt aber nie an Arroganz" (23, *101*). Der neue Weltmeister steckt voller Energie und ist recht temperamentvoll, gleichwohl hat er mittlerweile seine Fähigkeit zur Gelassenheit und Selbstbeherrschung erhöht, zumindest bezüglich seines Schachspiels. Er sagt dazu selbst: „Man darf eines nicht verwechseln, dies ist sehr wichtig: Ich bin sehr impulsiv, heißblütig, manchmal hitzköpfig; das bedeutet aber nichts für mein Schachspiel, weil ich meine Erregung üblicherweise auf einem bestimmten Niveau halten kann. Vielleicht deshalb, weil mein Nervensystem beständiger und besser an Belastungen angepaßt ist, als bei einem Menschen, der im allgemeinen sehr ruhig ist und bei Belastungen allerdings die Gelassenheit verliert. Das ist aber schon sehr schwierig zu erreichen, immer gelassen zu bleiben . . . Mit autogenem Training habe ich gelernt, im entscheidenden Augenblick nichts zu sehr zu Herzen zu nehmen. Ich nenne das die Fähigkeit zur Bewahrung von Nervenenergie" (34, *237*).
Kasparow ist extravertiert, liebt es also, unter Menschen zu sein und im Mittelpunkt der Aufmerksamkeit zu stehen; eine bei Schachspielern eher selten anzutreffende Eigenschaft. Er besitzt persönliche Ausstrahlungskraft und Charme und ist nicht zuletzt deshalb fast überall beliebt. Dazu trägt auch sein redegewandtes, weltmännisch-mediengerechtes Auftreten bei. „Er betritt jeden Turniersaal wie eine Arena, fühlt sich wohl, wenn Kameras surren oder klikken, findet die richtigen Worte, die sich in Zitate münzen lassen, und strahlt jenes leicht übersteigerte Selbstbewußtsein aus, das in jedem Schaugeschäft zum Star gehört" (50, *86*).
Der Champion verfügt auch über mehrere Eigenschaften, die für Schachspieler äußerst wichtig sind: Selbstkritik und Lernfähigkeit, Fleiß und Durchsetzungsvermögen. Er kann seine Kräfte geschickt einteilen und sich gut entspannen, was — neben seiner Nervenstärke — wichtige Bedingungen sind für sportliches Durchstehvermögen. Selbstverständlich besitzt er Intelligenz, Kreativität, Intuition, hohe Konzentrationsfähigkeit und das ausgezeichnete Gedächtnis, das man braucht, um im Schach so weit zu kommen.
Trotz seiner psychischen Stabilität ist Kasparow natürlich keine gefühllose Schachmaschine. Er bekennt beispielsweise freimütig, daß er sowohl nach den Anfangspartien des ersten Matches mit Karpow, als er mehrere Niederlagen kurz hintereinander hinnehmen mußte, als

auch vor Beginn des zweiten Wettkampfes — in Anbetracht der schachlichen Stärke Karpows — etwas ängstlich gewesen sei (51, *98f.* und 39).

Seine psychische Stärke besteht nicht darin, daß er keinen Streß, Angst und dergleichen erlebt, sondern daß er mit diesen wohl nicht zu vermeidenden Erscheinungen des Wettkampfschachs ausgezeichnet umzugehen weiß. An anderen Menschen schätzt Kasparow Entschlossenheit und (Streben nach) Gerechtigkeit besonders hoch (21, *21*).

Mir ist es fast etwas unangenehm, so viel Positives und kaum etwas Kritisches über den Weltmeister schreiben zu können. Schließlich soll das hier keine „Heiligenverehrung" werden.

Dennoch konnte ich nicht umhin, all das oben Genannte aufzuzeigen, um eine möglichst objektive und weitgehend vollständige Charakterisierung seiner Persönlichkeit zu geben. Sie beruht auf den Beschreibungen von Großmeistern und Schachautoren, die ihn gut kennen (28 und 15), auf eigenen Angaben Kasparows und offensichtlichen Schlußfolgerungen aus seinen Verhaltensweisen.

Bei seinem Hamburgaufenthalt im Sommer 1985 und seinen Besuchen in München 1985 und Basel 1986 konnte ich mich bei zahlreichen Anlässen und in einem ausführlichen Gespräch mit ihm selbst davon überzeugen, daß die positiven Beschreibungen, die über ihn gegeben werden, zutreffend sind.

Faßt man alles zusammen, so kann man nur sagen: Kasparow besitzt eine stark beeindruckende Persönlichkeit.

Spielweise, schachliche Fähigkeiten
und Einstellung zur Psychologie im Schach

Kasparow sagte einmal, daß sich die Persönlichkeit eines Schachspielers in seinen Partien am besten ausdrücke (24, *129*). Bei ihm selbst ist es jedenfalls so. Kasparows Wagemut und Dynamik spiegelt sich natürlich auch in seiner Spielweise wider. Bei der Beschreibung seines Stils kommen viele Autoren ins Schwärmen. Zu Recht!

Hohlfeld erläutert seine Spielweise folgendermaßen: „Er ist Angriffsspieler, seine Partien sind voller Leben, voller genialer Einfälle und Kombinationen." (20, *127*). Von Kasparows Partien gehen „Kampfgeist" und „jugendlicher Optimismus" aus, hebt Hajenius hervor (19, *9*). Und gelegentlich trifft sicher auch zu, was derselbe Autor über Kasparow behauptet: „Er geht bis zum Äußersten und manchmal auch etwas weiter" (19, *138*). Finkenzeller betont, daß Kasparows Stärke „die komplizierte, kraftvolle, die Partie krönende Kombination" sei (13, *12*). „Explosive Unberechenbarkeit" läßt ihn so brillant spielen (55, *19*). „Kasparow opfert in der Eröffnung nicht selten einen Bauern, um damit Entwicklungsvorsprung und Aussicht auf Angriff zu erlangen, da gerade in solchen Stellungen sein glänzendes kombinatorisches Talent zur Geltung kommt" (54, *115*).

Botwinnik charakterisiert Kasparows spielerische Stärken wie folgt: „Sein Vermögen, Variationen durchzurechnen, seine erfindungsreichen Kombinationen und seine Angriffsstärke sind erstaunlich . . . Niemand gleicht Kasparow in der Fähigkeit, kraftvoll zu spielen" (5, *VIIf.*). Selbst die Prawda (1985) schreibt von „seinem einzigartigen dynamischen Stil".

Karpow äußerte sich jüngst in folgender Weise über das Spiel seines Rivalen: „Er ist sehr begabt und auf dem Felde der Eröffnungstheorie glänzend vorbereitet, einem Gebiet, auf dem er meiner Meinung nach andere Spieler der Weltspitze verschiedene Male übertrumpft hat. Das ist sein grundsätzlicher Vorteil. Außerdem hat er ein scharfes Gefühl für die Initiative. Andererseits hat es er nicht gern, wenn der Partner zu einem Gegenspiel ausholt, und das ist sein Mangel" (10, *259*).

Suetin beschreibt Kasparows Stil u. a. wie folgt: „Sein Spiel zeichnet sich durch die Tiefe seiner strategischen Entwürfe aus, die jedesmal auf einer äußerst dynamischen Basis mit scharfen Wendungen und mit der Umwandlung von Material in Energie beruhen . . . Er haßt lange passive Verteidigung und läßt keine Gelegenheit aus, auf taktische Weise Gegenspiel zu erhalten, ein aktives Verteidigungssystem zu errichten" (53, *164*).

Nachdem Großmeister Miles mit Kasparow in dessen Weltmeisterschaftsvorbereitungskampf in Basel gespielt hatte, äußerte sich Miles folgendermaßen über seinen Gegner: „Ich glaube, ich habe ihn ein bißchen unterschätzt. Ich glaubte, er sei ‚bloß' der Weltmeister. Als ich dann nach Basel kam, traf ich eine Art Monster mit hundert Augen, denen auch nicht das Geringste entgeht . . . Ich glaube, ich werde meine Ambitionen, Weltmeister zu werden, für ein paar Jahre begraben" (32, *3*).

Auf eine Schwäche, die sich bis vor kurzem in Kasparows Spiel zeigte, hat Kortschnoi hingewiesen: „Glauben Sie mir, Kasparow fehlt eine wichtige Eigenschaft des Schachspielers: Geduld. Er bringt es nicht fertig, kleine Vorteile anzusammeln . . . Er kann nicht auf Defensive umstellen, und wenn man gegen starke Gegner antritt, ist das sehr wichtig" (7, *110*). Kasparow hat mittlerweile gelernt, daß er gelegentlich zu optimistisch und selbstsicher spielte.

Im zweiten Wettkampf mit Karpow hat Kasparow jedenfalls gezeigt, daß er jetzt auch geduldiger und vorsichtiger spielen kann. Allerdings konnte man auch feststellen, daß er bei der Behandlung von (vorteilhaften) Endspielen und in der Verteidigung Karpows Stärke noch nicht erreicht hat. Jedoch hat Kasparow schon in zahlreichen Partien zu erkennen gegeben, daß er auch im ruhigen, positionellen Spiel sehr erfolgreich sein kann.

Im ersten Wettkampf mit Karpow hat er sich überdies als sehr flexibel erwiesen, indem er seine Kampftaktik nach den anfänglichen Mißerfolgen stark veränderte (35, *308*).

Lassen wir Kasparow über seine Spielweise selbst zu Wort kommen: „Natürlich stelle ich mir sportliche Ziele, bemühe mich aber dabei, ein lebendigeres und interessanteres Schach (als Karpow; R. M.) zu spielen. Nicht nur deswegen, weil es einfach interessanter ist, sondern weil das meine künstlerische Eigenart ist. So betrachte ich Schach — in jeder Partie strebe ich nach dem Maximum, das liegt, glaube ich, schon in meinem Wesen. Jeder spielt so, wie er es versteht. Ich versuche immer schön zu spielen . . . Vielleicht klingt es nicht bescheiden, aber ich versuche, ein Kunstwerk zu schaffen" (37, *22*). Hier ähnelt er seinem Vorbild A. Aljechin. Von den lebenden Schachspielern, führt Kasparow an, „machte Fischer mit seinem unbedingten Kampfeswillen und mit seinem professionellen Zugang zum Schachspiel den größten Eindruck auf mich. Ich glaube, daß mit Fischer das moderne Schach beginnt — echt professionell und eigentlich ein Schachspiel, wovon wir heute so schwärmen, ein Spiel, das ich jetzt zu spielen versuche" (37, *22*).

Kasparow beachtet selbstverständlich auch die psychologischen Elemente des Spiels. Mehrmals hat er sich über die große Bedeutung der Psychologie für das Schach geäußert. Sehr ausführlich in einem Interview mit mir (34).

Selbstverständlich hatte sich Kasparow auch psychologisch auf den zweiten Wettkampf mit Karpow gut eingestellt (36). Als er Weltmeister geworden war, fragte ich ihn, ob er — nachdem er jetzt als besonders stabil gelte — sich weiter psychologisch vorbereite. Dies war seine Antwort: „Ich bin der Ansicht, daß die ganz allgemeine psychologische Vorbereitung sehr wichtig ist. Abgesehen davon, lege ich natürlich auch großen Wert auf eine — im weiteren Sinne — psychologische Vorbereitung auf einen bestimmten Wettkampf" (Pressekonferenz am 27. 12. 1985).

Zusammenfassend kann man Kasparows Spielweise als kraft- und phantasievoll, angriffslustig und risikofreudig beschreiben.

Sport, Hobbys und Entspannung

Sportliche Betätigung ist für Kasparow ein großes Bedürfnis: „Ich treibe sehr gerne Sport, Fußball, Radsport, Schwimmen. Bei schönem Wetter spiele ich Badminton und Tennis." (37, *23*)

Der Weltmeister hat vielseitige Interessen. Er legt großen Wert darauf, sich nicht nur einseitig mit Schach zu beschäftigen, sondern einen weiten geistigen Horizont zu haben. Kasparow besitzt eine gute Allgemeinbildung und hat am Pädagogischen Institut in Baku Fremdsprachen (insbesondere Englisch) studiert.

Seine Hobbys dienen dem Weltmeister teilweise auch dazu, sich vor bzw. während Wettkämpfen zu entspannen.

So liest Kasparow bekanntlich während wichtiger Wettkämpfe die Werke Senecas, eines Philisophen des Altertums. Dies hilft ihm, Gelassenheit zu bewahren und die Ereignisse auf dem Schachbrett nicht zu dramatisieren. Manche Titel der Schriften Senecas klingen tatsächlich wie Balsam für strapazierte Nerven: „Über die Ausgeglichenheit der Seele"; „Vom glückseligen Leben". Daraus einige Zitate: „. . . das höchste Gut (ist) die Harmonie mit sich selbst".

„Der (Ringkämpfer), der sein Blut schon fließen sah, dessen Zähne krachten unter Faustschlägen, der niedergerungen die ganze Last seines Gegners auf seinem Leibe trug und zu Boden geschleudert den Mut nicht verlor, der, so oft er fiel, trotziger wieder aufstand, der schreitet mit großer Hoffnung zum Kampfe hinab. Also, um dieses Gleichnis zu verfolgen, oft schon lag das Schicksal über dir und doch ergabst du dich nicht, sondern sprangst empor und stelltest dich noch beherzter wieder fest. Denn versuchte Tapferkeit steigert sich."

„Was Wunder, wenn die, welche sich an steile Höhen gewagt haben, den Gipfel nicht erreichen! Wer Großes versucht, ist bewundernswert, auch wenn er fällt".

Überhaupt widmet Kasparow große Teile seiner Freizeit den Büchern von Dichtern und schöngeistigen Schriftstellern. Außerdem beschäftigt er sich mit Geschichte, aber auch mit Computern. Er schätzt klassische und Pop-Musik und benutzt sie ebenfalls zu seiner Entspannung (29, *21*).

Ein Problem, das selbst für einen Kasparow nicht leicht zu lösen ist, wurde deutlich, als man den jungen Weltmeister fragte, ob man jetzt bald die Königin seines Herzens kennenlernen würde. Seine Antwort: „Nein, ich glaube nicht, daß es bald dazu kommt. Mir scheint, das Problem ist schwieriger zu regeln, als Weltmeister zu werden" (40). Immerhin läßt ihn eine russische Schauspielerin nicht ganz unbeeindruckt.

Beziehung zu Karpow, Campomanes
und dem sowjetischen Schachverband

Bekanntlich sind Karpow und Kasparow nicht gerade Freunde. Allerdings sollte vor kurzem ein „Ende der Eiszeit" zwischen den beiden erkennbar gewesen sein. So beschreibt es ein Freund Kasparows in Deutschland, der Wissenschaftsjournalist F. Friedel, der die zwei Großmeister mehrere Tage in Luzern erlebte, als sie ihre Kompromißformel für den WM-Rückkampf der Öffentlichkeit vorstellten. Friedel äußerte seine Überraschung „daß beide völlig normal und entspannt miteinander umgingen" (16, *99*).

Von dem frostigen Klima, das in letzter Zeit zwischen den beiden Schachgiganten geherrscht hatte, war in Luzern nichts mehr zu verspüren" (16, *99*).

Gemeinsam hatten die beiden Großmeister schon vorher in Moskau festgelgt (mit ein wenig

Hilfe des sowjetischen Schachverbandes), wann der Rückkampf stattfinden soll. Dabei hatten sie die Vorstellungen des umstrittenen Weltschachbund-Präsidenten Campomanes ignoriert (3, *59*).

Karpow schildert das Vorgehen so: „Wir haben in Moskau alles innerhalb von 30 Minuten geregelt. Man sieht, daß Spitzenspieler direkt miteinander sprechen müssen, ohne Einmischung von außen. Dann können sie alle Probleme schnell lösen" (16, *99*)

Kasparow, der sich vorher gegen einen derartigen Rückkampf ausgesprochen hatte, erklärte: „Im Interesse der Schachwelt ließ ich mich umstimmen" (47, *3*).

Leider hat die entspannte Phase zwischen den beiden Schachgiganten nicht lange angehalten.

Möglicherweise ist die Luzerner Kompromißvariante u. a. der Beginn einer cleveren Kombination des Weltmeisters, um Campomanes matt zu setzen. Vielleicht soll diese Problemlösung zunächst dazu beitragen, Karpows Verbindung zu Campomanes zu lockern.

Der Weltmeister hatte ja erst vor wenigen Monaten seinen Vorgänger aufgefordert: „Befreie Dich aus den Klauen von Campomanes, verzichte auf die maßlosen Privilegien, die er Dir einräumen will" (25, *18*).

Wenn Karpow die Unterstützung des FIDE-Präsidenten nicht mehr für hilfreich — eventuell sogar für schädlich — erachtet, dürfte Campomanes seinerseits wenig Hilfe von den Sowjets bei der in diesem Jahr anstehenden Wahl des Weltschachbundvorsitzenden bekommen.

Kasparow steht Campomanes aus verständlichen Gründen sehr ablehnend gegenüber. Die Hürden, die Kasparow nehmen mußte, um Weltmeister zu werden, bestanden nicht nur aus den schwierigen Gegnern — insbesondere Karpow — die er besiegen mußte. Ein Mann machte es ihm schwer, eben Campomanes, über den z. B. die Schachwoche sich folgendermaßen äußerte: „Seine diktatorischen Eigenschaften sind bekannt und seine undurchsichtigen Machenschaften geben immer wieder Rätsel auf". (46, *5*).

Kasparow mußte mit zahlreichen Benachteiligungen fertig werden, die ihm durch Campomanes widerfahren sind. Der umstrittene Abbruch der ersten Wettkampfserie durch Campomanes war hierbei der Höhepunkt.

Es ist deutlich zu erkennen, daß Kasparow Campomanes das weitere Leben als Weltschachbundpräsident schwer machen wird. An dessen Adresse richtete der neue Weltmeister schon manch deutliches Wort: „ . . . ich bin nicht jemand, der die Befehle eines Diktators gehorsam ausführt, eines Diktators überdies, dem es am nötigen Respekt fehlt. Es verstößt gegen alle moralischen Prinzipien, daß eine einzige Person die Macht hat, selbstherrlich beliebige Entscheidungen zu fällen . . . ich bin auch bereit, den Kampf um Demokratie im Weltschach anzuführen. Wir müssen zu den Zeiten zurückkehren, in denen keiner uns Schachspieler einfach herumkommandieren konnte" (1, *20*).

Nachdem Karpow (einstweilen) besiegt ist, richtet sich die Energie Kasparows unter anderem gegen die merkwürdigen Entscheidungen Campomanes. Vermutlich wird der FIDE-Präsident bald einen Preis bezahlen müssen für all die Eigenmächtigkeiten und Ungerechtigkeiten, die er zu verantworten hat und die nicht nur Kasparow, sondern auch manch anderer Großmeister ablehnt (9, *17*). Kasparow schlägt zurück, und wie immer einfallsreich und wohl plaziert. Übrigens helfen ihm mehrere Großmeister dabei, u. a. Dr. Hübner, dessen ausgeprägter Sinn für Fairneß bekannt ist.

Wenig zufrieden war Kasparow auch (zumindest früher) mit dem sowjetischen Schachverband. Bei seinem vielbeachteten Hamburgaufenthalt im Sommer 1985 hatte Kasparow mutig erklärt, viele Funktionäre seien Karpows Leute (wenigstens solange dieser Weltmeister war) und er fühle sich durch diesen Verband benachteiligt.

So mancher Anhänger des jungen Schachgroßmeisters befürchtete damals deshalb, gegen Kasparow könnten Sanktionen verhängt werden. Auf die besorgte Frage, ob er durch seine kritischen Äußerungen im Westen über den sowjetischen Schachverband nicht große Schwierigkeiten bekommen könnte, meinte er jedoch: „Die können mir nichts tun — ich bin zu gut" (44, *60*).

In diesem Schachverband werden sich vermutlich in Zukunft einige Veränderungen ergeben und Kasparows Einfluß sicherlich zunehmen. Wenn er fair behandelt wird, dürfte Kasparow mit seinem Schachverband Frieden schließen; vielleicht hat er dies auch schon getan.

Übrigens wurde bei der letzten Wahl zum Sportler des Jahres in der Sowjetunion Kasparow auf den beachtlichen 2. Rang gewählt. Dies drückt sehr deutlich aus, welche Anerkennung der junge Weltmeister in seiner Heimat erfährt. Für sein Land dürfte Kasparow zu einem Werbeträger erster Ordnung werden. Es wird schon spekuliert, daß Kasparow die Sympathien Gorbatschows genießen könnte (45, *83*). Kurz nachdem er Weltmeister geworden war, sagte er auch: „Ich werde für mein Land tun, was immer ich kann" (56, *6*).

Nun möchte ich noch auf eine Frage eingehen, über die gelegentlich spekuliert wurde, nämlich, ob Kasparow evtl. in den Westen wechseln könnte, wie es z. B. bei Kortschnoi der Fall war. Ich halte dies für ausgeschlossen. Das wäre nicht sein Stil; wenn er mit etwas nicht zufrieden ist, versucht er es durch seinen Einsatz an Ort und Stelle zu verändern. Natürlich kann er nicht die Sowjetunion umgestalten, und ich weiß nicht, ob er das überhaupt möchte, aber im sowjetischen Schachverband wird er natürlich einiges in Bewegung bringen. Vermutlich gefällt ihm auch der Stil Gorbatschows und seiner Leute, der neuen Schwung ins Land bringt. Überdies ist er in seiner Heimatstadt Baku und in Aserbeidschan stark verwurzelt. Und natürlich hat er zahlreiche verwandschaftliche Beziehungen in seinem Land.

Kasparows Bedeutung
für die Weiterentwicklung des Schachs in aller Welt

Neben seinen schachlichen Beiträgen zur Fortentwicklung des Schachs kann Kasparow überdies durch seine Persönlichkeit das Spiel in aller Welt populär werden lassen und ihm neue Anhänger zuführen: „ . . . der lockere, freundliche und redegewandte Kasparow ist ein Vorzeige-Weltmeister, der auch zu dem Ansehen aller Schachspieler beiträgt" (2, *591*).

Er ist — wie gesagt — sehr medienfreundlich und bietet sich als Identifikationsfigur, insbesondere auch für junge Menschen, sehr gut an. Er ist sich dieser Aufgabe bewußt; nach Erringung des WM-Titels betonte er: „Jetzt, da ich der Champion bin, empfinde ich eine große Verantwortung für die Entwicklung des Schachs" (10, *396*) und „Ich habe viel Energie, und ich habe große Aufgaben vor mir. Ich will für das Schach werben durch Partien, die Kunstwerke sind, durch Bücher, durch Veranstaltungen. Ich will das Spiel möglichst vielen Menschen in der ganzen Welt nahebringen, und auch in meinem eigenen Land habe ich viele Aufgaben vor mir" (52, *134*).

Vergleich mit Robert Fischer

Kasparow gehört schon jetzt zu den größten Spielern der Schachgeschichte. Ein Vergleich mit R. Fischer — den viele Schachkenner als den stärksten Spieler aller Zeiten betrachten — drängt sich auf.

Hinsichtlich der Eigenschaften der beiden Schachgiganten möchte ich nur auf einige Unterschiede hinweisen: Kasparow ist psychisch stabiler als Fischer und keinesfalls exzentrisch. Auch ist der neue Weltmeister viel enger mit der außerschachlichen Realität verbunden als der Amerikaner. Kasparow versteht es, auch abseits des Schachbretts sinnvoll, vernünftig und zielgerichtet zu handeln. Kasparow ist kein Einzelgänger wie Fischer, sondern stark in soziale Beziehungen eingebunden (dies ist zumindest im Falle von schwierigen Lebensumständen üblicherweise ein Vorteil).

Kasparow würde es sehr begrüßen, wenn Fischer wieder öffentlich Schachspielen würde. Und er ist — wie er betont — stets bereit, gegen ihn anzutreten (27, *23*).

Noch kurz einige Sätze zum schachlichen Vergleich der beiden Weltmeister. Auf die Frage, ob er gegen Fischer in dessen bester Zeit eine Chance gehabt hätte, antwortete Kasparow schon vor einigen Jahren: „Offen gesagt, ja" (23, *144*).

Im Hinblick auf die zweite Weltmeisterschaftsserie behauptet Großmeister Keene sogar: „Kasparow hat die hervorragende Qualität von Fischers Spielen noch übertroffen. Falls er nicht ohnedies schon so betrachtet wird, dann hat Kasparow jetzt die Chance, der stärkste Spieler in der Geschichte des Spiels zu werden" (30, *7*).

Bei Frau Tatiana Czeslawska bedanke ich mich für die Übersetzung eines Prawda-Artikels aus dem Russischen. Herrn Frederic Friedel möchte ich meinen herzlichen Dank aussprechen für die Mitteilung wichtiger, aktueller Hintergrundinformationen.

Literatur

(1) Adorjan, A.: Erst den Schachthron bestiegen, dann Fußball gespielt. Welt am Sonntag. Nr. 46, S. 20, 17. 11. 1985.
(2) Borik, O.: Nach der Weltmeisterschaft. Schach Magazin 64. Nr. 22, S. 591, 1985.
(3) Borik, O.: Katastrophe abgewendet? Schach Magazin 64. Nr. 3, S. 59, 1986.
(4) Borissow, N.: Schach ist das Ziel seines Lebens, aber . . . In Budde, V.: Schachweltmeister Garri Kasparow, Hollfeld, 1986.
(5) Botvinnik, M.: On Garrik and Garri. In Kasparov, G.: My Games. London, 1983.
(6) Botwinnik, M.: An der Schwelle großer Ereignisse. In Estrin, J. B. (Hrsg.): Weltmeister lehren Schach. Hollfeld, 1985.
(7) Budde, V.: Schachweltmeister Garri Kasparow. Hollfeld, 1986.
(8) Budde, V. & Nikolaiczuk, L.: Schach-Weltmeisterschaft '84/'85, Band II. Hollfeld, 1985.
(9) della Torre, F.: Schach-Großmeister proben den Aufstand. Schachwoche. Nr. 48, S. 16/17, 1985.
(10) Deutsche Schachzeitung: (WM-)Splitter. Heft 12, S. 395-397, 1985.
(11) Deutsche Schachzeitung. Meinungen vor dem Kampf. Nr. 8, S. 257-260. 1986.
(12) Estrin, J. B. (Hrsg.): Weltmeister lehren Schach. Hollfeld, 1985.
(13) Finkenzeller, R.: Ein Meister der Kombination. Frankfurter Allgemeine Zeitung. Nr. 262, S. 12, 11. 11. 1985.
(14) Freud, S.: Gesammelte Werke. Band 12. London, 1947.
(15) Friedel, F.: Kasparow privat. Schach Magazin 64. Nr. 13, S. 353/354, 1985.
(16) Friedel, F.: Ende Der Eiszeit? Schach Magazin 64. Nr. 4, S. 99, 1986.
(17) Goufeld, E.: Garri Kasparov. Paris, 1984.
(18) Gufeld, E.: An Arm's Reach from the Crown. In Kasparov, G.: My Games, London, 1983.
(19) Hajenius, W. D.: Garri Kasparov. Nederhorst den Berg, Holland, 1983.
(20) Hohlfeld, H.: Nachwort. In Pfleger, H.; Borik, O. & Kipp-Thomas, M.: Schach-WM '85. Niedernhausen/Ts., 1985.
(21) Kasparov, Clara: Garry Kasparov — by His Mother. British Chess Magazin, No. 1, S. 20-22, 1986.
(22) Kasparov, G.: My Games. London, 1983.
(23) Kasparow, G.: Schach als Kampf. Niedernhausen/Ts., 1984a.
(24) Kasparow, G.: Un critiqué nomme Kasparov. In Goufeld, E.: Garri Kasparov. Paris, 1984b.
(25) Kasparow, G.: Anatoli, befreie Dich von Campomanes! Welt am Sonntag. Nr. 52, S. 18, 29. 12. 1985.
(26) Kasparov, G.: The Test of Time. Oxford, 1986a.
(27) Kasparov, G.: I am always ready to meet Fischer! British Chess Magazin, No. 1, S. 22/23. 1986b.
(28) Keene, R.: Garri Kasparow — Der neue Star. In Pfleger, H. & Metzing, H. (Hrsg.): Schach: Spiel, Sport, Wissenschaft, Kunst. Hamburg, 1984.
(29) Keene, R.: The Moscow Challenge. London, 1985a.
(30) Keene, R.: Blitzkrieg Kasparov attains the pinnacle. The Times, S. 7, 11. 11. 1985b.
(31) Krogius, N.: Psychologie im Schach. Berlin, 2. Aufl., 1986.
(32) Miles, T.: Karpow ist nicht zu beneiden. (Interview mit H. Weber). Basler Zeitung 23. 5. 1986, S. 3, 1986.
(33) Munzert, R.: Die Psychologie des Schachspiels und der Schachspieler. Schach Magazin 64, Nr. 1-24, 1984.
(34) Munzert, R.: Alle Fehler im Schach beruhen auf Merkmalen des Charakters. Ein Interview mit G. Kasparow. Schach-Echo Nr. 7, S. 237.238, 1985a. Auch zu finden in: Munzert, R.: Fehler sind Charaktersache. Deutsche Schachzeitung. Nr. 8, S. 267-271, 1985.
(35) Munzert, R.: Einige psychologische Anmerkungen zum bevorstehenden Wettkampf um die Weltmeisterschaft. In Budde, V. & Nikolaiczuk, L.: Schachweltmeisterschaft 1984/85, Band II. Hollfeld, 1985b.
(36) Munzert, R.: Psychologische Betrachtung des Weltmeisterschaftskampfes. In Budde, V. und Nikolaiczuk, L.: Schachweltmeisterschaft 1984/85, Band II. Hollfeld, 1985c.
(37) Pfleger, H.: Vor dem Kampf: Interviews mit Garri Kasparow, seiner Mutter Klara und Weltmeister A. Karpow. Europa-Rochade, Nr. 11, S. 22-24, 1984.
(38) Pfleger, H. (Präsentation): Schach dem Weltmeister. TV-Sendung (Redaktion Kipp-Thomas, M.), 16. 11. 1985.
(39) Pfleger, H. (Präsentation): Schach '85. Der lange Weg des jungen Kasparow. TV-Sendung, 8. 1. 1986.
(40) Pfleger, H.; Borik O. & Kipp-Thomas, M.: Schach-WM '85. Niedernhausen/Ts., 1985.
(41) Pfleger, H. und Metzing, H. (Hrsg.): Schach: Spiel, Sport, Wissenschaft, Kunst. Hamburg, 1984.
(42) Prawda: Das Kampffinale. 11. 11. 1985.
(43) Pressekonferenz mit G. Kasparow in München am 27. 12. 1985; persönliche Aufzeichnungen v. Munzert, unveröffentlicht.
(44) Runkel, W.: Zehn gegen ein Phantom. Die Zeit, Nr. 27. S. 60, 28. 6. 1985a.
(45) Runkel, W.: Ein Held neuen Stils. Die Zeit, Nr. 48. S. 83, 22. 11. 1985b.
(46) Schachwoche: Kasparow: Keine Revanche. Nr. 1, S. 3-6, 1986a.
(47) Schachwoche: Kasparow: Doch Revanche! Nr. 4, S. 3, 1986b.
(48) Seneca: Vom glückseligen Leben. Stuttgart, 1984.
(49) Seneca: Über die Ausgeglichenheit der Seele. Stuttgart, 1984.
(50) Spiegel: Genie wie Fischer, ohne Eskapaden. Nr. 23, S. 82-93, 1985a.
(51) Spiegel: Am Ende machte Kasparov Angst. Gespräch mit G. Kasparow. Nr. 23, S. 93-102, 1985b.
(52) Spiegel: Gegen den Ex-Kanzler brauche ich keine Dame. Gespräch mit G. Kasparow. Nr. 2. S. 134-141. 1986.
(53) Suetin, S.: Kasparov as Chess Player: Features of New Style. British Chess Magazin, No. 4, S. 164/165, 1986.
(54) Unzicker, W.: Schach für Kenner. München, 1985.
(55) Wade, N.: New chess King sets Moscow a political problem. The Daily Telegraph. S. 19, 11. 11. 1985.
(56) Walker, M. und Barden, L.: Kasparov wins the title and crowd's acclaim. The Guardian. S. 6, 11. 11. 1985.

Anatoli Karpow

„Für mich ist Karpow immer noch ein Rätsel. Ich habe so ein Gefühl, daß sich die Schachhistoriker über seine Person nie einigen werden" (8, *60*).

Zieht man zur Beschreibung Karpows seine eigene Sichtweise sowie die Charakterisierung von Menschen heran, die ihn gut kennen und versucht das Ganze noch psychologisch zu interpretieren, dann wird das „Rätsel" Karpow vielleicht doch gelöst. Oder man erkennt, daß er gar kein Rätsel ist.

Kindheit und Jugend

Schon mit vier Jahren schloß der kleine Anatoli Bekanntschaft mit dem Spiel seines Lebens. Karpow entsinnt sich daran noch genau: „Die ersten Schachfiguren, aus Holz geschnitzte, habe ich bei meinem Vater, einem leidenschaftlichen Schachspieler, gesehen. Meine Eltern erinnern sich oft, wie neugierig ich den Partien, die mein Vater mit Freunden spielte, zusah. Aber trotz meiner Bitten hat man mir die Spielregeln nicht gleich erklärt. Es dauerte fast ein Jahr, bis ich meine erste Partie spielte, und ich erinnere mich noch heute, wie unglücklich ich mich nach ihrem Verlust fühlte" (10, *3*).

Der Junge war recht empfindlich, was Niederlagen anging und erhielt deshalb vom Vater die Mahnung sich zu beherrschen. Karpow schreibt: „Nach einem Verlust wollte ich immer in Tränen ausbrechen, aber er warnte mich: ‚Ohne Verluste gibt es keine Siege. Aber wenn du heulst, spiele ich mit dir nicht mehr . . . ' Das habe ich mir fürs ganze Leben gemerkt" (11, *81*). Die Ermahnung des Vaters war also ein Schlüsselerlebnis für Anatoli. Hier liegen die Anfänge seiner Selbstbeherrschung und der Fähigkeit, seine wahren Gefühle am Schachbrett zu verbergen.

Überdies macht die Äußerung des Vaters deutlich, daß Anatoli nicht gerade zartfühlend-tröstend behandelt wurde. Die erzieherische Grundhaltung, auf der die Ermahnung beruhte, war wohl — wie es bei manchen Vätern der Fall ist — streng, nüchtern und fordernd.

Auch seine Mutter ging — zumindest hinsichtlich seiner Vorliebe für Schach — nicht unbedingt verständnisvoll mit ihm um, wie folgende Episoden zeigen.

Als der kleine Anatoli wieder einmal krank war, nahm sie ihm — sicher wohlmeinend — das Schachspiel weg. Sie erinnert sich, was daraufhin jedoch geschah: „Aber dann bekam ich es mit der Angst und gab es ihm wieder. Auf einmal sah ich, wie er an die Decke starrte und dort in Gedanken die Springer ihre Züge machen ließ" (26, *22*).

Auch als Anatoli schon älter war, verhielt sich seine Mutter einmal sehr resolut; allerdings zeigte sich ihr Sohn auch von einer spitzbübischen Seite. Karpow berichtet dazu: „Ich habe mir zum Beispiel einmal eine ganz typische Mißachtung der sportlichen Ethik erlaubt, als ein Meister bei uns in Slatoust eine Vorstellung (Simultanpartien; R. M.) gab. Da ich klein war und gar nicht auffiel, lief ich ungehindert von Brett zu Brett und soufflierte den Spielern. Dabei war ich schon Meisterschaftskandidat und hätte das niemals tun dürfen. Es hörte erst auf, als plötzlich meine Mutter im Spielsaal erschien und mich mit Gewalt nach Haus und ins Bett beförderte" (26, *25*).

Offensichtlich waren seine Eltern gar nicht so begeistert von der Schachleidenschaft ihres Sohnes. Dies zeigt sich auch daran, daß Karpows Kameraden bei dessen Eltern erst „lange betteln" mußten, bis sie ihn in den Sportpalast zum Schachzirkel mitnehmen durften (26, *22f.*).

Anatoli Karpow mit Dr. Reinhard Munzert

Vielleicht befürchteten seine Eltern, er würde seine Schulaufgaben vernachlässigen oder sogar seine etwas angegriffene Gesundheit durch das Spiel strapazieren. Der Junge ließ sich jedoch nicht von dem Spiel abbringen, das später sein Leben gestalten und ihm zu weltweitem Ansehen verhelfen sollte.

Wie schon angedeutet, war es um Karpows Gesundheit in seiner Kindheit nicht bestens bestellt. Sein Kränkeln und seine schwache Konstitution waren jedoch weitere Bedingungen, die ihn zur ausgiebigen Beschäftigung mit Schach führten.

Karpow erinnert sich: „Mein Schachspiel war mit der Krankheit verbunden. Wenn ich gesünder gewesen wäre, hätte ich mich vielleicht anderen Sportarten widmen können" (22, 24).

Sicher hat Karpow in seiner Kindheit aufgrund seiner schwachen körperlichen Verfassung gelernt, daß es für ihn wichtig ist, nicht verschwenderisch und draufgängerisch mit seinen Kräften umzugehen, sondern diese sparsam und schonend zu gebrauchen. Etwas, das noch heutzutage in seiner Spielweise und Turniertaktik zu erkennen ist.

Wegen seines zarten Körperbaus mußte Karpow darüberhinaus manchen Skeptiker erst überzeugen. Selbst sein späterer Trainer Furman hatte zunächst Zweifel und erinnert sich an seinen ersten Eindruck: „Ein schmächtiger junger Mensch mit blassem Gesicht, auf den ersten Blick etwas phlegmatisch wirkend. Es schien mir geradezu, als ob er die Schachfiguren nur mit Mühe setzen könnte. Sollte der wirklich etwas Bedeutendes erreichen können?" (26, 50)

Anatoli konnte jedoch beim Schach zeigen, was in ihm steckt, Erfolge erringen und bei seinen Kameraden Anerkennung finden, etwas, das ihm z. B. im Fußball oder der Leichtathletik nicht gelungen wäre.

Vielleicht hätte er Minderwertigkeitsgefühle bekommen, weil er kein gesunder und in seinen Augen kein „ganzer" Junge gewesen wäre. Mit Hilfe des Schachs entwickelte er Ansätze von Selbstvertrauen und Selbstbehauptungswillen. Sicherlich haben dazu auch die ausgezeichneten Schulergebnisse, die der Musterschüler errang, ihren Beitrag geleistet.

Zusätzlich wirkte sich bei ihm damals die psychologisch motivierende Vorbildwirkung eines großen Schachidols, nämlich M. Tals, aus. Karpow erzählt: „Ich habe Glück gehabt. Als ich 7 Jahre alt war (oder sogar noch ein wenig früher) war das die Zeit der großen Schachtriumphe von Michail Tal. Alle kannten seinen Namen, alle bewunderten diesen neuen jungen Stern, und viele, besonders unter den Jungen, waren vom Schachfieber erfaßt. Damals herrschte in meiner Stadt Zlatoust (im Ural, R. M.) ein wirklicher Schachboom. In unserem Hof spielten fast alle Kinder Schach, und in einem bestimmten Zeitraum waren die anderen Spiele vom Schach verdrängt. Auf der Veranda spielten wir alltäglich eine Menge Partien" (10, 3).

Es ist kaum zu glauben, daß es für junge Schachtalente damals fast keine Schachlehrbücher und gute Trainer gab (26, 30).

Allerdings hatte er ein einziges Schachbuch, das so etwas wie eine Schachbibel für ihn werden sollte. Er hatte es zufällig in einem Kiosk gesehen und gleich gekauft. Karpow führt aus: „Mein erstes Schachbuch war ‚Die ausgewählten Partien Capablancas'. Von der ersten bis zur letzten Partie habe ich sie sehr sorgfältig studiert und auswendig gelernt. Später glaubten viele, in meinem Spiel die Hand von Capablanca zu sehen" (11, 82). Und an anderer Stelle ergänzt er: „Sein Stil hat deutliche Spuren in meinem Schachspiel hinterlassen. Ich schätze ihn außerordentlich als bedeutenden Schachspieler . . . Er ist der stärkste Schachspieler aller Zeiten" (25, 24).

Nebenbei sei hier eine Frage erlaubt, die man wohl nie beantworten können wird: Würde Karpow heute anders spielen, wenn er in dem Laden nicht ein Buch von Capablanca, sondern z. B. von Aljechin gekauft hätte?

Karpows Weiterentwicklung als Schachspieler verlief nach einem Muster, das sich bei vielen sowjetischen Großmeistern zeigt, nur ging bei ihm alles viel schneller.

Bald spielte er recht erfolgreich auf vielen (Jugend-)Schachturnieren. Aber nicht nur wegen seiner außergewöhnlichen Leistungen fiel er dabei auf: „In jenen Jahren war ich in allen Turnieren gewöhnlich der Jüngste, außerdem noch klein gewachsen. Unter die Füße stellte man mir ein Bänkchen, auf den Stuhl legte man mir ein Kissen. Manchmal mußte ich, um besser das Schachbrett sehen zu können, fast während der ganzen Partie neben dem Schachtisch stehen" (11, 81).

Schließlich kam er wie so manches Talent der UdSSR, in Botwinniks eben erst gegründete Schachschule nach Moskau, wo man sich in den Ferien traf. „Botwinniks Ideen über das Schachspiel und, natürlich, seine Bemerkungen über mein Spiel und über meine totale Unkenntnis der Eröffnungen haben mich sehr beeindruckt . . . Alles in allem war es Botwinnik, der meine Einstellung gegenüber dem Schachspiel geändert hat, aber nicht genügend, um mich zu veranlassen, mich mit der Schachtheorie zu beschäftigen. Auch ohne theoretische Kenntnisse konnte ich nur mit Intuition und Begabung — mit meinen damaligen Gegnern konkurrieren. Und das genügte mir. Für die jungen Schachspieler ist ja ein gewisses Selbstvertrauen kennzeichnend." So erinnert sich Karpow an diese Zeit (10, *3f.*). Allerdings hat Karpow mittlerweile eine zwiespältige Einstellung zu Botwinnik entwickelt; wir werden darauf zurückkommen.

Den 14jährigen Anatoli lernte auch Großmeister Spasski kennen. Dieser gibt seinen damaligen Eindruck wieder: „. . . seine große Schachbegabung stand außer Frage. Interessanterweise war bei seinem Spiel ein ganz unkindlicher Ernst festzustellen — ich würde fast sagen, der Ernst eines alten Mannes" (4, *354*).
Bald darauf hat der jugendliche Karpow offensichtlich den Entschluß gefaßt, dem Schach eine zentrale Rolle in seinem Leben einzuräumen. „Als ich aber mit 15 Jahren Meister wurde und endlich beschloß, mich dem Schachspiel zu widmen (bis dahin hatte ich nie überlegt, was ich eigentlich werden wollte . . .) verstand ich plötzlich, daß viele meiner Schwierigkeiten aus dem Mangel an Theoriekenntnissen herrührten. Aber das war kein Grund zur Aufregung. Schon als Kind habe ich rationell gespielt und eine Vorliebe für das Endspiel gezeigt. Die modischen Eröffnungsvarianten kommen und gehen. Die Einschätzung verschiedener Stellungen ändert sich, und nur die Fähigkeit, die Endspiele gut zu behandeln, bleibt. Diese Fähigkeit ist absolut notwendig, um Turniererfolge zu erreichen. Ich war mit meinen Erfolgen zufrieden, also gab es keinen Grund für mich, meine Spielweise gründlich zu ändern, etwa plötzlich scharfe Spielweisen zu spielen und unbedingt zu kombinieren. Bei dem Bestreben, mein Schachwissen zu erweitern, ein Eröffnungsrepertoire zu schaffen, versuchte ich immer, meine Möglichkeiten objektiv einzuschätzen. Es war für mich immer ein Vergnügen, Tals Partien anzusehen, aber ich habe auch immer gewußt, daß Tals Stil für mich nicht geeignet war — wahrscheinlich ist er nur für Tal geeignet! Ich wollte etwas Eigenes finden" (10, *4*).
Damals hat Anatoli auch erkannt, „daß, um im Schach etwas zu erreichen, man viel mehr Kenntnisse haben und viel mehr Zeit opfern muß" (10, *3*).
Dies war sicher eine Bedingung dafür, daß es nun mit Karpows Schachkarriere rasch weiterging:
1967/68: Europameister der Jugend
1969: Jugendweltmeister, Ernennung zum Internationalen Meister.
(Über seinen Weg berichten zahlreiche Publikationen, siehe z. B. Literatur unter 10, 19 und 28.)
Spätestens jetzt war Karpow in internationalen Schachkreisen bekannt. Auch als junger Erwachsener ließen die Erfolge nicht lange auf sich warten. Großmeister Keene beschreibt dies treffend: „Schon sehr früh wurde klar, daß dieser junge Spieler ein führender Anwärter auf die Weltmeisterschaft sein würde. Die Geschwindigkeit seiner Fortschritte war aber doch verblüffend" (15, *80*).

Betrachtet man Karpows Kindheit und Jugendzeit, dann wird deutlich, daß — neben seinem Talent — mannigfache Bedingungen dazu beigetragen haben, daß er Schach in den Mittelpunkt seines Lebens stellte. Außerdem hat in dieser Zeit vieles seine Wurzeln, was den späteren Weltmeister noch heute kennzeichnet.

Persönlichkeit und Eigenschaften
Karpows herausragende Eigenschaften sind zweifellos sein Ehrgeiz, sein eiserner Wille und seine Selbstbeherrschung. Gehen wir zunächst etwas ausführlicher auf diese Persönlichkeitsmerkmale ein:

Seinen Ehrgeiz bringt Karpow selbst auf die kürzestmögliche Formel: „Ich will immer Erster sein." Dann führt er weiter aus: „Wenn ich kein Schachspieler wäre, hätte ich in irgend einem anderen Gebiet danach gestrebt, Erster zu werden. Um so mehr im Schach. Andernfalls hat es keinen Sinn, so ernst zu spielen. Und, außerdem, falls man nicht Erster ist, heißt das: man verliert. Und wer liebt es, besiegt zu werden?" (10, 18)

Selbstverständlich besitzt Karpow auch den festen Willen, die Ausdauer und Hartnäckigkeit, ohne die in unserer Zeit kein Großmeister mehr den Gipfel erreichen kann. Der „sanfte Tolja", wie er manchmal genannt wird, ist „innerlich ein Tiger"; so meint es jedenfalls einer seiner Vorgänger als Champion, B. Spasski.

Pfleger, Borik und Kipp-Thomas beschreiben in bildreicher Sprache seine „gewaltige Willenskraft": „Es ist nicht die explosive, unbändige Energie eines Fischer oder Kasparow, mitreißend und funkensprühend wie bei einem Bastille-Stürmer. Es ist die kalte, gleichsam majestätisch wie bedrohlich wirkende Kraft eines langsam schwimmenden Eisbergs" (24, 8).

Der Schachjournalist Roschal, der mit dem langjährigen Weltmeister befreundet ist, berichtet, „daß Karpov seine Entschlüsse nur selten einmal ändert . . . Obgleich er im Grunde genommen nur an sich selber glaubt, zeigt er anderen gegenüber größte Hochachtung und Aufmerksamkeit. Er hört sich jede Meinung an, tut aber nur das, was er selbst für richtig hält" (26, 27f.).

Bekanntlich hat Karpow ein Pokerface und zeigt am Schachbrett kaum seine Erregung und Gefühle. Diese Selbstbeherrschung ist ihm auch außerhalb seines schachlichen Daseins eigen. Gewissenhaftigkeit, Pflichtbewußtsein und Disziplin kennzeichnen ihn überdies. Wie so mancher Schachspieler ist er eher von zurückhaltender Wesensart und nach innen gekehrt (introvertiert), liebt also im allgemeinen Ruhe mehr als lautes Treiben. Damit im Zusammenhang steht vermutlich eine gewisse Vorsichtigkeit und Unnahbarkeit im zwischenmenschlichen Umgang. Bekanntlich wirkt der Champion oft etwas kühl, sachlich und emotionslos. Sicher ist dies teilweise auch durch die strenge Erziehung in seiner Kindheit entstanden.

Andererseits kann Karpow in einer angenehmen Atmosphäre bzw. sympathischer Begleitung aus sich herausgehen. Großmeister H. Pfleger sagt dazu: „Der scheinbar so unpersönliche, so unnahbare kann im kleinen Kreis, in dem er sich wohlfühlt, durchaus auftauen und liebenswert plaudern . . . " (23).

Diese Erfahrung konnte ich auch selbst machen, als ich mit ihm im Sommer 1985 ein langes Gespräch über Schachpsychologie führte. Nach kurzer anfänglicher Zurückhaltung gab er ausführliche Auskünfte über sich. Dabei konnte er sogar manchmal freudestrahlend lachen. Wenn ich noch meinen persönlichen Eindruck wiedergeben darf: er war mir auf ungewöhnliche Weise sympathisch.

Selbstverständlich besitzt Karpow die geistigen Fähigkeiten, die man braucht, um ein erstklassiger Schachspieler zu werden, insbesondere hervorragende Intelligenz, rasche Informationsverarbeitung, enorme Konzentration und sehr gutes Gedächtnis.

Schon in seiner Jugend hat Karpow erkennen müssen, daß man als Schachspieler mit hohen Zielen fleißig sein und viel arbeiten muß. Er schreibt darüber mit etwas Pathos: „Ich bin an viel Arbeit gewöhnt und sehe darin eine Freude des Lebens. Ich muß mich vorbereiten, weil es morgen wieder in die Schlacht geht!" (13, 235).

Karpow fehlt die Ausstrahlung, wie sie z. B. Kasparow besitzt. Überdies wird Karpow in der Presse gelegentlich für seine schwache Konstitution und seine hohe Stimme mit verletzenden Kommentaren bedacht, obgleich dies wohl ein Aspekt seiner Person ist, den er wirklich nicht selbst zu verantworten hat.

Er war nie der strahlende Siegertyp, mit dem sich viele so gerne identifizieren. Vielleicht genießt er jedoch die Sympathien der unauffälligen Tüchtigen, Stillen und Verletzlichen. Jenen Menschen, die ihre Schwächen durch Willensstärke und Einsatz ausgleichen müssen, denen nicht alles auf (scheinbar) einfache Weise zufliegt, wie den brillanten Siegertypen; vielleicht ist Karpow ihr Held.

Nach dieser Spekulation möchte ich auch die folgenden Aspekte mit einem Fragezeichen versehen, weil es für diese Vermutungen keine richtigen Belege gibt. Sie beruhen vielmehr überwiegend auf der intuitiven Interpretation von Beobachtungen.
Vermutlich bedrückt es ihn, daß er trotz seiner außerordentlichen Erfolge nicht allseits beliebt ist und bewundert wird. Trotz seiner Unnahbarkeit und Kühle — die vielleicht auch einen Schutz vor Verletzungen und Kränkungen darstellen — sehnt sich Karpow wohl, wie fast alle Menschen, nach Anerkennung und Zuneigung.
Schließlich möchte ich noch einige Meinungen über ihn anführen, die von seinen Großmeister-Kollegen stammen:
Spasski sagt über ihn: „Er ist ein Eisblock. Ich selbst liebe ihn nicht, achte ihn jedoch als Gegner. Er ist ein Super-Intelligenzler" (29, 1).
Kasparow spricht von Karpows „hervorragenden kämpferischen Eigenschaften" und nennt ihn anerkennend einen „Superkönner" (14, 130 und 73).
Des weiteren bezeichnet er seinen oftmaligen Gegner als einen „blendenden Sportler", in dem Sinne, daß er die sich selbst „gestellte Aufgabe (fast) immer lösen kann" (20, 238).
Natürlich gibt es auch kritische Äußerungen von Kasparow über Karpow; beispielsweise im Hinblick auf Unregelmäßigkeiten im Umfeld des ersten Matches zwischen den beiden: „Das Trickarsenal von Karpow und seinen Freunden ist größer als sein Eröffnungsrepertoire" (5, 353).
Abschließend möchte ich nochmals Pfleger, Borik und Kipp-Thomas zu Wort kommen lassen, die schreiben: „Dieser Mann ist keine gewinnende oder gar hinreißende, doch eine sehr starke Persönlichkeit" (24, 8).

Spielweise, schachliche Fähigkeiten und Einstellung zur Psychologie im Schach

Auch auf Karpow trifft zu, was bei vielen Schachspielern der Fall ist, ihre Persönlichkeit spiegelt sich deutlich in ihrer Spielweise wider.
An Karpows Spiel scheiden sich bekanntlich die Geister. Die einen finden es beeindruckend, weil es so korrekt, weitgehend risikolos und vor allem sehr erfolgreich ist. Andere wiederum beurteilen es als langweilig und ohne besondere Brillanz.
Hier ist ein Spektrum von Meinungen.
Anschaulich formuliert Roschal: „Verfolgt man Karpovs Spiel als Außenstehender oder auch als Partner, wird man nie das Gefühl los, als seien alle seine Figuren durch unsichtbare Fäden miteinander verknüpft. Dieses Netz bewegt sich gemächlich, überzieht nach und nach die gegnerischen Felder und gibt dabei wunderbarerweise die eigenen nicht frei. Karpows Aktionen sind leicht und ungezwungen, er macht keine ungeschickten Bewegungen, die die Verbindungsfäden zerreißen könnten" (26, 34f.).
Pfleger, Borik und Kipp-Thomas weisen darauf hin, daß Karpow in Insiderkreisen gelegentlich die „Spinne" genannt wird und erläutern: „Dies mag zunächst als ein wenig respektvoller Spitzname für einen Weltmeister erscheinen, hat jedoch nichts Ehrenrühriges an sich. Sind die Netze der Spinnen nicht äußerst raffinierte Fangvorrichtungen, unscheinbar, fast unsicht-

bar und dennoch tödlich wirksam? Ist die Geduld der Spinnen nicht sprichwörtlich, jene Eigenschaft, die manchen erfolgreichen Schachmeister auszeichnet?" (24, *33*)

Kasparow hat u. a. über seinen Konkurrenten folgendes geäußert: „Ich weiß, daß Karpow ein sehr starker, ein sehr unbequemer Gegner ist. Und es ist eine sehr undankbare Aufgabe, ihn zu besiegen. Die Partien sehen nicht so schwer aus, wie sie tatsächlich sind" (5, *353*). Und : „Karpow ist sehr stark, wenn er ein klares Ziel vor sich hat und wenn die Stellung in einer Partie übersichtlich, also klar strukturiert ist" (31, *136*).

Wie schon erwähnt, findet Karpow für seine Spielauffassung nicht überall Beifall. Saidy bemerkt beispielsweise: „Man bewundert seine Meisterschaft im Brechen des Widerstandes, aber nicht die Schönheit oder Originalität seiner Entwürfe" (27, *180*). Der Spiegel schrieb vom „Langweiler" Karpow, der „farblos" sei bzw. spiele (30, *86*).

Karpow selbst meint über seine Spielweise: „Ein Risikospiel im Stil der Schachmusketiere ist etwas für Leute, die den Nervenkitzel lieben, mir liegt es nicht. Ich habe mich immer bemüht, meine Möglichkeiten nüchtern einzuschätzen und mich nicht zu übernehmen"(26, *35f*.).

Dem langjährigen Weltmeister scheint es ungerecht, daß er mit seiner Spielauffassung nicht den großen Anklang findet, wie es bei den Partien Fischers bzw. Kasparows der Fall war bzw. ist. „Viele Schachberichterstatter tadeln mich für das seelenlose Spiel, rational mit der Neigung zur genauen Berechnung. Ja, ich bin ein Praktiker. Mein Spiel beruht vor allem auf technischem Können. Mir behagt ‚richtiges' Schachspiel. Riskante Abhandlungen . . . sind mir fremd. Mit den weißen Figuren suche ich, wie wohl die meisten Schachspieler, von Anfang an den Vorteil des Anziehenden geltend zu machen. Mit Schwarz versuche ich, das Spiel zuerst auszugleichen" (9, *167*).

Weiter bemerkt er: „Ich kann (kritischen Äußerungen über einen übermäßigen Rationalismus in meinem Spiel) nicht zustimmen, weil ein Rationalist in meinem Verständnis ein Mensch ist, der vor allem sinnvoll und genau mit seiner Zeit und seinen Kräften umzugehen versteht" (11, *83*).

Es klingt fast wie eine Entschuldigung, wenn er schreibt: „Heute ist ein seriöser Schachspieler manchmal gezwungen, seinen Wunsch, schön zu spielen, zu unterdrücken. Warum? Weil er hohe Resultate braucht . . . Die Sache steht so: der Spieler, der nicht rationell spielt, der immer schöne Kombinationen und kopfzerbrechende Komplikationen sucht, verliert letzten Endes den Punkt — so mindestens einen aus 10. Ich aber ziehe vor, alle 10 Partien auf technische Weise zu gewinnen" (10, *4f*.).

Karpow weist darauf hin, daß er schon mehrere Schönheitspreise gewonnen habe und bemerkt zum „trockenem Spiel": „Ich sehe die Sache anders. Bei hoher Spielklasse liegt die echte Schönheit viel tiefer verborgen, als es auf den ersten Blick scheint. Kombinationen und scharfe Angriffe sind meiner Meinung nach nur dann gut, wenn sie durch sorgfältig durchdachtes und technisch vollkommenes Spiel vorbereitet und nicht Folge von Fehlern und Versehen sind. Mein Credo ist, man muß alles gut machen können, was die Gegner gut zu machen imstande sind, darüberhinaus aber etwas sehr gut. So habe ich versucht, meinen Schachstil zu bestimmen . . . " (11, *91f*.).

Karpow beschäftigen seine wenigen Niederlagen in zweierlei Hinsicht: „Ich versuche all die subtilen Ursachen der Niederlage zu verstehen und strebe nach einer Revanche" (12, *IV*).

Großmeister Keene schreibt über seine auf Sicherheit bedachte vorsichtige Spielweise: „Karpow wirkt wie ein Gendarm, der seine Gegner am liebsten in Handschellen und Ketten unter Verschluß hält" (16, *95*).

Nach Keene hat Karpow einen „geschärften Sinn für Gefahr" und spielt mit „übermenschlicher Genauigkeit" (17, *40*).

Oft wird die Ähnlichkeit zwischen Karpows und Capablancas Spielweise betont. Karpow bestätigt, daß er von Capablanca viel gelernt habe, ergänzt jedoch: „aber ich glaube, daß die Stile von Capablanca und mir verschieden sind" (1, *93*).

Mednis führt u. a. folgende Merkmale von Karpows Spiel an: „Undurchsichtige Taktik verabscheut Karpov. Er wird sich nie freiwillig auf Verwicklungen einlassen, wenn er sich nicht klar eines für ihn günstigen Ausgangs versichern kann . . . Karpov zieht ein überlegenes Endspiel einem überlegenen Mittelspiel vor. Er ist am besten Gesamtergebnis interessiert. Er ist der Meinung, daß seine Gewinnchancen in überlegenen Endspielen denjenigen in überlegenen Mittelspielstellungen nicht nachstehen, während die Verlustgefahren praktisch nicht vorhanden sind. Viel zu gewinnen, wenig zu verlieren ist üblicherweise die Karpov-Methode" (19, *11*).

Nach Großmeister Suetin „erweist sich Karpow äußerst zäh und sicher in der Verteidigung. In schwierigsten und entscheidenden Situationen bewahrt er eine erstaunliche Kaltblütigkeit, die ihm hilft, mit voller Hingabe seiner Kräfte zu kämpfen." Außerdem hebt Suetin hervor: „Karpow zeichnet sich durch die bewundernswerte Fähigkeit aus, äußerlich unauffällige, jedoch sehr genaue Züge zu finden" (32, *265* und *273*).

Karpow betont die Bedeutung der Psychologie für den Schachspieler: „Sehr wichtig ist im zeitgenössischen Schach der psychologische Aspekt geworden, besonders in Zweikämpfen. Es geht darum, sich selbst zu begreifen sowie einen passenden ‚Schlüssel' für den gegebenen Rivalen zu finden, um sowohl aus den eigenen Eigenschaften als auch aus denen des Rivalen in konkreter Situation auf dem Brett Nutzen zu ziehen, z. B. irgendwo auf eine bessere Fortsetzung bewußt zu verzichten, dafür aber dem Rivalen eine Stellung aufzuzwingen, die ihm offensichtlich nicht behagt" (13, *234*).

In einem Interview ging er ausführlich auf die Rolle der Psychologie ein. Hier einige Auszüge: „ . . . wenn man Wettkämpfe betreibt — wo eine Person auf eine andere trifft — nicht nur beim Schach, sondern allgemein im Sport, dann wird Psychologie sehr wichtig . . . Man muß beim Einzelwettkampf in psychologischer Hinsicht ziemlich stark sein, um mit der Anspannung über eine längere Zeit fertig zu werden . . . Was mich anbelangt, ich habe keine besonderen Psychologielektionen erhalten. Ich habe wahrscheinlich die Intuition dafür, mich richtig vorzubereiten. Das erwächst vermutlich aus einer Verbindung von praktischer Erfahrung und Intuition. Ich glaube, daß sich jeder Schachspieler individuell psychologisch vorbereitet . . . Ein Kopf ist gut, aber zwei sind besser. Ich glaube schon, daß es manche Schachspieler gibt, die von der Zusammenarbeit mit einem Psychologen profitieren könnten" (21, *405* und *407*).

Trotz seiner Intuition und Erfahrung auf psychologischem Gebiet betont Karpow mittlerweile die spezielle psychologische Einstellung auf Wettkämpfe: „In jüngster Zeit habe ich die Aufmerksamkeit auf die psychologische Vorbereitung erhöht" (18, *73*).

Zusammenfassend kann man Karpows Spielweise wie folgt charakterisieren: „Sein Stil ist sicher, kleine Vorteile führt er unweigerlich zum Siege. Aber seinem Spiel fehlt der Glanz, es ist unauffällig, aber sehr stark, selten verliert er eine Partie" (7, *127*).

Hobbys, Interessen, Einstellungen und Aufgaben

„Schach — das ist mein Leben, aber nicht mein ganzes Leben ist Schach!" sagte Karpow einmal (10, *6*).

Was zählt also noch für den Schachgiganten?

Bekanntlich ist er ein eifriger Briefmarkensammler. Roschal bemerkt dazu: „Briefmarken sind seine alte Leidenschaft, jetzt besteht seine Sammlung aus Zehntausenden von Exemplaren, und über jede Marke weiß er buchstäblich alles" (26, *28*). Karpow berichtet, daß ihn Brief-

marken, ebenso wie leichte Musik zur Entspannung, vom Schach ablenken können. Als weitere Interessen gibt er an: „Ich habe an der Universität in Moskau das Wirtschaftsstudium abgeschlossen und interessiere mich auch für Theater und Literatur" (1, *93*).
Selbstverständlich betreibt Karpow Sport (vor allem Tennis, Schwimmen, aber auch Billard), vielleicht weniger aus Begeisterung, sondern, weil er einfach davon überzeugt ist, daß dies als Ausgleich zu den extremen Belastungen am Schachbrett äußerst wichtig ist.
Karpow betont des öfteren seine Vorliebe für den Kommunismus und gilt als Modell-Sowjetbürger, aber er hat offensichtlich ein weites Herz und genießt bekanntlich die materiellen Segnungen des Westens, z. B. einen Mercedes mit Autotelefon und manches andere. Gern fungiert er auch als Werbeträger für westliche Schachcomputer, was ihm jedoch vor kurzem unerfreuliche Schlagzeilen eingebracht hat.

Harenberg bemerkt: „Er spielt häufiger jenseits der Grenzen als in seiner sozialistischen Heimat. Und wo immer sich Dollars, Mark oder Franken verdienen lassen, kassiert Karpow sie auch . . . " (6, *44*).
Karpow ist Diplom-Ökonom, was ihm sicherlich bei der nützliche Anwendung seiner — über die Jahre als Weltmeister verdienten — recht hohen Einkünfte zu Gute kommt; er ist Millionär geworden.
Über seine zahlreichen organisatorischen Aufgaben schreibt er: „Viel Zeit widme ich der organisatorischen Arbeit im Schachverband der Sowjetunion und in der FIDE . . . Ich habe mich aktiv in den Kampf um den Frieden eingeschaltet und bin gewählter Vorsitzender des sowjetischen Friedensfonds und Chefredakteur der größten Fachzeitschrift der Welt, ,64-Schachrundschau'" (11, *92*).

Wichtige Personen im Leben und der Schachkarriere Karpows
In seiner Schachkarriere war ein Mann in menschlicher und schachspielerischer Hinsicht sehr wichtig für ihn, Großmeister Furman. Schwer getroffen hat ihn dessen Tod, den er in einem Atemzug mit dem Verlust seines Vaters nennt: „Auf meinem . . . Lebensweg gab es in einem relativ kurzen Zeitabschnitt — ich befinde mich jetzt erst in der vierten Lebensdekade — viele Freuden, aber auch schwerste Verluste. Mein Vater starb und ebenso Großmeister Semjon Abramowitsch Furman, mein liebster Freund und Lehrer, der immer darauf verzichtet hatte, schachlich allwissend sein zu wollen, ein Mann, der mir sehr half, die Hauptaufgabe, die Mission, wenn Sie so wollen, zu erfüllen" (11, *90*).
Wenig bekannt ist, daß Karpow Vater eines Sohnes ist. Eine Ehe mit seiner Jugendfreundin wurde geschieden.
Kurz möchte ich noch darauf hinweisen, daß Karpow zu seinem ersten hervorragenden Schachlehrer, dem früheren Weltmeister Botwinnik, eine zumindest zwiespältige Einstellung hat. Das hängt vermutlich damit zusammen, daß dieser Karpows schachliche Fähigkeiten geringer einschätzt als diejenigen Kasparows (der Botwinniks Lieblingsschüler war und mit dem dieser heute noch in freundschaftlicher Beziehung steht). Außerdem teilt Karpow die wissenschaftliche Betrachtungsweise des Schachspiels durch Botwinnik nicht (11, *90f.*; 14, *130*).
Nach wie vor ist die Beziehung zwischen Karpow und Kasparow sehr getrübt. Jüngste Äußerungen der beiden Schachgiganten lassen erkennen, daß der Graben zwischen ihnen sehr tief ist und nur aus Gründen der Diplomatie überbrückt wird.
Auch zum Schachidol der Kindheit, M. Tal, hat Karpow mittlerweile ein gespanntes Verhältnis. Tal hat früher bei Karpows Weltmeisterschaftskämpfen geholfen. Seit den Begegnungen

zwischen Karpow und Kasparow engagiert sich Tal nicht mehr für ihn. Tal soll Kasparow mehr Sympathien entgegenbringen als Karpow. Als ich mich nach dem Gespräch über Schachpsychologie mit Karpow noch etwas über das bevorstehende zweite Match gegen Kasparow unterhielt, sagte er unter anderem: „Tal hat mein Vertrauen mißbraucht. Er hat versprochen, neutral zu bleiben, ist aber zu Kasparow übergewechselt." Als ich daraufhin sagte, daß er (Karpow) dies wohl vertraulich behandelt wissen möchte, meinte Karpow, daß ich dies nach dem zweiten Match ruhig veröffentlichen könnte.

Karpow als Weltmeister

Den Titel als Weltmeister hat Karpow auf andere Weise erhalten als es üblich ist. Bekanntlich trat R. Fischer nicht zur Verteidigung seines Titels an und verlor schließlich kampflos.

Einerseits hatte sich Karpow damit ein vermutlich äußerst schwieriges Match mit dem Schachgenie Fischer erspart, andererseits hat er den Titel eben nicht am Brett, sondern am grünen Tisch bekommen. Dies hat Karpow allerdings nicht zu verantworten; stets hatte er seine Bereitschaft zum Kampf geäußert.

Aus diesem „geschenkten" Titel hat sich bei Karpow etwas entwickelt, was Keene als „Fischer-Syndrom" bezeichnet (17, 11).

Seiner Meinung nach leidet Karpow darunter, daß er Fischer nie wirklich besiegt habe. Als Karpow Weltmeister wurde, ohne gegen seinen Vorgänger jemals eine Partie ausgetragen zu haben, glaubten nur wenige, er hätte Fischer bezwingen können. Saidy formuliert dies treffend: „Außer den Redakteuren der Prawda betrachten nur wenige Leute Anatoli Karpov als den besten Schachspieler der Welt" (27, 178).

In der Tat, es scheint psychologisch verständlich, daß sich Karpow von einem Phantom verfolgt fühlt(e), das einen Schatten wirft, aus dem Karpow nicht so leicht heraustreten konnte. Vielleicht liegen Karpows Ausdauer und unstillbarer Ehrgeiz — während seiner 10jährigen Zeit als Weltmeister — teilweise auch darin begründet, daß Fischer und seine Fans ihm, bildlich gesprochen, ständig über die Schulter schauten, wenn er am Brett saß.

Karpow selbst äußerte sich folgendermaßen: „Kampflos Weltmeister geworden, mußte ich einfach beweisen, daß es kein Geschenk des Schicksals war, daß ich den höchsten Titel erreichte, der mir verliehen wurde. Bald gelang es mir, in dem starken Turnier in Mailand zu siegen und damit mein Weltmeisterprestige zu festigen. Des weiteren siegte ich in der großen Mehrzahl der Turniere, an denen ich teilnahm; wobei der Weltmeister überhaupt nicht verpflichtet ist, wie manche annehmen, absolut in jedem Wettkampf zu siegen" (11, 87).

Als er den Titel 1975 erhalten hatte, erklärte er: „Ich meine, daß eine der Hauptverpflichtungen des Weltmeisters darin besteht, ein spielender Schachmeister zu sein, damit die Menschen verschiedener Länder den Champion am Schachbrett sehen, die Großmeister und Meister ihre Kräfte mit ihm messen und von ihm lernen und ihn auch etwas lehren können" (11, 86).

Dann kam der Herausforderer Kortschnoi. Karpow mußte ihn, der die Sowjetunion verlassen hatte und deshalb dort als Verräter betrachtet wurde, unbedingt besiegen. Bekanntlich saß Kortschnoi zweimal als Herausforderer Karpow gegenüber. Karpow mußte die ungeheure Last und Verantwortung tragen, ihn am Besteigen des Schachthrones zu hindern. Ein Sieg Kortschnois wäre für das Sowjetschach wohl als Katastrophe empfunden worden.

Schließlich mußte sich Karpow mit dem jungen Super-Großmeister Kasparow auseinandersetzen. Trotz einer 5:0-Führung gelang es ihm nicht, den Sieg zu erringen. Es kam zum äußerst umstrittenen Abbruch des Wettkampfes (1984/85) durch den FIDE-Präsidenten und Karpow-Freund Campomanes. Dies wurde weithin als Errettung Karpows vor der drohenden Niederlage betrachtet, nachdem Kasparow auf 5:3 aufgeholt und Karpow einen geschwächten Eindruck gemacht hatte. Karpow sagte damals: „Die Gerüchte über meinen Tod waren etwas übertrieben" (18, *6*).

Jener Abbruch hat Karpows Ansehen in der Welt geschadet. Schließlich hat Karpow seinen Titel nach zehn Jahren als Weltmeister an Kasparow in einem hochklassigen und äußerst spannenden zweiten Match verloren (siehe dazu 24, 2, 14).

Es bleibt über Karpows Zeit als Champion in aller Kürze festzuhalten: Er war tatsächlich ein spielender Weltmeister und hat eine Vielzahl erstklassig besetzter Turniere gewonnen, wie es bei keinem seiner Vorgänger der Fall war.

Über die Belastung als Champion weiß Karpow zu berichten: „. . . natürlich bringt der Weltmeistertitel Last und hohe Verantwortung mit sich. Was die Weltmeisterschaften betrifft, so sind sie sehr schwer und kosten sicherlich einige Jahre des Lebens" (22, *23*).

Was immer man von seiner Spielweise halten mag, es trifft zu, was Pfleger, Borik und Kipp-Thomas betonen: „Er war ein würdiger Weltmeister!" (24, *126*)

Neben seinen Erfolgen als Weltmeister wurden ihm noch andere Ehrungen zuteil: So erhielt er zum wiederholten Male den begehrten Schach-Oscar und wurde zweimal Sportler des Jahres in der Sowjetunion.

Durch die umstrittene Möglichkeit eines Revanchematches bekam Karpow die Chance, seinen Titel zurückzuholen. Wenn der Leser dieses Buch in Händen hält, wird er wissen, ob Karpow die Revanche gelungen ist.

Selbst wenn er nicht Erfolg hatte, wird weiterhin damit zu rechnen sein, daß Karpow noch lange beim Kampf um die Weltmeisterschaft dabei sein wird. Wie sagte doch Kasparow über ihn (31): „Was man auch von Karpow halten mag, er ist einfach eine Macht im Schach, und deshalb rechne ich mit ihm als meinem Gegner auch in den nächsten Titelkämpfen."

Vielleicht ist Karpow ein genauso großes oder kleines Rätsel, wie jeder Mensch mit seiner einmaligen Lebensgeschichte und einzigartigen Persönlichkeit. Allerdings ist er sicherlich ein außergewöhnlicher Mensch, der im königlichen Spiel ein stiller und langjähriger Herrscher war.

Literatur

(1) Benesch, H.: Der Glaube an sich selbst. Deutsche Schachzeitung. Nr. 3, S. 92/93, 1986.
(2) Budde, V. & Nikolaiczuk, L.: Schach-WM '84/'85, Band II. Hollfeld, 1985.
(3) Estrin, J. B. (Hrsg.): Weltmeister lehren Schach. Hollfeld, 2. Aufl., 1985.
(4) Fine, R.: Die größten Schachpartien der Welt. München, 1981.
(5) Friedel, F.: Kasparow privat. Schach Magazin 64. Nr. 13, S. 353/354, 1985.
(6) Harenberg, W.: Schachweltmeister. Hamburg, 1981.
(7) Hohlfeld, H.: Nachwort. In Pfleger, H.; Borik, O. & Kipp-Thomas, M.: Schach-WM '85. Niedernhausen/Ts., 1985.
(8) Hort, V.: Begegnungen am Schachbrett. 1984.
(9) Karpow, A.: Der Zweikampf in Baguio. In Estrin, J. B. (Hrsg.): Weltmeister lehren Schach. Hollfeld, 1979.
(10) Karpow, A.: Wie ich kämpfe und siege. Heidelberg, 2. Aufl., 1984a.
(11) Karpow, A.: Selbstportrait. In Pfleger, H. & Metzing, H. (Hrsg.): Schach: Spiel, Sport, Wissenschaft, Kunst. Hamburg, 1984b.
(12) Karpov, A.: Learn from your Defeats. London, 1985a.
(13) Karpow, A.: Statt eines Schlußwortes. In Estrin, J. B. (Hrsg.): Weltmeister lehren Schach. Hollfeld, 1985b.
(14) Kasparow, G.: Weltmeisterschaft 1985. Düsseldorf, 1986.
(15) Keene, R.: Die Schachweltmeister. In Pfleger, H. & Metzing, H. (Hrsg.): Schach: Spiel, Sport, Wissenschaft, Kunst. Hamburg. 1984a.
(16) Keene, R.: Garri Kasparow — Der neue Star. In Pfleger, H. & Metzing, H. (Hrsg.): Schach: Spiel, Sport, Wissenschaft, Kunst. Hamburg, 1984b.
(17) Keene, R.: The Moscow Challenge. London, 1985.
(18) Keene, R. & Goodman, D.: Manoeuvres in Moscow. London, 1985.
(19) Mednis, E.: So gewinnt Karpov. Berlin, 1982.
(20) Munzert, R.: Alle Fehler im Schach beruhen auf Merkmalen des Charakters. Ein Interview mit G. Kasparow. Schach-Echo Nr. 7, S. 237-238, 1985a. Auch zu finden in: Munzert, R.: Fehler sind Charaktersache. Deutsche Schachzeitung. Nr. 8, S. 267-271, 1985.
(21) Munzert, R.: Wenn man Wettkämpfe betreibt, wird Psychologie sehr wichtig. Ein Interview mit A. Karpow. Schach Magazin 64, Nr. 15. S. 405-407. 1985b.
(22) Pfleger, H.: Vor dem Kampf: Interviews mit Garri Kasparow, seiner Mutter Klara und Weltmeister A. Karpow. Europa-Rochade, Nr. 11, S. 22-24, 1984.
(23) Pfleger, H. (Präsentation): Schach '85. Der lange Weg des jungen Kasparow. TV-Sendung, 8. 1. 1986.
(24) Pfleger, H.; Borik, O. & Kipp-Thomas, M.: Schach-WM ,85. Niedernhausen/Ts., 1985.
(25) Pfleger, H. & Metzing, H. (Hrsg.): Schach: Spiel, Sport, Wissenschaft, Kunst. Hamburg, 1984.
(26) Roschal, A. & Karpov, A.: Schach mit Karpov. München, 1977.
(27) Saidy, A.: Kampf der Schachideen. Berlin, 1986.
(28) Schuster, Th.: Schach dem Weltmeister Karpow. Niedernhausen/Ts., 1978.
(29) Spassky, B.: Ein Krieg, der bis zur Erschöpfung geführt wird. (Interview), Europa-Rochade, Nr. 2. S. 1, 1985.
(30) Spiegel: Genie wie Fischer, ohne Eskapaden. Nr. 23, S. 82-93, 1985.
(31) Spiegel: Gegen den Ex-Kanzler brauche ich keine Dame. Gespräch mit G. Kasparow. Nr. 2, S. 131-141. 1986.
(32) Suetin, A.: Schachstrategie der Weltmeister. Berlin, 1983.

Dr. phil. Reinhard Munzert ist Diplom-Psychologe und Dozent am Institut für Psychologie der Universität Erlangen-Nürnberg. Die Forschungsschwerpunkte des 1951 geborenen Wissenschaftlers sind unter anderem: Handlungspsychologie, Persönlichkeitsforschung und Selbstbeobachtungsmethoden, ideale Fachgebiete also für die Erforschung der Psychologie des Schachspiels und der Schachspieler. Dr. Munzert ist ein leidenschaftlicher Schachspieler und hat im Rahmen verschiedener Seminare mit vielen namhaften Schachmeistern gearbeitet.

Schach im Fernsehen

Schon wieder Gäste!

von Michael Kipp-Thomas (Fernsehredakteur)

Angenommen, Ihrer Frau fällt die Bude auf den Kopf. Sie will Trubel und Abwechslung nach einer Woche Arbeit am Kochtopf und mit den lieben Kindern. Sie aber wollen Ruhe nach einer „sauharten" Woche voller Konferenzen, Reisen und Gespräche. Sie wollen vielleicht ein Buch lesen, zum Beispiel „Hundert Jahre Einsamkeit" von Gabriel Garcia Marquez. Ja, das wär' schön! 100 Jahre Einsamkeit? Man muß ja nicht gleich übertreiben! Aber doch wenigstens dieses Wochenende! Aber was passiert? Schon wieder Gäste! Und manch einer unserer Zuschauer betrachtet die Besucher in Helmut Pflegers Fersehstudio als sehr unerbetene Störung ungetrübter Schachfreude. Wichtigster Beschwerdegrund: Gäste im Studio nehmen Helmut Pfleger wertvolle Zeit, die für Kommentare benutzt werden könnte. Stimmt! Unsere eingefleischten Schachfreunde und -freaks vergessen nur, daß wir für sie allein gar nicht senden. Wir müssen schon versuchen, Herrn Jedermann für unsere Schachberichte im Fersehen zu interessieren. Und dem dürfen wir nicht mit allzu großen Schachschritten und Fachsimpeleien enteilen. Herr Jedermann langweilt sich dann, verliert das Interesse an Schach im Fernsehen, dann tut's der Sender, und dann sind Sie und wir die Sendung los. Wollen Sie das?

Zuschauer ist eben nicht Zuschauer und schon gar nicht alleine der, der alles über die sizilianische oder spanische Eröffnung weiß.

Wäre es nicht schön, wenn ein paar Leute mehr am Schachbrett säßen und darüber nachdächten, wie sie zum Beispiel den Springer setzen könnten, und nicht schimpfend vorm Bildschirm, weil gerade wieder kein Krimi läuft? Das Fernsehen macht Werbung für einen Sport, damit er von möglichst vielen gespielt wird. Wir machen Breitenarbeit in der Hoffnung, daß irgendeines Tages die großen und die kleinen Schachtalente nur so sprießen. Und wenn das nicht klappt? Dann haben wir unsere Zuschauer vielleicht angeregt, zwischen zwei Krimis eine kleine schöpferische Schachpause einzulegen, oder, wie es in feinem Mediendeutsch heißt, wenigstens zeitweise von passivem Fersehkonsum zu aktivem Freizeitverhalten überzuwechseln.

Der Deutsche Schachbund und Helmut Pfleger stehen hinter diesem Konzept der einfachen, auch für Anfänger verständlichen Sendung. Unter diesen Vorbedingungen ist es geradezu notwendig, einen Studiogast zu haben, der unseren allseits beliebten Großmeister vom schachlichen Olymp auf die Ebene allgemeinen Verständnisses herabzwingt. Wer könnte das besser als bekannte Politiker, berühmte Sänger, scharfsinnige Kabarettisten, Profi-Fußballer usw. usw.

Alle spielen sie Schach, mehr oder weniger gut, aber mit großer Freude. Es sind Menschen, die es im Leben zu viel gebracht haben, von denen viele abhängen, die mit ihrer Kunst Millionen erfreuen und faszinieren. Alle diese Menschen waren schon bei uns im Studio und

haben nach Aufzeichnung der Sendung ein wenig traurig bekannt, daß sie bei allem Zugewinn auch etwas verloren hätten: Die Zeit für eine gemütliche Schachpartie daheim oder mit Freunden im Schachcafé.
Hamburgs Bürgermeister **Klaus von Dohnanyi** ist so einer. Nadelgestreift und senatsgestreßt kam er zu uns ins Studio. Die „Primus-inter-pares"-Rolle des Präsidenten der Hamburger Stadtregierung hatte er brav an der Maske abgegeben und ordnete sich zunächst noch reserviert, aber willig Großmeister Helmut Pfleger unter.
Man entdeckte bald Gemeinsamkeiten. Pfleger wie Dohnanyi haben im Alter von fünf Jahren mit dem Schachspiel begonnen. Der spätere Hamburger Bürgermeister spielte dann fast täglich mit dem späteren Dirigenten des Cleveland Sinfonie Orchesters, seinem Bruder Christoph. Auf seinen Reisen durch die ganze Welt sammelte der begeisterte, aber beruflich „verhinderte" Schachspieler Figuren und unvollendete Partien. Fast immer kam etwas dazwischen: mal ein pünktlicher Flugzeugabflug in Moskau, mal eine unpünktliche Dauersitzung in Bonn. Gern erinnert sich Klaus von Dohnanyi an eine Blitzpartie mit Helmut Schmidt. Der damalige Bundeskanzler hatte den Sieg über ihn schon selbstsicher in seinen Schachsack gesteckt. Aber daraus wurde nichts. Sie spielten unentschieden.

Dem Unternehmer, Minister, Staatssekretär und Bürgermeister einer schachspielenden Hansestadt Klaus von Dohnanyi fehlt in seiner an Höhepunkten reichen Karriere eigentlich nur eins: Zeit zum Schachspielen. Schade für den Mann.
Auch das Herz eines anderen Hamburgers schlägt für Schach. Sein Geld allerdings verdient er mit dem Fußball: Zunächst als Profi und jetzt als Manager des Hamburger Sportvereins. In seinem neuen Job hofft er, wieder mehr Zeit für das Schachspielen zu haben. Er hofft. Für den Augenblick müssen ein paar Minuten bei uns im Studio reichen.

Felix Magath erzählt, wie er 1978 zum Schachspiel kam. Es gab zwei Gründe: Pflegers Kommentare im Fersehen und eine Hepatitis, die ihn für Wochen ans Bett fesselte. Ein kurzes Intermezzo in einem Schachklub, dann meldete sich wieder der Fußball mit Macht und Ausschließlichkeit. „Mir hat es im Schachklub sehr gut gefallen, aber das war mein Hobby und Fußball ist mein Beruf." Trotz der schwarzen Steine und einer ihm unbekannten Eröffnung kann Felix Magath in einem Spielchen die Stellung bis ins Endspiel ausgeglichen halten. Er will sich weiter mit dem „Mannschaftsspiel auf 64 Feldern" beschäftigen und sieht Ähnlichkeiten mit dem Fußball: „In beiden Spielen ist es wichtig, das Zentrum des Spielfeldes zu beherrschen. Auch die Bedeutung von Zeit und Raum im Fußball ist mir beim Schach erst richtig bewußt geworden."

Roland Kaiser kam direkt aus Berlin und flog sofort nach unserer Aufzeichnung dorthin zurück. Ein Schlagerstar und Schachfan. Mancher im Studio summte seinen letzten Tophit „Dich zu lieben" (oder war es der vorletzte?), ohne zu ahnen, daß dieser junge Mann auch Schachspieler ist. Ganz brav, meint Helmut Pfleger gönnerhaft und vergißt nicht, deutlich zu machen, daß zwischen Großmeistern und einfachen Menschen ganze Schachwelten liegen. Dem Schlagerstar macht die Aufzeichnung einen Riesenspaß. Natürlich fasziniert ihn nicht das Fersehdrumherum. Das kennt er ein bißchen gewaltiger und üppiger. Schließlich ist er in dem Bereich zuhause, den man die große Unterhaltung nennt. Das bißchen Styropor hier . . . Aber Roland Kaiser hat Respekt. Hier stehen sich nämlich zwei richtige Profis gegenüber. Zwei Moderatoren mit eiserner Disziplin und hoher Konzentration. Fehler machen, wenn überhaupt, nur die anderen. Wir hätten ihn gern etwas singen lassen, zum Beispiel seinen Hit „Schachmatt", in dem, wie sollte es in einem Schlager auch anders sein, eine Dame ihrem Liebhaber das Herz bricht.

Aber er wollte nicht. Was für uns Schlagermuffel noch ein Hit, war für Roland Kaiser schon Lied-Schnee von gestern.

Mike Krüger, eine der Supernasen des „neuen" deutschen Schlagerfilms, hatte extra sein „Schachhemd" angezogen, um sich beim Spielchen gegen unseren Großmeister mächtig in die Brust werfen zu können. Nun gut, die Partie fand unter Ausschluß der Öffentlichkeit in Helmut Pflegers Schachkeller statt. Allzu großen Schaden hat sie deswegen nicht anrichten können. Mike Krüger spielt achtbar Schach. Für einen Amateur natürlich, wollen wir doch nicht vergessen hinzuzufügen. Sonst könnte noch jemand übermütig werden.

Der Blödelbarde aus Deutschlands Norden ist, wie viele andere, Opfer seiner Popularität. Obwohl ständig von Fans umlagert, spielt er meist allein Schach, gegen einen Computer. Spielstufe fünf. Also gar nicht so schlecht.

„Mein Gott, Walter" war 1975 sein Einstieg ins Schaugeschäft. So etwas wie ein Vereinslied für alle trottligen Deutschen, die noch über sich lachen konnten. Vom „Nippel" zum „Gnubbel" schlagerte er sich durch die Ohren seiner Verehrer. Wenn er jetzt auch noch die „Masche" und den „Dreh" herausbekommt, steigt er sicherlich auf in Computer-Stufe Nummer Sechs. Als er für kurze Zeit aus seiner Schlagerwelt zu uns in die Schachwelt überwechselte, transportierte er gerade „Schweine nach Beirut". Der arme Mike muß eben singen, was seine Fans für Schlager halten. Oder tut er es gar freiwillig?

„Von den Schriftstellern spielen nur einige Schach, aber alle Humoristen tun es. Und die guten Humoristen spielen ausgezeichnet Schach." Wer das so außerordentlich bescheiden von sich sagt, ist der Schriftsteller und Humorist **Ephraim Kishon.** Geboren in Budapest, während des zweiten Weltkrieges in Konzentrationslager verschleppt, verschlug ihn sein jüdisches Schicksal in den fünfziger Jahren nach Israel. Dort ernährte er sich und seine Familie als Schlosser, Kfz-Mechaniker, Maler und Installateur. 1951 hatte er erste Erfolge mit politisch-satirischen Glossen. Mit den Fersehspielen „Der Blaumilchkanal" und „Dreh'n Sie sich um, Frau Lot" wurde er auch bei uns in der Bundesrepublik Deutschland bekannt.

Kishon ist wohl der einzige Mensch, der gleichzeitig Schach spielt und Bücher schreibt. Ein menschliches Wesen hätte kaum die Geduld mit einem, der beim Schachspielen hauptberuflich an der Maschine sitzt, wohl aber ein Computer. Und so kommt es, daß Ephraim Kishon 15 dieser unterschiedlich gut funktionierenden Maschinen im Haus hat. Immer, wenn er auf Reisen ist, und das ist er oft, schleppt er so einen Computer mit sich herum. Immer bereit, in der Wartehalle eines Flughafens oder in einer Verhandlungspause mit der Maschine ein

Spielchen anzuzetteln. Bescheiden wie er nun einmal ist, erzählt Kishon: „Ich spiele auf der höchsten Stufe des Computers. So denkt er, der Computer, manchmal zehn, fünfzehn Minuten. Und ich schreibe. Und antworte dann auf den Zug. Usw.Usw. Es ist mir fast zur Gewohnheit geworden, so daß ich schon fast nicht mehr schreiben kann, ohne zu spielen, und nicht mehr spielen kann, ohne zu schreiben. Es klingt absurd, aber Schach zu spielen beim Schreiben entspannt und erfrischt mich."

Werner Schneyder stach der Hafer. Wir trafen uns spät abends um halb elf im Occam Bistro in München-Schwabing. Er hatte vorher noch ein Fernsehstück von einem Freund gesehen, in der Hoffnung, etwas Gutes darüber sagen zu können. Er konnte. Helmut Pfleger kam von einem Schachturnier aus Wiesbaden. Abgespannt, aber glücklich. Er hatte gerade gewonnen. Also müde Zufriedenheit allenthalben. Es war mittlerweile elf geworden. Der müde Helmut packte sein kleines, blechernes Schachbrett aus. Die Kellnerin verabschiedete sich schließlich und verständlicherweise in ihr Privatleben.
Werner Schneyder wollte es wissen. Kleine Partie gefällig? Jetzt und hier, zwischen Muscadet und carré d'agneau? Wir sind im Bistro, meine Damen und Herren. So bereiten wir unsere Sendungen vor.
Gemeinsame Schwäche beider beim Anfangen, also Eröffnungen. Jeder auf seinem Niveau natürlich. Der Kabarettist Schneyder macht aus seinen Schwächen noch Satire und veröffentlicht seinen Rückzug ins „Mensch-ärgere-Dich-nicht". Pfleger tröstet ihn mit seinen eigenen, oft fatalen Eröffnungsschwächen. Auch Anatoli Karpow halte die jeweilige Situation immer für die unangenehmste. Wie wahr. Die beiden Herren kommen überein, die Eröffnung einfach zu überstehen. Dann käme schließlich bald das rettende Mittelspiel. Das Gespräch mündet auf diese Weise in tragisch-logische Sentenzen, wie diejenigen Fußball-Herbergers, die darin gipfeln, daß der Ball rund sei und ein Spiel 90 Minuten dauere. Man kommt sich also augenzwinkernd und auf schlichtem Weg näher. Man komplimentiert sich und gesteht sich zu, daß jeder in seinem Metier so ziemlich das beste sei, was es gebe. Das ganze geschieht mit dem Augenzwinkern zweier Komödianten.
So verläuft der Aufzeichnungstag in gegenseitiger Sympathie und mit Information und Unterhaltung für die Zuschauer. Meint die Redaktion.
Übrigens, Werner Schneyder hat einen auf den Hut bekommen. Kleine Partie gefällig? Vielleicht das nächste Mal!
Fechten und Schach; **Cornelia Hanisch**, unsere Weltmeisterin und Olympiasiegerin, meint, daß sich beide Sportarten in gewissen Bereichen durchaus ähnlich seien. So zum Beispiel in der Taktik. Ein Angriff, im Fechten wie im Schach, muß in mühevoller Kleinarbeit präzis Stück für Stück aufgebaut werden. Das erfordert viel Geduld. Neben allem technischen Können. Das setzen wir einmal voraus. Schließlich sitzen sich im Fernsehstudio zwei Könner gegenüber.
Doch Geduld ist es, was Cornelia Hanisch manchmal fehlt. Wer aber ohne rechte Vorbereitung seinen Gegner auf der Planche attackiert, wird ebenso ins Leere stoßen wie der Schachspieler auf dem Brett, das für ihn die Sportwelt bedeutet. Die Folgen sind bekannt. Der Gegner kann sich fast in aller Ruhe das Plätzchen aussuchen, wo er zum Angriff übergehen will.
Ihr Freund, so Cornelia Hanisch, habe ihr gesagt, daß sie so Schach spiele wie sie fechte. Ein wenig überstürzt, ein wenig unvorbereitet und dadurch schlechter als nötig. Dieser Treffer saß. Aber überbewerten Sie die Selbstkritik von Cornelia Hanisch bitte nicht. Sie ist mit ihrer Art zu fechten immerhin lange Zeit eine der weltbesten Fechterinnen gewesen.

„Hoffentlich geht's gut. Wissen Sie, ich bin nicht oft im Fernsehen. Und Schach habe ich auch ewig nicht mehr gespielt." Große Katastrophe. **Ulrich Wildgruber** überfällt mich mit nicht mehr zu überbietender Bescheidenheit. Ob's wirklich klappt? Na klar!

Wir treffen uns im Foyer des Hamburger Hotels Reichshof, gleich neben dem Deutschen Schauspielhaus, dem Arbeitsplatz des Schauspielers. Leicht gerötet, Schweißperlen auf der Stirn, sitzt einer der prominentesten deutschen Schauspieler vor mir und atmet Bescheidenheit. Das ist schon echt.

„Ich will alles perfekt machen. Wenn das nicht geht, lasse ich es eben. Und daß meine Tochter mich schlägt, finde ich auch nicht so gut." Ganz so bitterböse ist das natürlich nicht gemeint. Wenn Ulrich hier seinen Abschied vom Schach verkündet, schwingt auch Stolz auf seine Tochter Olga mit. Es macht ihm Spaß, von sich und seiner Tochter zu erzählen.

Zurück zum Schach. Olga spielt also, wie der Vater meint, ziemlich gut, er hingegen ziemlich schlecht. Was soll man da sagen, bei soviel Selbsterkenntnis. Lassen wir diese dummen Vergleiche. Damals, als in Basel nichts mehr lief mit der Schauspielerei, wollte Wildgruber Schach-Profi werden. In Schach-Cafés, für Geld.

„Mein Gott, war das schwer. Da hat mich ja fast jeder geschlagen." Reines Zusatzgeschäft also. Ulrich Wildgruber blieb bei seinem Leisten. Der Mensch macht ja nicht nur Fehler.

Wir verabreden uns für München, wo die Sendung produziert wird. Wildgruber verbringt einen Abend mit Pfleger. Die Aufzeichnung am nächsten Morgen läuft wie geschmiert. Wer hätte das gedacht. Zum Schluß der Entschluß Wildgrubers: Er wird wieder Schach spielen. Im Herbst fährt er für ein Weilchen von zehn Wochen in die Südsee. Für einen Film über einen, der schon vor 100 Jahren auszog, um auszusteigen. Das könnte auch auf Ulrich Wildgruber passen. Ein wenig nostalgisch und auf der Suche nach sich selbst ist das schon. Das schmeckt nach Melville und Conrad. Zeit zum Schachspielen hat er dort bestimmt. Mit wem? Na, im Zweifel mit einem Computer. Dem Manne kann geholfen werden.

Die Rauten auf dem bayerischen Staatswappen und auf bayerischen Bierzelten sind weißblau und nicht blauweiß! Wie bitte? Was macht das für einen Unterschied? Das wird ein „Preuße" nie begreifen. Und bayerisch muß es heißen, nicht bayrisch! Typisch, diese Nordlichter!

Diese Lektion höheren Freistaatsgefühls erteilte uns kein geringerer als **Prinz Leopold von Bayern**. Der muß es schließlich wissen. Ihm können solche peinlichen Fehler natürlich nicht passieren. Solche Kleinigkeiten hat der Verwandte der letzten Monarchen Bayerns, an deren Geburts- bzw. Todestag 1986 überreichlich gedacht wurde, mit der Muttermilch eingesogen. Wenn die königliche Hoheit aber seinen Beruf als Rennfahrer ausübt, dann ist für die traditionellen Rauten kein Platz mehr. Da hat Prinz Poldi jeden Quadratzentimeter seiner wertvollen Haut an die Industrie vermietet. Wir wollen hier darauf verzichten, aufzuzählen, mit wessen Werbebotschaften er über die Pisten flitzt. Schon recht, auf den Start, auf die Stops an den Boxen kommt es an. Da wirbt sich's gut im Stillstand. Nun, Prinz Poldi ist auch Familienvater. Drei Kinder hat er schon. Das vierte wird erwartet. Da wird man vorsichtiger.

Das paßt zum Thema. Der Prinz spielt Schach, sofern es seine blitzgeschwinde Tätigkeit zuläßt. Daheim, im Schloß zu Sigmaringen, hat er's wohl den Großeltern abgeschaut. Eine große Schachleuchte war er wohl nicht. Aber Hand aufs Herz, wer ist das schon? Der Spaß an der Schachfreud' schließt auch Prinzen mit ein.

Helmut Pfleger hat auch so seine Erinnerungen an diese Schloßwelt. Damals, als er in Sigmaringen bei den „Panzern" diente, hat er eine Besichtigung mitgemacht. In diesen herrlichen, riesigen Filzpantinen. Also, das Schloß gibt es.

Geschäftsmann ist Prinz Leopold neben seiner rasanten Litfaßsäulenfunktion auch noch. Er verkauft für einen nicht ganz unbekannten bayerischen Automobilkonzern, über die Rauten hatten wir ja schon gesprochen, na, was denn, Autos.
So verabschiedet sich Herr Bayern, wie er sich ganz bürgerlich nennt, von uns nach der Aufzeichnung im Fersehstudio in München-Unterföhring und geht mit dem Modellkoffer seiner Firma auf Rundreise zum Hochadel.
Schachspieler sind oft introvertierte, zurückhaltende Menschen. Das macht sie liebenswert, wenn man weiß, was sonst so beim Fernsehen herumläuft. Das kann aber auch zum Problem werden, da in diesem Medium eine gewisse Äußerlichkeit zum Geschäft gehört.
Wir haben Glück gehabt. Lassen wir der Dame den Vortritt. **Gisela Fischdick**, eine Fast-Großmeisterin, eine nette, kluge Frau. Im Gespräch mit Helmut Pfleger kommt man unweigerlich auch auf die geringe Spielstärke der Frauen gegenüber den Männern. Gisela Fischdick verweist auf Erfolge von Pia Cramling und Zsuzsa Polgar gegen starke männliche Konkurrenz. Also, da gibt es nichts zu deuteln. Die Männer sind stärker und werden es wohl auch noch lange Zeit bleiben.

Die Internationale Meisterin Fischdick sieht das ganz klar. Von physiologisch-intellektuellen Vorteilen des Mannes zu sprechen, hält sie für verfehlt. Ebenso wie die Auffassung, die geringere Spielstärke auf das vermeintlich gefühlsbetontere Naturell der Frau zurückzuführen. Da sei man von der schwachsinnigen Behauptung vom „angeborenen Schwachsinn des Weibes" gar nicht mehr so weit entfernt. Die Männer sollten nur Geduld haben und den Frauen die Zeit lassen, die sie sich selbst genommen haben, um so gut zu werden, wie sie heute spielen. Dann werde man sehen.

Gisela Fischdick wird mit Chauvinisten aller Brettstärken ganz gut fertig. Mehr Sorgen bereitet ihr zur Zeit der Beruf. Sie ist Lehrerin und hat nur eine Anstellung auf Zeit, für ein halbes Jahr, in Aussicht. Da geht es ihr wie vielen. In dieser kurz bemessenen Arbeitszeit möchte sie auch noch zur Schacholympiade nach Dubai in den Vereinigten Arabischen Emiraten. Das bedeutet Sonderurlaub. Dann noch Weihnachten. Da bleibt für die Schule nur noch wenig Zeit übrig. Das bereitet Gisela Fischdick Kopfschmerzen.
Wäre sie eine Leichtathletin, sähe das vermutlich anders aus. Dann allerdings stellte die Öffentlichkeit auch ganz andere Ansprüche an sie. Dann doch lieber Schach. Im Zweifelsfalle aber der Beruf.
Es gibt noch richtige Amateure.

Vlastimil Hort ist keiner mehr. Er hat seine Begabung zu seinem Beruf gemacht. Davon lebt es sich ganz gut. Aber geht's ihm auch gut? So ganz schaut ihm keiner hinter seine flinken braunen Augen. Vlastimil kam gerade von einem Turnier aus der Schweiz, der Tschechoslowake aus Kladno, der im Augenblick auf die Genehmigung seines Einbürgerungsantrages bei uns wartet. Ein schwergewichtiger Wanderer zwischen den Welten.
Richtig zuhause ist er wohl nirgends. Ein Zuhause ist in Köln. Dort spielt er in der Bundesliga-Mannschaft von Porz. Ein anderes Zuhause ist bei seinem Sohn in der Tschechoslowakei, den er zurückgelassen hat und der nicht zu ihm in den Westen kommen will. So lebt er ein wenig hin und her gerissen zwischen Wirklichkeit und Wünschen und fliegt nach der Aufzeichnung wieder zum Turnier zurück nach Zürich.
Ob er denn mit seinen 42 Jahren noch Schachweltmeister werden wolle oder könne, fragt ihn Helmut Pfleger. „Warum denn nicht?" Aber dann müsse er noch gegen viele gewinnen. Recht hat er, der Schwejk.

Nun zu einem, der unserer Einladung leider immer noch nicht gefolgt ist:
Wir trafen ihn im Dezember '85 in München, im Hotel Hilton. Sein Sohn nahm an einem Simultanspiel des neuen Weltmeisters gegen eine ausgeloste Gruppe unserer Zuschauer teil. Und da wollte er ein wenig kiebitzen. Bundespräsident **Richard von Weizsäcker** und Sohn Robert, der Garry Kasparow ein Remis abrang.

Wir wollten den Bundespräsidenten bitten, in einer der Schachsendungen unser Gast zu sein und zusammen mit Helmut Pfleger eine der Partien des nächsten Weltmeisterschaftskampfes zu kommentieren. Fast hätte es schon mal geklappt. Die Zusage war gegeben. Dann kam aus dem Bundespräsidialamt doch noch die Absage, Dr. Richard von Weizsäcker könne aus zeitlichen Gründen leider nicht kommen.

Jetzt saßen wir wieder mit derselben Bitte vor ihm. Der Bundespräsident sagte weder zu noch ab. Die Hoffnung auf einen Besuch bei uns im Fersehstudio bleibt uns und Ihnen erhalten. In Berlin nutzte unterdessen Helmut Pfleger die Gelegenheit zu einem längeren Gespräch mit dem Schachspieler Richard von Weizsäcker:

Helmut Pfleger: „Herr Bundespräsident, wie halten Sie es denn eigentlich persönlich mit dem Schach? Kommen Sie in der karg bemessenen Freizeit überhaupt noch dazu?"

Richard von Weizsäcker: „Leider eine allzu berechtigte Frage. Entweder habe ich einen Partner und keine Zeit oder umgekehrt Zeit, aber keinen Partner. Das, was für meine Bedürfnisse hier nun wirklich als gute neue Möglichkeit geschaffen worden ist, ist der Computer. Das einzig Ärgerliche ist, daß die Computer mittlerweile so gut geworden sind, daß sie meine Fähigkeiten wirklich übersteigen."

Frage: „Wenn Sie wirklich mal etwas freie Zeit haben, spielen Sie dann ganz gern mal mit dem Computer?"

Richard von Weizsäcker: „Vor allem am späteren Abend, wenn man einen anstrengenden Tag erlebt hat, dann möchte man sich nicht mit unverarbeiteten Vorgängen und Gedanken in einen etwas unruhigen Schlaf retten. Wenn man dann mit dem Computer Schach spielt, konzentriert man sich genügend, um ein Feld zwischen die Ereignisse des Tages und die Ruhe der Nacht zu legen, und ohne daß man dabei einschläft, denn es ist ja doch zu spannend."

Frage: „Haben Sie selber das Schachspielen von Ihrem Vater gelernt?"

Richard von Weizsäcker: „Ja, so wie ich auch meinen Söhnen das Schachspielen beigebracht habe. Das ist ja häufig derselbe Verlauf. Der, der die Regeln des Schachspielens weitervermittelt, kann's halt zunächst besser. Die Frage ist, wie schafft man es nun, die Kinder zu dem Punkt zu bringen, wo es ihnen Freude macht, weil sie wirklich eine Chance haben . . . Denn das ist gar nicht so einfach. Ich weiß noch, daß ich meinem ältesten Sohn Schachspielen beigebracht habe und daß er sich völlig zu Recht über das Spiel ärgerte, weil er sagte, er hätte ja gar keine Chance. Dann ist er nach dem denkwürdigen Weltmeisterschaftskampf zwischen Bobby Fischer und Spasski in einen Schachklub eingetreten, und nach ein paar Monaten hatte ich keine Chance mehr gegen ihn. Also, wir sind immer ein ungleiches Paar geblieben."

Frage: „Sie haben früher auch andere Sportarten betrieben. Sie sind als Jugendlicher geschwommen und vor kurzem haben Sie, mit 66 Jahren, das goldene Sportzeichen erworben."

Richard von Weizsäcker: „Dazu muß man sagen, daß man, wenn man im Alter von 66 Jahren überhaupt ein Sportabzeichen macht, man nur das goldene machen kann. Die anderen Kategorien sind gar nicht mehr vorgesehen. Aber es wurde ja auch allmählich Zeit. Ich meine, ich bin ja nun nicht ein Sportas mit besonderen Leistungen auf bestimmten Gebieten.

Das, was ich gerne mache und auch gern pflegen möchte, ist die Fähigkeit zu längeren Bergtouren oder zu solchen mehr dem Durchhalten dienenden sportlichen Betätigungen. Wenn man in den Ferien vieles davon betrieben hat, dann kommt man doch ohne jeden Zweifel auch geistig frischer an den Schreibtisch oder Schachtisch zurück."
Frage: „Ja, das glaube ich gern. Meinen Sie, daß Ihnen das Schachspiel auch, wenn man so will, beim Regieren hilft oder helfen kann?"
Richard von Weizsäcker: „Ich glaube nicht, daß irgendjemand durch das Schachspielen dümmer geworden ist. Die Analyse und die Planung, im übrigen auch die Nervenkraft, die das Spiel erfordert, sind sicher eine Hilfe, nur ist das Leben im allgemeinen und die Politik im besonderen von so vielen gefühlsmäßigen und irrationalen Komponenten geprägt, daß man sich bestimmt nicht einbilden darf, gute Fähigkeiten beim Schachspielen wären bereits eine Garantie für gutes Regieren."
Wie es der Bundespräsident mit dem Schachspielen und dem Regieren hält, so wollen wir es mit unseren Sendungen auch halten. Wenn er nicht glaubt, daß jemand beim Schachspielen dümmer geworden sei, so denken wir dasselbe auch von unseren Schachsendungen.

Die Ouvertüre

Erstmalig in der Schachgeschichte wurde ein WM-Kampf zwischen zwei Sowjetbürgern im Westen ausgetragen. Genau genommen nur eine Hälfte des Kampfes, denn nach zwölf Partien zogen die Kontrahenten vereinbarungsgemäß nach Leningrad um. Schon lange vor dem Beginn der Londoner Wettkampfhälfte reisten die Spieler mit ihren Teams an. Es galt, sich zu akklimatisieren und die Spielbedingungen und Formalitäten auszuhandeln. Die Liste war lang: 25 Punkte mußten geklärt werden, angefangen von der Beleuchtung über die Form der Figuren bis zur Sitzordnung der Delegationen. Zusammen mit den beiden Spielern löste der Hauptschiedsrichter, der deutsche Großmeister Lothar Schmid, alle diese Probleme und Problemchen zu allseitiger Zufriedenheit; die Organisatoren konnten erleichtert aufatmen. Es wurde nochmals bekräftigt, daß der Preisfond von umgerechnet zwei Millionen DM den Opfern der Reaktorkatastrophe von Tschernobyl zur Verfügung gestellt werden solle. Schon lange vor der WM erklärte Kasparow, er würde seinen Anteil dafür spenden, Karpow schloß sich umgehend an, und nach der Unterschreibung des entsprechenden Vertrages in London wurde diese großzügige Spende nun auch amtlich.

Allerdings gab FIDE-Chef Campomanes bekannt, diese private Vereinbarung interessiere ihn nicht, von der Preissumme würde wie vorgesehen für jedes Remis ein Prozent in die FIDE-Kasse abgezogen, zum Wohle des Schachs, wie er verlauten ließ, zur Finanzierung seiner Wahl, behaupteten böse Zungen . . .

Die Pressekonferenzen wurden getrennt abgehalten, obwohl dies bei Landsleuten ungewöhnlich ist. Als ob sie sich abgesprochen hätten (vielleicht hatten sie es auch), blockten beide Spieler alle brisanten Themen diplomatisch ab. Allein bei der Frage, ob sie es denn nicht langsam leid seien, immer das gleiche Gesicht vor sich zu sehen, gab es etwas unterschiedliche Reaktionen. Kasparow (nach langem Nachdenken): „Unglücklicherweise kann ich mir meinen Gegner nicht auswählen." Karpow (offensichtlich vorbereitet): „Solange Karpow und Kasparow die besten Schachspieler der Welt sind, werden wir gegeneinander spielen müssen." Dann improvisierte er doch, und gab schmunzelnd zu Protokoll: „Es gibt eine Lösung. Man müßte einem von beiden das Schachspielen verbieten!"

Offiziell eröffnet wurde der Wettkampf am 27. Juli 1986 mit einem exclusiven Gala-Dinner, das sich der englische Bankier Duncan Lawrie ganze 10.000 englische Pfund kosten ließ. Unter den geladenen Gästen befanden sich neben den Spielern und deren Delegationen, den Organisatoren und Journalisten auch diverse Prominente aus der Schachwelt und dem britischen öffentlichen Leben, allen voran die britische Premierministerin Frau Margret Thatcher. Von der „eisernen Maggie" war nichts zu sehen, die Regierungschefin gab sich sehr locker. Freimütig gab sie zu, vom Schach habe sie keinen blaßen Schimmer, aber was

Die britische Premierministerin Frau Margret Thatcher eröffnete die Schachweltmeisterschaft 1986.

nicht sei, könne noch werden. Ein Schachspiel besitze sie bereits, denn der sowjetische Außenminister Schewarnadse brachte ihr bei einem Besuch ein schönes Schachspiel als Geschenk mit, sogar mit einer netten Pointe: Die schwarzen Figuren waren blau lackiert, in der Farbe der britischen Regierungspartei! Schon witzelte man in der Runde: „Wenn in Downing Street 10 das Licht abends nicht verlöschen will: Maggie lernt Schach!"

Nach diesem lockeren und fröhlichen Auftakt begann der Ernst des Lebens.

1. Partie

28. Juli

Bereits mit seinem zweiten und erst recht mit seinem dritten Zug überraschte der Weltmeister seinen Gegner. Die aktive, aber auch recht riskante Grünfeld-Indische Verteidigung hat Kasparow bisher kaum und gegen Karpow noch nie gespielt.

Karpow hat mit dieser Eröffnung nur wenig Erfahrung sammeln können; mit Schwarz hat er sie noch nie gespielt, mit Weiß nur in einigen Partien. Da er annehmen mußte, daß Kasparow gut vorbereitet war, reagierte Karpow so, wie erfahrene Spieler in solch einer Situation nun einmal reagieren. Er verzichtete auf einen offenen Kampf und nutzte seinen Anzugsvorteil dazu, eine supersolide Stellung aufzubauen. Diese Taktik reichte zum Remis, aber Kasparow sammelte psychologische Pluspunkte: Er nahm seinem Gegner „den Aufschlag ab":

Grünfeld-Indische Verteidigung
Weiß: Karpow
Schwarz: Kasparow

1.	d4	Sf6
2.	c4	g6

Nach diesem Zug kann auch die Königsindische Verteidigung entstehen, wenn Schwarz in der Folge e2-e4 zuläßt. Dieser Eröffnung hat sich Kasparow früher oft bedient, und Karpow hat sich damit bestimmt ausführlich beschäftigt. Dennoch ließ er sich vier Minuten Zeit, bis er, immer noch mit der für ihn typischen gleichgültigen Miene, den üblichen Zug spielte.

3.	Sc3	d5

Nun konnte Karpow seine Überraschung nicht so gut verbergen. Was hat Kasparow vorbereitet, womit rechnet er? Mal sehen, erst einmal wird ein unverbindlicher Entwicklungszug gemacht, der in fast allen Varianten dieser Eröffnung nützlich ist:

4.	Sf3	Lg7

Nun scheiden sich die Wege. In einer seiner seltenen Grünfeld-Indischen Partien (gegen Kortschnoi in London 1982) wählte Karpow 5. Lg5, und er gewann in der Folge eine sehr schöne Partie (Kortschnoi nach seiner Aufgabe: „Ich weiß gar nicht, wo ich den Fehler gemacht habe!"). Diese war Kasparow natürlich bekannt, und es war anzunehmen, daß er irgendeine Verbesserung vorbereitet hatte, aber welche? Nach fünf Minuten entschloß sich der Exweltmeister, lieber neue Wege zu beschreiten:

5. Lf4

Nun vertiefte sich Kasparow in Gedanken. Mit dem von Karpow gewählten System hatte er vor kurzem gute Erfahrungen gemacht. Wir schweifen nun ein wenig ab und sehen uns eine herrliche Partie an, die Kasparow im Dezember 1985 im Rahmen einer Simultanvorstellung gegen acht Spieler des Bundesliga-Teams von HSK/HSV spielte:

Behrhorst — Kasparow
Simultan, Hamburg 1985
5. . . . 0—0 6. e3 c5 7. dxc5 Se4 8. Db3

Sa6 9. cxd5 Saxc5 10. Dc4 b5! 11. Sxb5 (12. Dxb5 ist noch schlechter: 12. ... La6 13. Db4 Tb8 14. Da3 Txb2! drohend ... Lxc3) 11. ... Lxb2 (mit der Drohung ... Da5+ verbunden) 12. Lc7

auch immer, wich Kasparow von diesem Vorbild selbst ab:

5. ... c5
6. dxc5 Da5

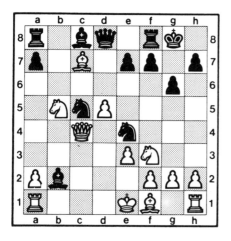

Analyse-Diagramm

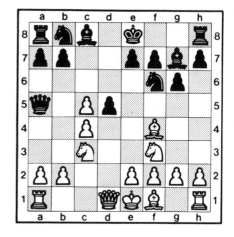

12. ... a6!! (ein fantastisches Damenopfer) 13. Lxd8 axb5 14. Dc2 Lc3+ 15. Dxc3 (es gibt kaum Besseres: 15. Kd1 Lxa1 16. Lb6 Txa2!, und Schwarz gewinnt) 15. ... Sxc3 16. Lxe7 Sb3 17. Td1 Txa2 18. Lxf8 Kxf8! 19. Sd4 (19. Td3?? Ta1+ nebst matt) 19. ... Sxd1 20. Sxb3 Sxf2 21. Tg1 Sg4 22. d6 Sxe3 23. Sc5 (nicht 23. Lxb5 Le6 24. Sd4 — 24. d7 Ke7 — 24. ... Ta1+ 25. Kf2 Sg4+ usw.) 23. ... Lg4 24. h3 Tc2! 25. Sa6 Le6 26. Le2 (auch nach 26. Lxb5 Sxg2+ 27. Kd1 Se3+ 28. Ke1 Lxh3 gewinnt Schwarz) 26. ... Lc4 27. Lf3 Sf5 28. d7 Ke7 29. Sb8 Tc1+ 30. Kf2 Txg1 31. Kxg1 Sd4 32. Le4 f5 33. Lb1 Le6 34. Kf2 Lxd7, und Weiß gab bald auf 0:1
An eine solche Partie erinnert man sich gerne, doch Karpow kannte sie bestimmt (sie wurde auch in der UdSSR veröffentlicht), und er würde kaum die Züge des Hamburger Spielers wiederholen. Wie

In dieser unschuldig aussehenden Stellung lauern große Gefahren. Machen wir noch einen Ausflug, diesmal nach Tallin. Bei einem sowjetischen Turnier wurde dort eine herrliche Angriffspartie gespielt:
Drejew — Jepischin
7. cxd5 Sxd5 8. Dxd5 Lxc3+ 9. Ld2 (In einer Partie Timman — Littlewood, 1969, geschah nun 9. ... Lxd2+ 10. Dxd2 Dxc5 11. Tc1 Df5 12. Sd4 Dd7 13. Dh6 mit Vorteil für Weiß) 9. ... Le6! 10. Dxb7 (10. Lxc3 Dxc3+ 11. bxc3 Lxd5 nebst ... Sd7 und ... Sxc5 ist gut für Schwarz. Relativ am besten war 10. Lxc3 Dxc3+ 11. Dd2 Dxc5 12. e3 0—0 mit gutem Spiel für Schwarz) 10. ... Lxd2+ 11. Sxd2 0—0 12. e4 (12. Dxa8 verliert nach 12. ... Td8 13. Td1 — was sonst? — 13. ... Ld5 14. b4 — in der Hoffnung auf 14. ... Dxb4?? 15. Dxa7 — 14. ... Da3!, und Schwarz gewinnt die Dame) 12. ... Sc6!! Die Pointe dieses weiteren Opfers ist die Variante 13. Dxc6 Tad8 14. Td1 Txd2! 15. Txd2 Td8, und Weiß kann aufgeben. In

der Partie folgte: **13. Da6 Dxc5 14. Db5 Dd6 15. Sc4 Dd4 16. Le2 Tfc8 17. 0—0 Tab8 18. Da4 Dxe4 19. Tfe1 Sd4 20. Lf1 Df4 21. b3** (es drohte 21. . . . Lxc4 22. Lxc4 Txc4! 23. Dxc4 Sf3+ mit Damengewinn) **21. . . . Tc5 22. Dxa7 Th5 23. h3** (23. g3?? Sf3+ nebst . . . Txh2 matt) **23. . . . Txh3! 24. Dxb8+** (Verzweiflung; 24. gxh3 Sf3+ 25. Kg2 Ld5 gewinnt auch. Es droht . . . Dh2 matt, und auf 26. Ld3 gewinnt . . . Sxe1++ 27. Kf1 Sxd3) **24. . . . Dxb8 25. gxh3 Sf3+ 26. Kg2 Ld5,** und Weiß gab auf **0:1**

Diese „Nebenpartien" zeigen eindrucksvoll, wie vorsichtig Weiß in dieser Variante agieren muß. Mit einem (fast) untrüglichen Gespür für Gefahren vermeidet Karpow alle diese „Tretminen" und leitet in der Stellung des letzten Diagramms Vereinfachungen ein.

7. Tc1

Damit ist der anfällige Punkt c3 gut überdeckt, Kombinationen wie in den beiden zitierten Partien sind nicht mehr möglich.

7. . . .	**dxc4**
8. e3	**Dxc5**
9. Da4+	**Sc6**
10. Lxc4	**0—0**
11. 0—0	**Ld7**

Schwarz droht nun unangenehm mit dem Springerabzug . . . Se5, so daß der Damentausch praktisch erzwungen ist.

12. Db5	**Dxb5**
13. Lxb5	**Tac8**
14. Tfd1	**Tfd8**
15. h3	**h6**
16. Kf1	**a6**
17. Le2	**Le6**
18. Txd8+	

Damit wird ein totaler Kahlschlag eingeleitet. Weiß hat jedoch keine andere Möglichkeit.

18. . . .	**Txd8**
19. Se5	**Sxe5**
20. Lxe5	**Td2**
21. b3	

Remis auf Vorschlag von Karpow.

Schwarz kann seinen Turm auf der zweiten Reihe nicht halten, zum Beispiel 21. . . . Sd7 22. Lxg7 Kxg7 23. Ke1 Tb2 24. Kd1! (es droht 25. Ta1 nebst Kc1 mit Turmgewinn) 24. . . . b5 (drohend . . . b4) 25. Tc2 mit Turmtausch und klarer Remisstellung.
Verbrauchte Bedenkzeit: 1.47/1.48

2. Partie

30. Juli

Alle Schachprofis sind sich einig: Niemand kann in einem Wettkampf jede Partie mit vollem Einsatz spielen, dazu reichen weder die psychischen noch die physischen Kräfte aus. In jedem Match wechseln spannungsvolle Duelle mit kräftesparendem „Schattenboxen". Zur letzten Kategorie gehört sicher auch die erste Partie der WM 1986. Dafür entflammte in der zweiten Begegnung ein kompromißloser Kampf. Die Anfangszüge wirkten noch ein wenig verhalten, doch trotz zahlreicher Vereinfachungen wuchs der Druck des Weltmeisters auf die solide wirkende, aber etwas passive Stellung des Herausforderers. Ein fast unmerklicher Fehler brachte Karpow an den Rand einer Niederlage, doch im entscheidenden Moment griff Kasparow fehl.

Nimzowitsch-Indische Verteidigung
Weiß: Kasparow
Schwarz: Karpow

1. d4	Sf6
2. c4	e6
3. Sc3	Lb4
4. Sf3	c5
5. g3	Sc6
6. Lg2	

Das alles ist kein Neuland. In der 13. und in der 17. Partie der WM 1985 wurde die gleiche Variante gespielt, und Karpow setzte jeweils mit 6. . . . Se4 fort. Der folgende Zug überraschte Kasparow, und er vertiefte sich für ganze 44 Minuten in Gedanken.

7. . . .	**d5**

Schlagen (auf d5) oder nicht schlagen, das ist hier die Frage. Kasparow prüfte sicherlich auch die Alternative 8. 0—0 dxc4 9. dxc5, und er mußte feststellen, daß Schwarz nach 9. . . . De7! alle Eröffnungsprobleme befriedigend löst. So wird . . . e5

vorbereitet, eventuell auch . . . Td8, und der Bauer c5 läuft nicht weg. Also

7. cxd5	**Sxd5**

Natürlich mit dem Springer! 7. . . . exd5? 8. 0—0 0—0 9. Lg5 mit unangenehmer Fesselung des schwarzen Königsspringers sowie dem schwachen Bauern auf d5 kommt für Schwarz nicht in Frage.

8. Ld2	

Schwarz muß nun auf d4 schlagen und eine für Weiß günstige Abwicklung zulassen. Ein Figurenabtausch auf c3 würde nach bxc3 nur das weiße Bauernzentrum stärken.

8. . . .	**cxd4**

Viel schlechter wäre 8. . . . Sxd4? wegen 9. Sxd4 cxd4 10. Sxd5 Lxd2+ 11. Dxd2 exd5 12. Dxd4 mit Vorteil für Weiß wegen der unheilbaren Schwäche d5.

9. Sxd4	**Sxd4**
10. Sxd5	**Lxd2 +**
11. Dxd2	**Sc6**

Wohin mit dem weißen Springer? Diese

Frage ist nicht leicht zu beantworten. Kasparow überlegte hier eine halbe Stunde lang. Ganz gut sieht zum Beispiel 12. Se3 Dxd2+ 13. Kxd2 Ke7 14. Thd1 Td8+ 15. Kc3 Ld7 16. Sc4 Le8 17. b4 aus, und es ist nicht leicht zu entscheiden, welche der möglichen Endspielstellungen für Weiß am ergiebigsten ist. Die Wahl fiel schließlich auf den Textzug:

12. Sf4   Dxd2+
13. Kxd2

Der bisherige Zeitverbrauch nach nur 13 Zügen (Weiß 1.18, Schwarz 0.41) spricht eine klare Sprache. Die Stellung ist materiell vereinfacht, aber keineswegs einfach zu spielen.

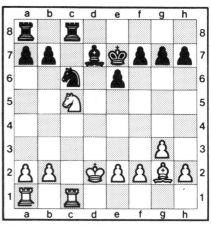

(Stellung nach 16. Sc5)

Dieser Stellungstyp ist gut bekannt aus „Katalanisch", einer verwandten Eröffnung. Hier wie dort ist der Läufer g2 seinem Gegenspieler auf c8 überlegen. Ferner kann Weiß leicht seine Türme auf die offenen Linien bringen und damit den Druck auf die schwarze Stellung weiter verstärken. Im Vergleich zu den „katalanischen" Stellungen hat Schwarz hier eine zusätzliche Möglichkeit. Da er noch nicht rochiert hat, kann er seinen König zu Verteidigungszwecken im Zentrum einsetzen. Dieser für den Nachziehenden günstige Umstand sollte ihm bei genauem Spiel das Remis sichern.

13. ...   Ld7
14. Thc1   Ke7
15. Sd3   Thc8
16. Sc5

(Siehe nächstes Diagramm)

16. ...   Tab8?!

Hier geht Karpow an einer bemerkenswerten Verteidigungsidee vorbei. Präzise war 16. ... b6! mit folgenden Möglichkeiten:
A) 17. Sxd7 Kxd7 18. Tc3 Tc7 19. Tac1 Tac8 sollte Remis sein.
B) 17. Sd3 Tab8 18. Tc3 Sd8 mit Generalabtausch der Türme auf der c-Linie dürfte für Schwarz ebenfalls ungefährlich sein.
C) 17. Sa6 sieht unangenehm aus (was macht nun der Turm a8?), doch nach der raffinierten Antwort 17. ... Td8! (nutzt die Stellung des weißen Königs auf der d-Linie aus; nach etwa 18. Lxc6 folgt ... Lxc6 mit Schachgebot!) 18. Ke1 Tac8 gelingt es Schwarz, seine Stellung voll zu konsolidieren.

Auch nach dem Textzug dürfte Schwarz nicht in unmittelbarer Verlustgefahr sein, doch die Anforderungen an die Verteidigung sind weiter gestiegen.

17. Tc3   Sd8
18. Tac1   Lc6

Nun rückte 18. ... b6 wieder in den Bereich des Möglichen, doch nach 19. Sxd7 Kxd7 20. Td3+! Ke7 21. Ta3! a5 22. b4! Txc1 (schlechter ist 22. ... axb4 23. Ta7+ nebst 24. Tb1) 23. Kxc1 axb4 24. Ta7+ nebst Kb2-b3 ist das Endspiel etwas besser für Weiß, da seine Figuren deutlich aktiver stehen; der Bauer b4 spielt vorläufig keine Rolle und wird sicher bald verlorengehen.

19. Sd3   Ld7
20. Se5   Txc3
21. Txc3   Le8!

Karpow verteidigt sich sehr genau. Der naheliegende Zug 21. ... Tc8 bringt

Schwarz in Schwierigkeiten nach dem subtilen Manöver 22. Ta3 a6 23. Tb3 Tc7 (23. ... b5 24. Ta3! mit Bauerngewinn; dieses Motiv wird „auspendeln" genannt) 24. Tb6, und Schwarz steht sehr passiv.

22. b4　　　a6
23. Le4?!

Genauer war 23. a3 mit ähnlicher Position wie in der Partie. Danach bringt 23. ... a5 für Schwarz nichts ein: 24. bxa5 Ta8 25. Tc5 Kd6 26. Sd3 Lc6 27. e4! mit Vorteil für Weiß.

23. ...　　　h6
24. a3　　　f6?!

Nach der Partie ärgerte sich Karpow insbesondere über diesen Zug. Er hätte mit 24. ... a5 25. bxa5 Ta8 26. Tc5 Kd6 26. Sd3 Lc6 ausgleichen können. Im Gegensatz zu der vorherigen Anmerkung kann Weiß hier den Läufertausch nicht verhindern — die Folge von 23. Le4. Diese kleine Ungenauigkeit blieb jedoch (zunächst) ohne Folgen.

25. Sd3　　　Lc6

Auch hier kann Schwarz die Läufer tauschen, jedoch ohne die zusätzliche Entlastung durch die Aktion . . . a5.

26. Lxc6　　　Sxc6
27. Sc5　　　Se5

Es drohte 28. Sxa6. 27. ... Kd6? wird mit 28. Td3+ nebst Td7 beantwortet.

28. f4　　　Sd7
29. Sb3

Diese Stellung dürfte trotz einiger Initiative des Anziehenden für Schwarz immer noch haltbar sein. Richtig war nun **29. ... f5!**, wonach es Weiß sehr schwer fallen würde, seinen Raumvorteil weiter auszubauen. Wir prüfen:

A) 30. e4 Sf6 31. Tc7+ Kd6 32. Txg7 Sxe4+ 33. Kd3 Tc8 mit Aktivierung mittels . . . Tc3+.

B) 30. Sd4 Sf6

b1) 31. Tc7+ Sd7, und nach . . . Kd6 muß der weiße Turm wieder weichen.

b2) 31. Tc6 ist ein geistreicher Versuch, der sich jedoch als Bumerang erweist nach 31. ... Td8! 32. Txe6+ Kf7 33. Kc3 Se4+ (nicht aber 33. ... Txd4? 34. Txf6+) 34. Kd3 (c4) Txd4+, und Schwarz gewinnt sogar! Karpow setzte mit beginnender Zeitnot nicht am besten fort:

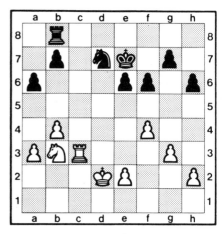

29. ...　　　Kd6?
30. e4　　　g5
31. Ke3　　　e5
32. fxg5　　　fxg5

Das Schlagen mit dem h-Bauern verschafft Weiß einen gefährlichen Freibauern auf der h-Linie nach 32. ... hxg5 33. Kf3 Th8 34. Tc2! nebst Kg4, h4.

33. Sa5　　　g4

Alternativ 33. ... Sf6 34. Tc5! Sg4+ (34. ... b6 35. Tc6+) 35. Ke2 Sxh2 36. Sc4+, wonach Weiß den Bauern e5 gewinnt.

34. Tc2　　　h5
35. Tc1!

Das ist schon fast gemein! Weiß spielt auf Zugzwang. Nach einem Königszug folgt Tc7. Auch nach 35. ... Sf6 dringt der weiße Turm nach c7 ein, durch das Manöver 36. Tc5 Sd7 (sonst Sc4+ und Sxe5) 37. Sc4+ Ke6 38. Tc7 nebst Sa5.

35. ...　　　b6
36. Tc6+　　　Ke7

37. Sc4　　　Tf8
38. Ke2!

Mit der Idee 38. ... Tb8 39. Th6 mit reicher Ernte am Königsflügel. Für Schwarz noch am besten war 38. ... Tf6 39. Tc7 Kd8, wenn auch Weiß klar überlegen steht.

38. ...　　　Tf3?

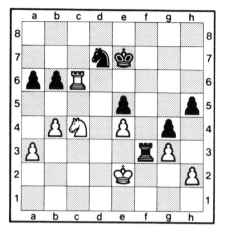

Man könnte meinen, Karpow wäre auf eine listige Falle seines Gegners hereingefallen, wenn — dieser sie selbst gesehen hätte ...
In der Diagrammstellung gewinnt **39. Tc7!** ohne Wenn und Aber. Es droht einfach Txd7+ nebst Sxe5+ und Sxf3 mit Gewinn im Bauernendspiel. Schwarz hat keine Rettung mehr, die nachfolgenden Varianten führen den Beweis:
A) 39. ... Tb3 40. Sxb6 Kd6 41. Txd7+ Kc6 42. Td3! Tb2+ 43. Td2 und gewinnt das Bauernendspiel.
B) 39. ... Tc3 40. Kd2 usw. (Sxb6).
C) 39. ... Tf6 40. Sxe5 Kd6 (in der Hoffnung auf das Turmendspiel nach 41. Txd7+) 41. Sxd7! Tf7 42. Ta7, und wieder ist Schwarz am Ende.
Kasparow, der immerhin noch etwa vier Minuten für die beiden letzten Züge hatte, zog jedoch a tempo:

39. Se3?　　　Sf6!

40. Txb6　　　Sxe4
41. Txa6

Oder 41. Sd5+ Kf7 42. Txa6 h4! 43. gxh4 Th3, und die aktiven schwarzen Figuren sichern Schwarz sehr gute Überlebenschancen.

41. ...　　　Tf2+

Der Abgabezug. Nach dem Abbruch meinte allein der erfahrene USA-Großmeister Kavalek, dieses Endspiel sei gar nicht so leicht zu gewinnen, und er behielt recht. Aus Karpows Lager hieß es, der Herausforderer hätte die Abbruchstellung zwölf Stunden lang analysiert und für Weiß keinen Gewinn gefunden.
Nach der Wiederaufnahme folgte:

42. Kd3　　　Sd6
43. Ta7+　　　Ke6

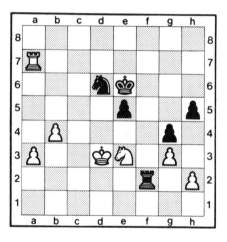

Weiß steht am Scheideweg. Neben der Textfortsetzung kam noch eine andere Variante in Betracht, in der Weiß seine Freibauern am Damenflügel voranzubringen versucht: 44. a4 Txh2 45. b5 Ta2! 46. b6 Ta3+ 47. Ke2 Ta2+ mit Remis durch Dauerschach, oder nach 48. Kd3 Ta3+ 49. Kd2 Se4+ 50. Kc2 Txe3 51. b7 Te2+ 52. Kd3 (52. Kb3 Sc5+, und nach dem darauffolgenden Springeropfer auf b7 ergibt sich ein remisliches Bauernendspiel) 52. ... Tb2 53. Kxe4 h4! 54. gxh4 g3, und hier kämpft schon Weiß um den Ausgleich, zum Beispiel 55. Ta6+ Kf7 56. h5 Txb7 57. Tg6 Ta4+ 58. Kxe5 Txa4 59. Txg3 Ta5+ und Remis.

44. Th7 e4+
45. Kc3

Oder 45. Kd4 Td2+ 46. Kc5 Td3 47. Th6+ Kd7 48. Sd5 (auf Wunsch kann Weiß selbst Remis erzwingen mittels Th7+/Th6+) 48. ... Sb7+ 49. Kc4 Sd6+ — Remis.

45. ... Sb5+
46. Kc4 Sxa3+
47. Kd4 Txh2
48. Th6+ Kd7
49. Sd5 h4

In der Phase nach dem Abbruch spielte Karpow ziemlich schnell, nur über diesen Zug dachte er fast 20 Minuten lang nach und geriet wie schon vor dem Abbruch in eine arge Zeitnot. Im Analyseraum meinte der holländische Großmeister Sosonko dazu: „49. ... h4 ist wahrscheinlich Remis, 49. ... Tg2 ist vermutlich auch Remis, aber es gibt nur *ein* Remis in der Stellung — er muß sich entscheiden." Beinahe ereilte Karpow das Schicksal des „Esels zwischen zwei Heuhaufen", doch schließlich gab er sich einen Ruck und zog endlich:

50. Txh4 Txh4
51. gxh4 g3
52. Sf4 Sc2+

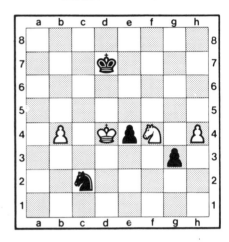

Remis auf Vorschlag von Kasparow.
Es könnte folgen 53. Kc3 Se3 (Nicht 54. h5? wegen ... Sd5+!) 54. Kd4 g2 55. Sh3 Sf5+, und der Rest ist klar.
Zeitverbrauch: 3.22/3.26

3. Partie

1. August

Am 1. August soll der Teufel aus dem Himmel geworfen worden sein, und die an diesem Tag Geborenen sollen Hexen und Geister sehen können. Ein Tag also, an dem ein abergläubischer Zeitgenosse das Bett besser nicht verläßt . . .

Kasparow ist etwas abergläubisch, wie er unumwunden zugibt. Ausgerechnet die 13 sei seine Glückszahl, erzählt er: Am 13. April (1963) wurde er geboren, mit 13 Jahren errang er seinen ersten großen Erfolg (Jugendmeister der UdSSR), und er wurde der 13. Weltmeister der Schachgeschichte!

Und wie steht es mit dem 1. August? Für Kasparow offenbar kein Unglückstag, denn ein sicheres Remis mit Schwarz ist gegen einen Karpow sicher kein Malheur . . .

Grünfeld-Indische Verteidigung
Weiß: Karpow
Schwarz: Kasparow

1. d4	Sf6
2. c4	g6
3. Sf3	Lg7
4. g3	c6

Der Bauernkeil c6/d5 soll dem weißen Läufer auf g2 entgegenwirken.

5. Lg2	d5
6. cxd5	cxd5
7. Sc3	0—0
8. Se5	

Damit wird die natürliche Entwicklung 8. . . . Sc6 erschwert, da nach 9. Sxc6 bxc6 10. Sa4 nebst Lf4 und Tc1 der rückständige Bauer c6 unter Beschuß genommen werden kann.

8. . . .	e6

Zwei Monate vor dieser Partie geschah in der Begegnung Karpow — Timman (Bugojno 1986) 9. Lg5 Db6 10. Dd2 Sfd7 11. Sf3 Sc6 12. Td1, und nun führte . . . Sf6 13. 0—0 Ld7 14. Lxf6 Lxf6 15. e4! zu

einem etwas besseren Spiel für Weiß. Schwarz erreicht gutes Spiel mit 12. . . . Db4! 13. 0—0 (13. a3 Db3 schafft nur weißfeldrige „Löcher" am Damenflügel) 13. . . . Sb6 mit den Möglichkeiten . . . Sc4 oder . . . Ld7 nebst . . . Tfc8. So geschehen in einer fast vergessenen Partie Awerbach — Gufeld, UdSSR 1966.

Als Karpow seine Partie gegen Timman überprüfte, stieß er auf dieses zwanzig Jahre alte Beispiel, und er beschloß, diesmal andere Wege zu gehen:

9. 0—0	Sfd7
10. Sf3	

Der zentrale Posten ist nicht zu halten: 10. f4 Sc6 11. e3 Sdxe5 12. fxe5 f6 13. exf6 Txf6 mit Ausgleich.

10. . . .	Sc6
11. Lf4	Sf6

Die weiße Stellung ist etwas angenehmer, da der weiße Damenläufer auf f4 besser postiert ist als sein Antipode auf c8. Im Gegensatz zu den offenen „katalanischen" Stellungen, die wir in der 2. Partie kennengelernt haben, spielt hier, in einer geschlossenen Stellung, dieser Umstand eine nicht so gewichtige Rolle. Schwieriger wäre die Lage des Nachziehenden, wenn es Weiß gelingen sollte, die Diagonale h1-a8 zu öffnen, da in diesem Fall der Bauer b7 schwach und der Läufer c8 an seine Verteidigung gebunden wäre; auch das konnten wir in der 2. Partie sehen. Doch wie öffnet man die Diagonale h1-a8? Die Antwort lautet: Auf e5 einen Springer tauschen und dann e2-e4 spielen. Genau das strebt Karpow mit seinem nächsten Zug an:

12. Se5   Ld7!

Sehr fein gespielt; die Pointe folgt bald. Hier stellen wir fest, daß Weiß nach 12. ... Sxe5 13. Lxe5 nebst e2-e4 sein Ziel erreichen würde.

13. Dd2   Sxe5

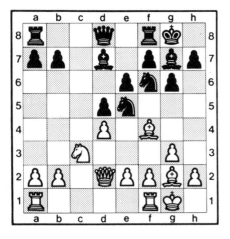

Womit zurückschlagen? Im Nebenraum plädierte der Kommentator, Großmeister Nigel Short, für den Zug **14. dxe5**. In der Tat sieht dieser Zug für Weiß sehr gut aus, denn der Springer muß ziehen, und dann kommt Weiß zu dem ersehnten Zug e2-e4, oder? Großmeister Dr. John Nunn fand jedoch eine sehr pointierte Variante: **14. ... Sg4 15. e4 d4!! 16. Dxd4 Lc6! 17. Dc5** (nach 17. Dd6 Db6 nebst ...

Tfd8 wird die weiße Dame gejagt und der Bauer e5 ist nicht zu halten) **17. ... Db6! 18. Dxb6 axb6** nebst ... Sxe5 und gutem Spiel für Schwarz. Er hat zwar einen Doppelbauern auf der b-Linie, aber diese Schwäche kann Weiß nicht angreifen. Dafür hat der Nachziehende einige Vorteile, so zum Beispiel die offene a-Linie. Auch hat der Läufer g7 bessere Perspektiven als der durch e2-e4 nun eingemauerte weiße Läufer auf g2.

Auch Karpow ist diese Idee nicht entgangen, und er schlug auf e5 mit seinem Läufer:

14. Lxe5   Lc6

Die Eröffnungsphase ist beendet, und Schwarz hat keine Probleme mehr. Mit dem feinen Manöver 12. ... Ld7! und erst dann ... Sxe5 gelang es ihm, seinen passiven Damenläufer nach c6 zu führen, wodurch die weiße Zentrumsaktion e2-e4 erheblich an Kraft verliert. Auch der weitere Verlauf dieser nun schwerfällig werdenden Partie dreht sich um diesen Vorstoß, doch immer findet Schwarz eine Parade. Es folgte:

15. Tfd1   Sd7
16. Lxg7   Kxg7

Hier hätte 17. e4 wenig Sinn. Nach ... dxe4 18. Sxe4 Sb6 hält Schwarz das Feld d5 unter Kontrolle, während Weiß einen schwachen Bauer d4 hat. Überhaupt gilt für solche Stellungen die Regel: e2-e4 mit nachfolgendem Schlagen mit einer *Figur* ist nur dann für Weiß gut, wenn der schwarze Damenläufer noch auf c8 steht, so daß der Läufer g2 „unwidersprochen" (das heißt ohne einen Opponenten auf c6) das Feld b7 bedrohen kann. Im vorhandenen Stellungstyp, wo der schwarze Damenläufer auf c6 postiert ist, muß Weiß zunächst f2-f3 und erst dann e2-e4 spielen, um nach ... dxe4 mit einem *Bauern* schlagen zu können. Für Weiß wäre zum Beispiel folgende Situation günstig: Weiß spielt f2-f3 und e2-e4, Schwarz nimmt d5xe4 und Weiß wiederum f3xe4. Dann steht das mächtige Bauernzentrum d4/e4 der Formation Lc6/Be6 gegenüber, Weiß erhält durch d4-d5 einen großen Raumvorteil. Diese Idee versucht Weiß in der Folge zu verwirklichen, zuerst jedoch werden restliche Kräfte mobilisiert.

17. Tac1	Sf6
18. Df4	Db8
19. Dxb8	Taxb8
20. f3	Tfd8

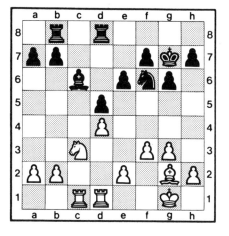

Schwarz kann zwar e2-e4 nicht verhindern, doch er bekämpft diese Drohung mit einer raffinierten Idee: **21. e4 dxe4 22. fxe4 e5! 23. d5** (nicht 23. dxe5? Sg4, wonach Schwarz den Bauern zurückgewinnt und seinen Springer auf dem schönen Feld e5 plaziert) **23. ... Ld7** nebst ... Se8-d6. Das ist ein Traumfeld für den schwarzen Springer, der den Bauern d5 zuverlässig blockiert und zugleich eine aktive Flügelaktion ... f7-f5 unterstützt.
Deshalb verzichtet Weiß endgültig auf den Vorstoß e2-e4, und er versucht nun, etwas auf der c-Linie zu erreichen.

21. Kf2	Tbc8
22. e3	Se8
23. Td2	Sd6
24. Tdc2	Kf8
25. Lf1	Ke7
26. Ld3	f5
27. h4	h6
28. b3	

Im Turnierbulletin wurde 28. g4 fxg4 29. fxg4 g5 30. Th1 empfohlen, doch 30. ... Tf8+ 31. Kg3 Tf7 32. hxg5 hxg5 33. Th5 Tg8 hält die Stellung (Dr. Nunn).

28. ...	g5
29. Se2	Ld7
30. Tc5	b6
31. Tc7	Txc7
32. Txc7	

Der weiße Turm kann sich auf diesem schönen Vorposten nicht halten.

32. ...   Ta8

Deckt den Bauern a7 und leitet den Rausschmiß des Eindringlings (Tc7) mittels ... Se8 ein. Eine Alternative war hier 33. La6 (damit der schwarze Turm nicht nach c8 kann), doch nach 33. ... Se8 34. Tc2 Kd6 35. Sc1 Sc7 36. Ld3 Th8 gibt es für Weiß kein Fortkommen.

33. Sg1	Se8
34. Tc1	Tc8
35. Txc8	

Remis auf Vorschlag von Karpow.
Verbrauchte Bedenkzeit: 2.11/2.15.

4. Partie

3. August

Vor der Partie herrschte laut Wettkampfbulletin eine „spannungsgeladene Atmosphäre". Kasparow ließ seine Umgebung spüren, daß er kompromißlos eine Entscheidung suchen würde. Er wartete bei eigener laufender Uhr auf Karpow (der immer ein wenig spät kommt), um den ersten Zug in dessen Anwesenheit auszuführen; dabei schaute er Karpow prüfend an. Schwer zu sagen, was es zu prüfen gab, denn den Anfangszug 1. d4 spielt Kasparow fast immer, so daß sein kleines schachpsychologisches Spielchen Karpow kaum beeindruckt haben dürfte.

Nach der Partie erklärte Kasparow im ersten Überschwang, dies sei die beste Partie gewesen, die er jemals gegen Karpow gespielt hätte. Später wandelte er diese Bewertung in „eine der besten Partien" um, was wohl eher zutrifft. Auf jeden Fall war dieses Duell ein wahrer Leckerbissen für alle Freunde des kraftvollen Druckspiels.

Nimzowitsch-Indische Verteidigung

Weiß: Kasparow
Schwarz: Karpow

1. d4	Sf6
2. c4	e6
3. Sc3	Lb4
4. Sf3	c5
5. g3	cxd4

Abweichung von der 2. Partie, in der Karpow 5. . . . Sc6 spielte.

6. Sxd4	0—0
7. Lg2	d5
8. Db3	Lxc3 +

Nun wäre 9. Dxc3 wegen . . . e5 nebst . . . d4 nicht gut.

9. bxc3

Karpow hatte diese Stellung bereits einmal auf dem Brett, allerdings mit Weiß! In der Partie Karpow — Portisch, Mannschafts--WM 1985 in Luzern, folgte nun 9. . . . dxc4 10. Da3 Sbd7 11. Sb5 Sb6 12. 0—0 Ld7 13. Td1 Sfd5 mit Ausgleich. Wenn auch 9. . . . dxc4 gut genug zu sein scheint, ist Karpows Neuerung noch besser:

9. . . .   Sc6

Erzwingt den folgenden Zug, da . . . Sa5 mit Bauerngewinn droht.

10. cxd5

Jede WM-Partie in London wurde in einem großen Nebenraum für das Publikum erläutert, wobei immer ein Internationaler Meister oder Großmeister als Kommentator fungierte. Diese Partie kommentierte Großmeister Tony Miles, der zusammen mit Dr. John Nunn die englische Rangliste anführt; ein namhafter Experte also. Doch auch einem Kenner kann ein Lapsus passieren. Nachdem Kasparows letzter Zug bekannt und auf dem großen Demonstrationsbrett ausgeführt worden war, stand ein Zuschauer auf und schlug nun 10. . . . Sa5 vor, was Miles sofort als „unlogisch" niederschmetterte. Angesichts der überragenden Qualifikation des Kritikers wagte der besagte Zuschauer keinen Widerspruch, nickte und setzte sich wieder hin. Sogleich wurde bekannt, der Exweltmeister hätte gerade diesen „unlogischen" Zug gewählt:

10. ... Sa5

Im Kommentarraum brach schallendes Gelächter aus. Miles kratzte sich verlegen am Kopf und fing dann selbst an zu lachen...

11. Dc2 Sxd5

Der „unlogische Zug" ... Sa5 machte Kasparow ganz schön zu schaffen; es droht ja ... Sc4, wonach der weiße Damenläufer keine guten Felder hätte. Nach 16 Minuten Nachdenken fand der Weltmeister den wohl noch besten Zug:

12. Dd3

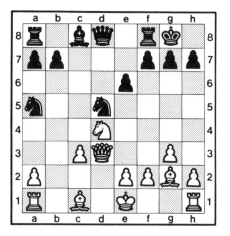

Wir greifen den Ereignissen ein wenig vor. Nach wenigen Zügen geriet Karpow in eine sehr schwierige Lage, so daß im Kommentarraum der Verdacht aufkam, Großmeister Miles hätte mit seiner Kritik an dem Zug ... Sa5 vielleicht doch recht gehabt. Erst in einer nachträglichen Analyse stellte sich heraus, daß gerade hier der kritische Punkt dieser Partie war und daß Karpow in der Diagrammstellung folgendermaßen eine gute Stellung hätte erreichen können:
12. ... b6! mit folgenden Möglichkeiten:

A) 13. c4? La6 14. Sb5 Lxb5 15. cxb5 Df6 16. Tb1 Tad8 17. Dc2 (zu ähnlichen Folgen führt 17. Da3 Sc4 18. Db3 Sc3) 17. ... Tc8 (nicht aber 17. ... Sc3? 18. Lb2) 18. Db2 Sc3 mit klarer Gewinnstellung für Schwarz, zum Beispiel 19. Ta1 Sc4 20. Dc2 Tfd8 21. 0—0 Sxe2+ 22. Dxe2 Dxa1.

B) 13. e4? Sc7 drohend sowohl ... e5 als auch ... La6 ist auch ungünstig für Weiß.

C) 13. 0—0 Lb7 14. La3 Te8 15. e4 Sc7 nebst ... La6 und ... Sc4 ergibt eine für Schwarz voll befriedigende Stellung.

Diese Analysen veröffentlichte Großmeister Dr. Nunn in der Fachzeitschrift „Schach Magazin 64", wenige Tage, nachdem diese Partie gespielt wurde. Auch spätere Überprüfungen bestätigten diese Einschätzung. Da Schwarz im weiteren Verlauf keine nennenswerten Fehler mehr gemacht hat, muß der folgende Zug als die Ursache seiner späteren Niederlage angesehen werden:

12. ... Ld7?
13. c4

Wohin mit dem Springer? 13. ... Sb4 kann man schnell „abhaken", denn 14. Dc3 Sac6 15. Sxc6 Sxc6 16. Lb2 f6 17. 0—0 ergibt eine für Schwarz miserable Stellung (passiver Läufer d7, Schwäche e6). Zu prüfen ist 13. ... Sb6 14. La3 Te8 15. c5 e5 (ein Versuch, die Probleme taktisch zu lösen. Für Schwarz gefährlich ist 15. ... Sbc4 16. Lb4 drohend Tc1) 16. Sf5! e4 17. Lxe4 Txe4 18. Dxe4 Df6 19. Se7+ Kf8 20. 0—0 Te8 21. c6!, und die Demaskierung des Läufers a3 bringt die Entscheidung zugunsten von Weiß. (Analyse von Nunn, wie oben.)

13. ...	Se7
14. 0—0	Tc8
15. Sb3	Sxc4
16. Lxb7	Tc7
17. La6!	

Es ist wichtiger, den starken Springer c4 zu vertreiben, als den Läufer auf der langen Diagonale zu lassen.

17. ...   Se5
18. De3   Sc4

Nach 24 Minuten bietet Schwarz ein Bauernopfer an (19. Lxc4 Txc4 20. Dxa7 Sd5 mit Aktivierung seiner Figuren), doch Weiß verschmäht den schnöden Bauern und verstärkt lieber den Druck:

19. De4   Sd6
20. Dd3   Tc6

Nur eine Zugumstellung ergibt 20. ... Lc8 21. La3 Tc6.

21. La3   Lc8

Keine Entlastung bringt 21. ... Db6 22. Sd4! Tc7 (22. ... Dxa6? 23. Sxc6 nebst Lxd6 kostet die Qualität) 23. Tab1, und die schwarze Dame muß weichen.

22. Lxc8   Sdxc8
23. Tfd1   Dxd3
24. Txd3   Te8
24. Tad1

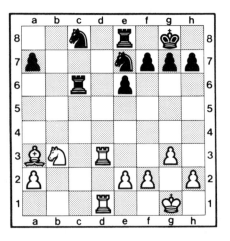

Wir verweilen etwas bei dieser Stellung. Sie gehört nämlich zu denjenigen Positionen, die ein Experte für Weiß sofort als klar vorteilhaft erkennt, während ein Hobbyspieler die Lage des Nachziehenden als gar nicht so schlecht einschätzt. Schließlich herrscht immer noch das Gleichgewicht des Materials, und offensichtliche Drohungen sind nicht zu sehen, oder?

Bei näherem Hinsehen erkennt man jedoch die Mängel der schwarzen Stellung: die Schwäche der siebten und der achten Reihe sowie die Disharmonie der schwarzen Figuren. Konkret droht Weiß mit Td3-d7, und falls Schwarz etwa **25. ... Sd5 26. e4 Sb6** spielt (was dem Turm d3 das Eindringen auf das Feld d7 verwehrt), so folgt **27. Td8!** mit sofortigem Gewinn. Man beachte, daß der unauffällige Läufer a3 die Rettung des Turms e8 mittels ... Kf8 verhindert! Das gleiche Spielchen wiederholt sich in einer etwas komplizierten Form nach **25. ... Sd5 26. e4 Sf6** (statt ... Sb6 wie in der vorigen Variante) **27. Td8 e5** (sonst spielt Weiß selbst e5) **28. Txe8+ Sxe8 29. Td8**, und wieder verhindert der Läufer a3 die Deckung des Springers e8 mittels ... Kf8 oder ... Scd6 (wegen Lxd6 nebst Txe8+); Weiß gewinnt.

Diese Varianten demonstrierten die Probleme des Nachziehenden mit der Grundreihe. Deshalb spielte Karpow den folgenden Zug, um seinem König Luft zu verschaffen und um den Ausfall Td3-d8 mit ... Kf7 beantworten zu können.

25. ...   f6
26. Sd4   Tb6

Nach 26. ... Ta6 27. Sb5 (mit der Drohung Sc7) 27. ... Tc6 28. Lxe7 entsteht exakt die gleiche Stellung wie in der Partie.

27. Lc5   Ta6
28. Sb5

Schwarz kann sich nun nicht auf a2 bedienen: 28. ... Txa2? 29. Sc7 Tf8 30. Sxe6 Te8 31. Sc7 Tf8 (der schwarze Turm ist wirklich zu bedauern!) 32. Te3! (deckt e2 und greift e7 an) 32. ... Tf7 (oder 32. ... Kf7 33. Td7 mit Figurengewinn auf e7) 33. Td8+ Tf8 34. Txf8+ Kxf8 35. Sd5 mit Figurengewinn. Die erwähnte Disharmonie der schwarzen Figuren wurde in dieser Variante besonders deutlich.

28. ...	Tc6
29. Lxe7	Sxe7

29. ... Txe7 scheitert an der kleinen Kombination 30. Td8+ Kf7 31. Txc8! Txc8 32. Sd6+ Kg6 33. Sxc8.

30. Td7

Es droht unter anderem Sc7 mit Gewinn des Turms e8 (oder des Springers e7), ferner „hängt" der Bauer a7. Karpow verbrauchte hier 14 von den insgesamt 17 Minuten der ihm noch verbleibenden Bedenkzeit, und er mußte die restlichen zehn Züge im Blitztempo absolvieren. Kasparow hatte noch 22 Minuten, doch er zog forsch mit:

30. ...	Sg6
31. Txa7	Sf8

Verhindert die tödliche Drohung Tdd7 nebst Txg7+.

32. a4	Tb8
33. e3	h5
34. Kg2	e5
35. Td3	Kh7
36. Tc3	Tbc8
37. Txc6	Txc6
38. Sc7	Se6
39. Sd5	Kh6
40. a5	e4
41. a6	

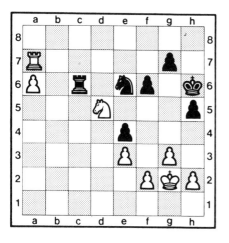

Alle Experten waren sich einig, daß Weiß die Hängepartie leicht gewinnt. Hier einige denkbare Varianten:

A) 41. ... Td6 42. Sb4 Sc5 43. Ta8 Kg6 (Sonst spielt Weiß Th8 mit Schachgebot und läßt dann a7-a8-D folgen. Zum gleichen Ergebnis führt 43. ... Kh7.) 44. a7 Td7 45. Tc8 Txa7 (was sonst?) 46. Txc5 mit leichtem Gewinn.

B) 41. ... Sc5 42. Tc7 Txc7 43. Sxc7, und Schwarz kann den a-Bauern nur mit einem Springeropfer stoppen: 43. ... Sd7 44. a7 Sb6 45. a8-D Sxa8 46. Sxa8.

C) 41. ... Tc5 42. Sb4 Ta5 43. Ta8 Kg6 (oder ... Kh7) 44. Sc6! Ta1 45. a7 Sc7 46. Tc8, und a7-a8-D ist nicht mehr zu verhindern.

Schwarz bleibt also nur ein verzweifelter Gegenangriff übrig: 41. ... Sg5 mit dem Plan eines Überfalls ... Sf3, ... Tc1 und ... Tg1+. Großmeister John Nunn veröffentlichte im „Schach Magazin 64" eine schöne Analyse, in der beide Seiten die Mattsetzung anstreben, Weiß kommt jedoch einen Zug früher: **42. Ta8 Sf3 43. Th8+ Kg5** (43. ... Kg6 44. Se7+ und Sxc6) **44. a7 Tc1 45. a8-D Tg1+ 46. Kh3 Th1 47. Txh5+! Kxh5** (47. ... Kg6 48. De8 matt) **48. Sf4+ Kg5** (wahlweise 48. ... Kh6 49. Dh8+ Kg5 50. Dh5 matt) **49. Dd5+ f5** (49. ... Kh6 50. Dh5 matt) **50. Dd8+ Kh6 51. Dh8+ Kg5 52. Dxg7 matt**.

Diese und ähnliche Varianten bewogen Karpow zur Aufgabe der Partie. Er teilte es dem Hauptschiedsrichter Lothar Schmid telefonisch mit, doch dieser bestand den Regeln gemäß auf einer schriftlichen Erklärung. Mit dem unterschriebenen Brief in der Hand informierte Schmid zuerst Kasparow und dann die wartenden Journalisten, die sofort zu den Telefonen und Telexgeräten stürmten. Die erste Entscheidung der WM 1986 war gefallen!

Schwarz gab auf.
Bedenkzeit: 2.50/2.29

5. Partie

6. August

Erstaunlicherweise nahm Karpow nach seiner Niederlage keine Auszeit, um sich wieder zu erholen und seelisch zu festigen — seine Antwort kam vielmehr postwendend.

Ein Zuschauer, der dieser Partie beiwohnen wollte und erst eine halbe Stunde nach dem Partiebeginn im Spielsaal eingetroffen war, prüfte ungläubig seine Uhr — ist sie etwa stehengeblieben? Die Gegner hatten ja schon ein beginnendes Endspiel auf dem Brett, was sonst meist erst nach vier Stunden Spielzeit der Fall ist.

Die Uhr war in Ordnung. Die Kontrahenten waren mit der gespielten Variante offenbar derart vertraut, daß sie eine längere Prüfung am Brett nicht für nötig hielten: Nach nur 36 Minuten waren 19 Züge gespielt und fast die Hälfte der Figuren abgetauscht. Erst dann begann der Weltmeister lange zu überlegen — zu spät . . .

Grünfeld-Indische Verteidigung
Weiß: Karpow
Schwarz: Kasparow

1.	d4	Sf6
2.	c4	g6
3.	Sc3	d5

Also wieder die Grünfeld-Indische Verteidigung (Turnierhasen nennen sie kurz „Grünfeld"), eine sehr kämpferische Eröffnung. In der 1. und in der 3. Partie kam der Weltmeister damit leicht zum Ausgleich, Lob prasselte auf ihn herab ob seiner klugen Eröffnungswahl. Diesmal ging es schief, und natürlich fehlten die nach der Schlacht besonders schlauen Kritiker nicht: „Ja, wie kann man denn dreimal hintereinander die gleiche Eröffnung spielen, das erleichtert Karpow die Vorbereitung!" Hätten sie es ihm doch *vor* der Partie zugeflüstert . . . Aber erst einmal weiter:

4.	Lf4	Lg7
5.	e3	

Diesmal behandelt Karpow den „Grünfeld"

ohne Sg1-f3 (siehe 1. Partie), doch auch das ist kein Neuland. Über diese und die nächsten Züge geben Theoriewerke ausgiebig Auskunft.

5. . . .		c5
6.	dxc5	Da5

Nach bereits sechs Zügen ist eine taktisch geladene Stellung entstanden, wobei die Achillesferse im weißen Lager der momentan noch ganz unschuldig ausschauende Springer c3 ist. So führt die gefräßige Fortsetzung 7. cxd5? nach dem Einschlag . . . Sxd5! zu wilden Verwicklungen, die nach zum Beispiel 8. Dxd5 Lxc3 + 9. bxc3 Dxc3 + 10. Ke2 Dxa1 11. Le5 Db1 12. Lxh8 Le6 einen gewaltigen Angriff gegen den im Zentrum steckengebliebenen weißen König ergeben.

Der kluge Mann baut vor, und so überdeckt Weiß mit seinem nächsten Zug den Punkt c3:

7.	Tc1	Se4

Der Springer c3 wird nun gleich dreimal

unter Beschuß genommen, doch Weiß steht im 9. Zug eine bekannte taktische Wendung zur Verfügung.

8. cxd5   Sxc3

Nun scheint guter Rat teuer, da 9. bxc3? Lxc3+ 10. Ke2 für Weiß kaum gutgehen kann. Doch ein erfahrener Meister braucht nur sein Gedächtnis zu bemühen, um die richtige Antwort zu finden:

9. Dd2

Wegen der ungeschützten Dame auf a5 kann der Springer c3 nicht ziehen, so daß sich der Einschlag auf c3 nur als eine Abtauschkombination entpuppt.

9. ...   Dxa2
10. bxc3

An dieser Stelle empfiehlt die Theorie 10. ... Da5 mit Rückgewinn des geopferten Bauern auf c5. Der folgende Damentausch ist ungewöhnlich:

10. ...   Dxd2+
11. Kxd2

In dieser Fast-Endspielstellung springt vor allem das vorgeschobene Bauernpaar c5/d5 ins Auge. Einmal mehr gilt es die ewige Frage zu klären: „Ist es stark oder schwach?". Offenbar waren die Gegner geteilter Meinung . . .

11. ...   Sd7

Schwarz droht mit . . . Sxc5, und der Versuch 12. c6?! bxc6 13. dxc6 Se5 würde zu einer Stellung führen, in der der weiße Bauer c6 bald zur Beute der schwarzen Figuren werden würde, etwa nach dem Schema . . . 0—0, . . . Le6 und . . . Tfc8.

12. Lb5   0—0
13. Lxd7   Lxd7
14. e4

Einigkeit macht stark, die Bauernwalze droht zur erschlagenden Wucht zu werden. Vor allem aber wird die Verteidigung des Bauern c5 ermöglicht: Lf4-e3 soll folgen.

14. ...   f5

Weder das Schlagen (15. exf5 Txf5 mit Doppelangriff auf Lf4 und Bd5), noch das Decken (15. Ke3 fxe4 16. Kxe4 Lf5+)

kann im Sinne des Erfinders Karpow sein, der natürlich seinen Bauern nach vorne schiebt:

15. e5

Nun stehen schon drei Bauern auf der fünften Reihe, und diese Macht kann zum Entscheidungsfaktor werden. So wäre hier zum Beispiel 15. . . . Tfc8 (oder 15. . . . Tac8) schwach wegen 16. c4! Txc5 17. Le3 Ta5 18. f4, und der Läufer g7 muß den Rest der Partie untätig zuschauen.

15. ...   e6
16. c4   Tfc8

Gerade dieser Turm muß den Bauern c5 angreifen. Der andere Turm soll auf der a-Linie bleiben, um den einzigen schwarzen Freibauern (a7) zu unterstützen.

17. c6!

Er delegiert den ohnehin Verlorenen zum Kamikaze-Bauern, der seinen Nachbarn auf der d-Linie aufwertet. Nebenbei wird der Läufer d7 eingesperrt.

17. ...   bxc6
18. d6

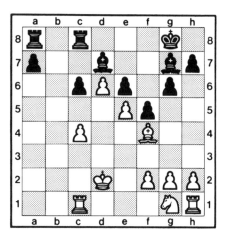

Zwar hat Schwarz das materielle Gleichgewicht wiederhergestellt, doch die stolze Bauernphalanx auf e5 und d6 engt ihn sehr ein. Die Läufer, die bekanntlich freie Bahnen brauchen, stehen beide kläglich da.

Schwarz kann nur überleben, wenn es ihm schnellstens gelingt, wenigstens einen seiner Läufer zu befreien. Unter diesem Aspekt war hier 18. . . . g5 angebracht, mit der Folge 19. Lxg5 Lxe5 20. c5, und wenn auch hier die Aussichten des Anziehenden insgesamt höher zu bewerten sind (immer noch ist der Läufer d7 passiv!), so hätte Schwarz mit dem nun aktiven schwarzfeldrigen Läufer und dem Freibauern auf der a-Linie noch einen zähen Widerstand leisten können. Eine amüsante Variante fand der spanische Internationale Meister Dr. Ricardo Calvo: 20. . . . Tcb8 21. Sf3 Lb2

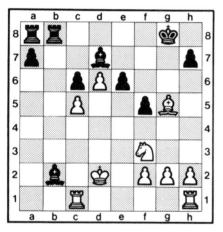

Analyse-Diagramm

A) 22. Tb1? Tb5 23. Kc2? Txc5+! 24. Kxb2 Tb8+ 25. Ka3 Ta5 matt!

B) 22. Tc2 Tb3 23. Lf4 (Weiß will das Feld e5 besetzen; nach 23. Tb1 Tab8 droht Schwarz mit . . . Lc3+!) 23. . . . a5 (da 24. Le5 mit . . . Txf3! beantwortet werden kann — der Läufer e5 hängt!) **24. Se5 Lxe5 25. Lxe5 a4**, und die ungleichen Läufer geben Schwarz einige Rettungschancen.

Die letzte Variante war für Schwarz natürlich nicht angenehm, aber immerhin das kleinere Übel. Nach dem Textzug ist Schwarz verloren:

18. . . . c5?
19. h4 h6
20. Sh3!

Die Pointe. Nach 20. Sf3 Lc6 nebst . . . Lxf3 wäre die schwarze Stellung in Ordnung gewesen. So aber kann Weiß f2-f3 nebst Sh3-f2-d3 spielen und eine ideale Figurenaufstellung erreichen. Alle Experten lobten den weißen Plan und waren sich einig, daß Schwarz nun auf verlorenem Posten stehe. Miles: „Kasparows Stern sinkt!".

Der Weltmeister und sein Team haben den Zug 20. Sh3 bei der Vorbereitung nicht beachtet. Eine Auskunft darüber gab (unbeabsichtigt) Kasparows Sekundant Wladimirow, der die ganze Zeit im Pressezentrum die Partie verfolgte. Bis zu diesem, 20. Zug schaute Wladimirow kaum auf den Monitor, auf dem die jeweilige Partiestellung zu sehen war, und er unterhielt sich dauernd mit Anwesenden. Es war ihm anzusehen: „Das haben wir schon alles auf dem Brett gehabt!". Kaum hatte Karpow den ominösen 20. Zug gespielt, hörte Wladimirow auf sich zu unterhalten und starrte wie gebannt auf den Monitor. Besorgte Gesichter gab es auch bei anderen Mitgliedern aus Kasparows Lager und auch bei dem Weltmeister selbst, der nach anfänglich schnellem Spiel nun zu grübeln begann: Eine halbe Stunde für die nächsten drei Züge. Karpow dagegen sah zum ersten Mal in diesem Wettkampf enspannt und zuversichtlich aus.

20. . . . a5
21. f3 a4
22. The1!

Sehr präzise gespielt. Nach dem voreiligen Zug 22. Sf2 hätte Schwarz die bereits erwähnte Befreiungsaktion 22. . . . g5 23. hxg5 hxg5 verwirklichen können: 24. Lxg5 Lxe5; 24. Lh2 f4 25. Sd3 Le8 (mit der Absicht . . . Lg6) 26. Sxc5 Lxe5 mit Gegenspiel für Schwarz. Nach dem Partiezug aber wird der Punkt e5 für immer in der Hand von Weiß bleiben. Schwarz setzt nun alles auf seinen Freibauern:

22. ...	a3
23. Sf2	a2
24. Sd3	Ta3
25. Ta1	

Der Bauer ist gestoppt, und Weiß macht sich schon Gedanken, wie er ihn am besten erobern kann: 26. Tc1 nebst Tc2 und Sc1 bietet sich an. Kasparow startet nun eine Verzweiflungsaktion:

25. ...	g5
26. hxg5	hxg5
27. Lxg5	

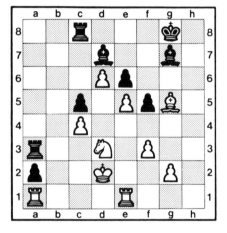

Hier war noch 27. ... Tb8 zu versuchen, mit der Idee 28. Sxc5 Tb2+, wonach Schwarz noch auf der zweiten Reihe einiges Unheil anrichten kann. Dabei tauchen überraschende Rettungsmotive auf wie zum Beispiel 29. Kc1 Tf2 30. Sxd7 Tc3+ 31. Kd1 Td3+ mit Dauerschach. Weiß gewinnt jedoch mit dem vorsorglichen Zug 28. Ke2!, wonach der Bauer c5 schon geschlagen werden kann, da nach weiterem ... Tb2+ einfach Kf1 folgt.

27. ...	Kf7

Das hat keiner so recht verstanden; vielleicht wollte Kasparow nach dem zu erwartenden Zug 28. Tc1 (Idee Tc2) ... Th8 ziehen und nach h2 eindringen. Mit seinem nächsten Zug verhindert Karpow dieses Ansinnen und deckt zugleich zusätzlich den Punkt e5:

28. Lf4	Tb8
29. Tec1	Lc6
30. Tc3!	

Immer noch wäre 30. Sxc5 Tb2+ ganz im Sinne Kasparows.

30. ...	Ta5
31. Tc2	Tba8
32. Sc1	

Der Freibauer geht nun verloren, der weitere Kampf ist zwecklos.

Schwarz gab auf.

Zeit: 2.01/2.24

6. Partie

11. August

Die vorausgegangene Niederlage blieb nicht ohne Wirkung: Kasparow nahm seine erste Auszeit. Der kämpferische Weltmeister erholte sich sehr schnell und ging in der nächsten Partie aufs Ganze. Mit einer neuen Eröffnungsbehandlung schaffte er große Verwicklungen, doch im entscheidenden Moment mußte er sich davon überzeugen lassen, daß Karpows Verteidigungslinien nicht zu durchdringen waren. Kasparow wollte diese Tatsache nicht wahrhaben und suchte angestrengt nach Gewinnwegen. Die Zeit verging und Kasparow grübelte und grübelte — 69 Minuten lang!

Diese „unendliche Geschichte" blieb nicht ohne Wirkung auf die Zuschauer. Einige verließen sogar den Saal, andere unterhielten sich flüsternd. Gut dran waren jene Schlachtenbummler, die sich (für den stolzen Mietpreis von zwei englischen Pfund pro Tag) Ohrhörer besorgt hatten und die Kommentare aus dem Nebenraum verfolgen konnten.

Ganz vorne in der zweiten Reihe saß ein Zuschauer, der weder Kopfhörer hatte noch die Geduld besaß, sich eine geschlagene Stunde mit der aktuellen Partiestellung zu beschäftigen. Er wählte also „eine andere Variante" und schlief einfach ein! Das fiel zunächst niemandem, bald jedoch dem ganzen Saal auf, denn der gute Mann begann laut zu schnarchen. Ein kräftiger Rippenstoß eines entsetzten Nachbarn riß den Schläfer unsanft aus dem Reich der Träume. Er wachte auf, setzte sich gerade hin und betrachtete die Partiestellung. Diese war jedoch immer noch dieselbe, und so lehnte sich der Gelangweilte in seinen Sessel zurück und schlief wieder ein — diesmal ohne zu „sägen" . . .

Doch nur das Warten auf den 20. Zug von Weiß war langweilig; die Partie insgesamt war es keineswegs! Urteilen Sie selbst:

Russische Verteidigung
Weiß: Kasparow
Schwarz: Karpow
1. e4

Das kam überraschend. Die Statistik des letzten WM-Kampfes, veröffentlicht in der Zeitschrift „Schach Magazin 64" (Ausgabe 24/85) unter der Überschrift „Ein Waterloo für 1. e4" spricht eine klare Sprache. Mit 1. d4 erzielte Weiß 9,5:4,5 Punkte, mit 1. e4 erreichte Weiß ein negatives Punkteverhältnis von 3,5:6,5 Punkten. Dabei ver-

lor Weiß nach 1. d4 keine einzige Partie, nach 1. e4 gab es für ihn keinen einzigen Sieg!

Auch diese Partie setzt den Trend aus dem vergangenen Match fort . . .

Doch zurück zu den Anfangszügen:

1. . . . e5

Das war allerdings keine Überraschung. Karpow spielt gegen 1. e4 so gut wie immer diesen Zug.

2. Sf3 Sf6

Im zweiten Zug variiert Karpow schon

eher. Manchmal spielt er 2. ... Sc6, was einer Einladung zur Spanischen Partie (3. Lb5) gleicht, manchmal wählt er, wie hier, die Russische Verteidigung, die als besonders solide gilt. Gegen den begnadeten Angreifer Kasparow sicher keine schlechte Wahl.

3. Sxe5	d6
4. Sf3	Sxe4
5. d4	d5
6. Ld3	Sc6
7. 0—0	Lg4
8. c4	Sf6
9. Sc3	Lxf3
10. Dxf3	Sxd4

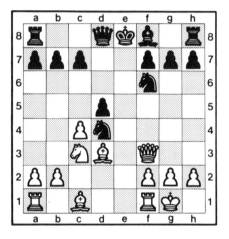

Bis jetzt folgten die Gegner der 15. Partie der WM 1985, in der weiter geschah 11. Te1+ Le7 12. Dd1 Se6 13. cxd5 Sxd5 14. Lb5+ c6 15. Sxd5 cxb5 16. Db3 0—0 17. Sxe7+ Dxe7 18. Dxb5 a6 19. Db3 Tfd8 20. Le3 Tac8 21. Tac1 h6 22. h3 Sd4 und Remis.

Diesmal versucht es Kasparow anders:

11. De3+	Se6
12. cxd5	Sxd5
13. Sxd5	Dxd5
14. Le4	Db5

In einem Kommentar zu der erwähnten 15. Partie führte Kasparow diese Variante an und bewertete das weiße Bauernopfer als „für Weiß nicht überzeugend". Ein zutreffendes Urteil, wie auch diese Partie beweist, doch warum hat er dann diese Variante gewählt? Eine der Fragen, die kein Kommentator sondern nur der Spieler selbst beantworten kann ...

15. a4   Da6

Soweit alles klar. Schwarz verteidigt die Schwäche b7, Weiß muß seinen Druck weiter verstärken, bevor die Gegenseite zur Rochade kommt. Der taktische Versuch 16. b4 geht nicht auf wegen 16. ... Lxb4 17. Tb1 Lc5 18. Df3 c6 19. Txb7 0—0! (nicht aber ... Dxb7?? 20. Lxc6+), und Schwarz beendet (mit einem Bauern mehr) seine Entwicklung.

16. Td1

Verhindert die lange Rochade.

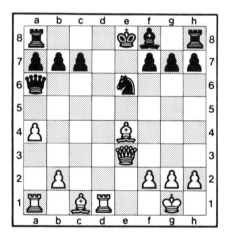

Gut für Schwarz war hier **16. ... Lc5 17. Df3 c6,** da **18. Td7!!?** einfach mit Rochade beantwortet werden kann, nicht jedoch **18. ... Kxd7? 19. Dxf7+ Le7 20. Lf5** mit Gewinn in allen drei Varianten:

A) 20. ... De2 21. Le3 Dc4 ist eine Zugumstellung, die zur nächsten Variante führt.

B) 20. ... Dc4 21. Lg5 The8 22. Td1+ Kc7 23. Lxe7 usw.

C) 20. ... c5 21. Lg5 Dd6 22. Lxe6+ Dxe6 23. Td1+ mit Damengewinn.

75

Doch wie gesagt, kann Schwarz das ingeniöse Opfer Td7 gut ablehnen. Folglich war 16. ... Lc5 durchaus möglich. Gegen Karpows Zug ist freilich auch nichts einzuwenden:

16. ...   Le7
17. b4

Ein nicht gutgemeintes Geschenk! Nach der Annahme des zweiten Bauernopfers würden sich für den weißen Angriff alle Schleusen öffnen. Prüfen Sie selbst:
17. ... Lxb4? 18. Df3 c6 (18. ... Sc5 19. Td4 Db6 20. a5 Lxa5 21. Tb1 usw.) 19. Td7! 0—0 (20. ... Kxd7 verliert wie in der Anmerkung zum 16. Zug) 20. Dh3 g6 (oder 20. ... h6 21. Lxh6 usw.) 21. Lxg6! hxg6 22. Lb2 Sg7 23. Dh6 nebst matt.

Karpow hat ein ausgeprägtes Gefühl für Gefahren, und so lehnt er das Angebot dankend ab:

17. ...   0—0

Die Anrempelung der schwarzen Dame mittels 18. b5 kann mit ... Tad8! kraftvoll beantwortet werden. Das Motiv des Grundreihenmatts erlaubt der schwarzen Lady die Flucht nach a4, zum Beispiel 18. b5 Tad8! 19. Lb2 Txd1+ 20. Txd1 Dxa4. Das Motiv des Damen-Scheinopfers wiederholt sich im 19. Zug.

18. Dh3   g6
19. Lb2

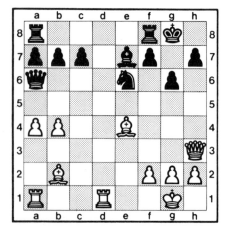

Hier verlangsamte sich das anfänglich muntere Spieltempo (Weiß 29, Schwarz 37 Minuten); für seinen nächsten Zug verbrauchte Karpow 22 Minuten.

Besonders viel Energie investierte Karpow in die Berechnung der Varianten nach 19. ... Lxb4. Dieser Zug ist besonders verlockend, denn sollte der weiße Angriff nicht durchschlagen, wird Schwarz mit seinen zwei Mehrbauern das Endspiel leicht gewinnen. Doch der Bauernraub auf b4 würde den Bogen überspannen: 20. Td3! droht mit einer Standardkombination 21. Dxh7+ Kxh7 22. Th3+ und matt auf h8. 20. ... Sf4 scheitert an 21. Dh6. 20. ... h5 schaltet die Kombination Dxh7+ usw. aus, erlaubt jedoch eine zweite: 21. Dxh5! gxh5 22. Tg3+, und wieder wird Schwarz mattgesetzt. Man beachte, daß in dieser Variante der Zug 22. ... Sg5 alles retten würde, wenn der schwarze Läufer noch auf e7 stünde; doch dieser hat sich auf b4 bedient ...

Es bleibt also nur noch 19. ... Sf4, doch nach 20. De3! (nicht aber 20. Dh6? Lf6) 20. ... Lg5 (20. ... De2 scheitert an 21. Dd4 f6 22. Lf3!). Nun droht Schwarz ... Se2+ mit Damengewinn, doch 21. Kh1 schaltet dieses Gegenspiel aus, und obendrein muß sich der Nachziehende etwas gegen die Drohungen Dc3 oder Df3 einfallen lassen, bloß was?

Karpows Zug ist klar die beste Entscheidung. In der altehrwürdigen Londoner Zeitung „Times" kommentierte Großmeister Raymond Keene begeistert: „Ein Gegenschlag, der den Champion in Verwirrung zu stürzen schien".

19. ...   Dc4!

Das ist die Partiephase, in der Kasparow in seinen „Winterschlaf" verfiel. Wir zitieren „Schach Magazin 64" (17/86, Analysen von Großmeister Dr. Nunn):

„Nun war Kasparow an der Reihe. Er arbeitete schwer, den Kopf in die Hände gestützt, aber einen Gewinnweg fand er trotz der investierten 69 Minuten Bedenkzeit nicht. Wir prüfen **20. Ld5 Dc2** (nicht 20. ... Dxb4? **21. La3**) **21. Le5 Tad8 22. Tdc1** (interessant ist 22. Td3, mit der bereits erwähnten Drohung Dxh7 +, und mit der Absicht 22. ... De2 23. Te3!, doch nach 22. ... h5! oder 22. ... Lg5 kommt Weiß nicht weiter, zumal auch ... c6 droht) **22. ... Dd2 23. Lxe6** (23. Td1 erlaubt Schwarz auf Gewinn zu spielen nach ... Dg5) **23. ... fxe6 24. Dxe6 + Tf7**, und Weiß steht etwas schlechter, da f2 und b4 hängen.

Während dieser 69 Minuten war Karpow nur selten am Brett. Mal spazierte er herum, mal verschwand er für lange Zeit vom Podium. Er hatte sich wohl in seinen Ruheraum zurückgezogen, der vom Schiedsrichter einsehbar ist, aber die Witze wollten nicht verstummen, Karpow säße mit einem Taschenschach auf der Toilette und analysiere! Nun, man muß sich ja die gute Stunde Wartezeit irgendwie kurzweilig machen ...

Schließlich gab Kasparow die vergebliche Suche nach einem Gewinnweg auf, und wickelte in ein remisträchtiges Endspiel ab:"

20. Td7!

Was nun? 20. ... Dxe4? **21. Dc3 f6 22. Txe7** drohend Te1 ist für Schwarz verloren. Komplizierter ist schon **20. ... Dxb4 21. Lxg6! Sg5** (21. ... fxg6? verliert nach 22. Dxe6 + Tf7 23. Lf6! Te8 24. Te1) **22. Lxh7 + Sxh7 23. La3!** mit Rückgewinn der geopferten Figur bei andauerndem Angriff.

20. ...	**Tae8**
21. Ld5	**Dxb4**
22. Lc3	

22. La3 ergibt nach dem Partiezug die gleiche Stellung.

22. ...	**Sf4**
23. Lxb4	

Nicht jedoch 23. Df3?? wegen des Scheinopfers ... Dxc3! 24. Dxc3 Se2 +, und Schwarz gewinnt die Dame mit Zinseszins zurück.

23. ...	**Sxh3 +**
24. gxh3	**Lxb4**
25. Txc7	**b6**
26. Txa7	

Der Pulverdampf hat sich verzogen und die Reihen sind gelichtet. Ein Remis-Endspiel bahnt sich unübersehbar an, da die kleine Schwächung der weißen Bauernstruktur am Königsflügel nicht auszunutzen ist.

26. ...	**Kg7**
27. Td7	**Td8**

Auch nach 27. ... Te2 28. Ta2 erreicht Schwarz nichts.

28. Txd8	**Txd8**
29. Td1	**Td6**
30. Td3	**h5**
31. Kf1	**Td7**
32. Kg2	**Lc5**
33. Kf1	

Weiß macht nichts Verbindliches, und das genügt völlig. Eigentlich könnte man schon hier Frieden schließen. Großmeister Dr. John Nunn kommentierte an dieser Stelle: „Karpow wird nur deshalb abbrechen, damit sich Kasparow morgen keinen schönen Tag machen kann!". Tatsächlich wurde die Partie noch abgebrochen:

33. ...	**h4**
34. Lc4	**Te7**
35. Tf3	**Ld6**
36. Kg2	**Tc7**
37. Lb3	**f5**
38. Td3	**Lc5**
39. Tc3	**Kf6**
40. Tc4	**g5**
41. Tc2	**Ke5**

Die Partie wurde abgebrochen. Der Abgabezug war

42. Lc4

Remis auf Vorschlag von Karpow
Zeit: 2.31/2.26

7. Partie

13. August

Die Partien 5 bis 7 verliefen alle im Zeichen eines energischen Ansturms des Herausforderers. Karpow gewann verdient die 5. Partie, remisierte mit Schwarz „aus der Position der Stärke" in der 6. Begegnung, und er setzte Kasparow in der 7. Partie unter Druck. Doch gerade hier zeigte der Weltmeister, was (auch) seine Spielstärke ausmacht. Kasparows Angriffskunst wurde schon vielerorts gerühmt, aber er ist auch ein zäher und erfindungsreicher Verteidiger. Wenig Zeit und schlechte Stellung — und das gegen einen Karpow; wieviele Großmeister sind schon in solch einer Lage zusammengebrochen! Nicht so das Schachgenie aus Baku; er kämpfte unverdrossen, nutzte die gegnerischen Ungenauigkeiten aus, und er erreichte schließlich doch noch den rettenden Remishafen:

Damengambit
Weiß: Karpow
Schwarz: Kasparow

1. d4	**d5**

Nach der Eröffnungspleite in der 5. Partie verzichtet Kasparow vorübergehend auf die kämpferische Grünfeld-Indische Verteidigung und wählt das solide Damengambit. Offenbar wollte er mit Schwarz auf Sicherheit spielen, um in der 8. Partie, mit Weiß, die Entscheidung zu suchen. Diese Rechnung ging tatsächlich auf, doch das Remis erreichte Kasparow erst nach einer schweren Abwehrschlacht. Die Zeichen standen auf Sturm nach dem 7. Zug von Weiß, die nächsten fünf Züge sind aus der Eröffnungstheorie gut bekannt:

2. c4	**e6**
3. Sc3	**Le7**
4. cxd5	**exd5**
5. Lf4	**c6**
6. Dc2	

Weiß will damit die natürliche Entwicklung . . . Lf5 verhindern. Mit seinem nächsten Zug nimmt Schwarz das Feld f5 unter Kontrolle, um doch . . . Lf5 spielen zu können.

6. . . .	**g6**
7. e3	**Lf5**

Alles schon dagewesen. Fast automatisch spielen hier die Meister 8. Ld3, aber Karpow fand in häuslicher Vorbereitung eine paradox wirkende, jedoch sehr beachtliche Idee:

8. Dd2!?

Scheinbar verliert Weiß durch diesen „Side-Step" ein Tempo, doch bei näherem Hinsehen stellt sich heraus, daß auch Schwarz ein Tempo verlieren wird, wenn Weiß zu f2-f3 nebst e3-e4 kommt. Die „Tempobilanz" wird sich also bald ausgleichen, aber Weiß besetzt das Zentrum.
Kasparow dachte nun neun Minuten lang nach. Zu prüfen war vor allem die direkte Aufnahme des Kampfes um das Zentrumsfeld e4: 8. . . . Sf6 9. f3 (nichts bringt der Ausfall 9. . . . Sh5 10. Lh6! drohend g2-g4), und nun:

A) 9. ... 0—0 ist nach 10. g4 Le6 11. h4 usw. für Schwarz gefährlich.
B) Die Zentrumsaktion 9. ... c5 endet nach 10. Sb5! Sa6 11. dxc5 Lxc5 12. Tc1 nebst eventuell Sg1-e2-d4 für Schwarz nicht gut.
C) 9. ... Sd7 10. g4 Le6 11. h3 nebst e3-e4 ist auch für Weiß vorteilhaft.

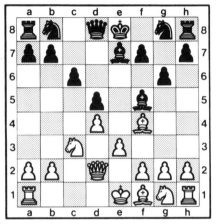

(Stellung nach 8. Dd2)

Sehr interessant, aber für Schwarz inkorrekt ist die Idee 8. ... Lg5? 9. e4 Lxf4 10. Dxf4 dxe4 11. fxe4 Dxd4. Zwar kann Weiß den Läufer f5 nicht schlagen, weil die weiße Dame ungedeckt ist, doch 12. Sf3 deckt die Mängel des frechen Bauernraubes sofort auf. Nach einem beliebigen Damenzug außer ... Db4 folgt doch exf5 mit Figurengewinn, nach 12. ... Db4 aber entscheidet 13. De5+ nebst Dxh8. So wurde die Auswahl der Züge nach und nach eingeengt, bis nur noch der Textzug übrigblieb, der aber völlig in Ordnung ist:

8. ...	Sd7
9. f3	Sb6
10. e4	Le6

10. ... dxe4 11. fxe4 Le6 ermöglicht im Gegensatz zu der Partie die bequeme Entwicklung des weißen Königsspringers nach f3.

11. e5

Damit wird der Springer g8 vorübergehend kaltgestellt. Dennoch wäre die schwarze Stellung nach der richtigen Antwort 11. ... f5! noch in Ordnung gewesen. 12. exf6 Sxf6 ist für Weiß augenscheinlich unergiebig, da Schwarz seine Entwicklung problemlos beenden kann. Komplizierter ist 12. Sh3 (gegen ... g5 gerichtet) 12. ... h6, und nun zum Beispiel 13. Le3 (mit der Absicht Sh3-f4) 13. ... g5 14. f4 g4 15. Sf2 h5 mit verteilten Chancen, wie der Jugendweltmeister des Jahres 1985, Großmeister Maxim Dlugy (USA), im Wettkampfbulletin angibt.

Nach 16 Minuten spielte Kasparow jedoch einen nicht so guten Zug:

11. ...	h5?
12. Ld3	Dd7
13. b3	

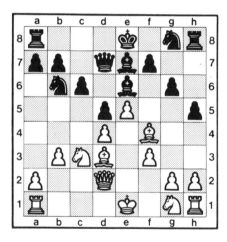

Kasparows Plan, eingeleitet mit 11. ... h5?, war offensichtlich 13. ... Lf5, 14. ... Lxd3 und ... Sh6-f5. In Erwartung des Tausches der weißfeldrigen Läufer sichert Weiß mit seinem letzten Zug das Feld c4, damit der Springer b6 nicht dort „einsteigen" kann.

Der Weltmeister dachte hier nicht weniger als 44 Minuten lang nach. Er verwarf seinen ursprünglichen Plan, weil die Stellung nach 13. . . . Lf5 14. Sge2 Lxd3 15. Dxd3 Sh6 16. Lxh6! Txh6 17. f4 f5 18. a3 ihm nicht behagte; wo ist dann das aktive Gegenspiel, das Kasparow doch so liebt? Schließlich legte sich Schwarz folgenden Plan zurecht:

13. . . .   Lh4 +
14. g3   Le7

„Kasparow spielt aber heute komisch", hieß es respektlos in den Zuschauerrängen. Im Pressezentrum, wo es von namhaften Titelträgern nur so wimmelte, versuchten gelehrte Köpfe der sonderbaren Schaukel des schwarzen Läufers einen tieferen Sinn zu entlocken. Schließlich waren sich die Weisen einig, daß der Weltmeister mittels . . . h4 ein Gegenspiel auf der h-Linie einleiten wolle, und dazu braucht er die Angriffsmarke g3. Stände der weiße g-Bauer noch auf g2, so hätte . . . h5-h4 keinen Sinn, und nach weiterem . . . h4-h3 könnte Weiß mittels g2-g3 (erst jetzt) die h-Linie geschlossen halten.

15. Kf2!

„Die h-Linie werde ich dir nicht geben", scheint Karpow damit sagen zu wollen. Die Variante 15. . . . h4 16. Kg2 hxg3 17. hxg3 Txh1 18. Kxh1 nebst 19. Dh2 drückt dasselbe mit schachlichen Mitteln aus.

15. . . .   Lf5
16. Lf1

Nach einer bekannten Regel gespielt: Abtausch entlastet den Verteidiger. Der Läufer f5 soll mittels Kg2, h2-h3 und g3-g4 wieder nach e6 befördert werden.

16. . . .   Kf8

Wo steht ein König am sichersten? Meist an jenem Flügel, an dem sich auch der gegnerische König befindet, denn wenn dort die Stellung geöffnet wird, geraten beide Könige in Gefahr. In der Tat steht der schwarze Monarch am Königsflügel recht sicher. Das Hauptproblem des Nachziehenden ist nach wie vor nicht sein König, sondern der vorzeitig pensionierte Springer g8.

17. Kg2   a5
18. a3

Stoppt das mögliche Gegenspiel . . . a4. Das war mit 18. a4 auch zu erreichen, in diesem Fall aber könnte Schwarz gut . . . Lb4 spielen.

18. . . .   Dd8?

Besser war 18. . . . Kg7. Bei Stellung der schwarzen Dame auf d7 wäre das Feld h3 weiterhin für den weißen Springer unzugänglich gewesen.

19. Sh3!

Weiß droht nun 20. Sg5 nebst 21. h4. Dieser vorgeschobene Posten wäre für Schwarz sehr unangenehm. Dennoch war dies noch das kleinere Übel. Nach dem folgenden Zug werden die weißen Felder arg geschwächt.

19. . . .   Lxh3 + ?!
20. Kxh3   Kg7
21. Kg2   Sd7
22. Ld3   Sf8
23. Le3   Se6
24. Se2

Sehr gut war auch 24. f4 mit der Idee Thf1 nebst f4-f5.

24. . . .   Sh6

Weiß erreichte eine überlegene Stellung. Nach Großmeister Nunn hätte Karpow ausgezeichnete Gewinnaussichten erreichen können nach **25. f4!:**

A) 25. ... Sg4 26. f5 gxf5 27. Lxf5 Sxe3 + 28. Dxe3 Lg5 29. Df3 nebst Thf1;

B) 25. ... Sf5 26. Lxf5 gxf5 27. Dd3 Kg6. Sichert den Bauern f5, doch nicht für lange Zeit: 28. h3 Sg7 29. g4 h4 (sonst Se2-g3) 30. Thg1! nebst Kh1 und gxf5 +;

C) 25. ... f5 26. exf6 + e. p. Lxf6 27. f5 Sxf5 28. Lxf5 gxf5 29. Thf1;

In allen diesen Varianten ist der weiße Druck kaum abzuwehren.

Man beachte, daß der weiße Angriff über das Schlüsselfeld f5 rollt. Das alles wäre nicht möglich gewesen, wenn Schwarz nicht die Fehler 18. ... Dd8 und 19. ... Lxh3 + gemacht hätte.

Doch Karpow wollte die Partie in positioneller Manier am Damenflügel entscheiden. Er hatte nur noch 15 Minuten Bedenkzeit für die letzten 16 Züge. Das ist zwar noch keine Zeitnot, aber dennoch ziemlich knapp, um komplizierte Varianten zu berechnen.

25.	**b4?!**	**Db6**
26.	**b5**	

Offenbar hielt Karpow nun 26. ... cxb5 für erzwungen, und plante darauf 27. Sc3 Sc7 28. Sxb5! Sxb5 29. Tab1 nebst Txb5 und positioneller Gewinnstellung. Das stimmt alles, doch Schwarz muß nicht 26. ... cxb5 spielen.

26.	**...**	**c5!**

Dieser Zug gleicht noch lange nicht aus, ermöglicht jedoch Schwarz im trüben zu fischen.

27.	**Sc3**	**cxd4**
28.	**Lxh6 +**	**Txh6**
29.	**Sxd5**	**Dd8**
30.	**Le4**	**h4**
31.	**Thf1?!**	

Inkonsequent, da zu der vorausgegangenen Aktion am Damenflügel nun 31. Thc1 besser passen würde.

31.	**...**	**hxg3**

Dieser Zug wurde kritisiert, später wurde die Bewertung geändert. Nichts spricht

gegen den Abtausch des passiven Turms h6, es sei denn, Weiß kann auf der h-Linie etwas erreichen. Dies scheint aber nicht der Fall zu sein.

32.	**hxg3**	**Tc8**
33.	**Th1**	**Txh1**
34.	**Txh1**	**Lg5**

Notwendig, da sonst Dh6 + nebst matt auf h8 folgt.

35. f4

In diesem Moment glaubte fast jeder im Saal, ganz gleich ob Meister oder Hobbyspieler, der Weltmeister sei verloren. Im Kommentarraum führte Großmeister Sosonko eine anschauliche Variante vor: 35. ... Lh6 36. Kf3! Tc5 37. Dh2 Dh8 38. g4!, und Schwarz kann aufgeben, zum Beispiel 38. ... g5 (sonst g4-g5 mit Läufergewinn) 39. f5 Sf4 40. Dxh6 +!! Dxh6 41. f6 + Kg8 (41. ... Kf8 42. Txh6 drohend Th8 matt) 42. Se7 + (aber nicht sofort Txh6 wegen ... Sxd5) 42. ... Kf8 43. Txh6 mit Gewinn.

Kasparows Antwort, a tempo gespielt und daher wohl von langer Hand vorbereitet, riß alle von den Stühlen:

35.	**...**	**Tc5!!**

Nun verbrauchte Karpow bis auf drei Minuten seine restliche Bedenkzeit, einen Gewinn fand er nicht. Großmeister Nunn analysiert:

A) 36. Da2 (deckt den Springer d5) 36. ... d3! (mit der Gegendrohung ... Tc2+) 37. Se3 Dd4 38. Kf3 Txe5!, und Schwarz gewinnt, zum Beispiel 39. fxe5 Dxe3+ 40. Kg2 Dxe4+ 41. Kh2 (oder Kg1) Sxg5 nebst ... Sf3+ usw.
B) 36. Kf1 (räumt die 2. Reihe, um Dh2 mit Angriff auf der h-Linie spielen zu können) 36. ... Txd5 37. Dh2 Txb5 38. Dh7+ Kf8 39. Lxg6 Dc7!, und Schwarz steht besser.
C) 36. Kf3 (eine andere Art die 2. Reihe zu räumen) 36. ... Txd5 37. Dh2 Kf8!, und Weiß hat keine gute Angriffsfortsetzung mehr; 38. fxg5 Txe5 ist für Schwarz klar vorteilhaft.

Kritisch ist **36. Kg1!?**, wonach 36. ... Txd5 an 37. Lxd5 Dxd5 38. Dh2 Kf8 39. Dh8+ Ke7 40. fxg5 scheitert. Schwarz kann jedoch **36. ... f5!** spielen mit unklarem Spiel nach **37. exf6 e. p.+ Lxf6**. Man beachte, daß in dieser Variante Dh2 nichts einbringt, da Schwarz einfach ... Tc1+ spielt und anschließend auf h1 die Türme tauscht.

Karpow entschied sich anders:

36.	fxg5	Txd5
37.	Lxd5	Dxd5+
38.	Kh2	Dxe5
39.	Tf1!	Dxb5
40.	Df2	Sxg5?

Auch Kasparow war in Zeitnot; für seinen letzten Zug hatte er nur noch Sekunden übrig. Sonst hätte er sicherlich 40. ... Dd7! gespielt, was ihm einige Gewinnchancen

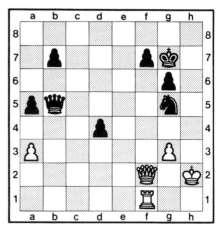

(Stellung nach 40. ... Sxg5?)

bot. Damit wären allen wunden Punkte (b7, f7) gut überdeckt gewesen, und der starke Bauer d4 sowie die weiße Schwäche g5 hätte Weiß noch Kopfzerbrechen bereitet. Doch die Schachgöttin Caissa entschied: Karpow hatte seine Chance ausgelassen, nun also auch Kasparow, laßt Gerechtigkeit walten!

41. Dxd4+ Kg8

Der Abgabezug. Denkbar ist die Zugwiederholung 42. Dd8+ Kg7 43. Dd4+ usw. Für gefährliche Gewinnversuche war Kasparow in dieser in etwa ausgeglichenen Stellung nicht aufgelegt, und so akzeptierte er Karpows Friedensangebot.

Remis.
Zeit: 2.29/2.39

8. Partie

15. August

Eine Schachpartie kann man bekanntlich auf drei verschiedene Arten gewinnen. Meist gibt der Gegner auf, wenn er seine Lage als aussichtslos betrachtet. Uneinsichtige werden kurzerhand mattgesetzt. Schließlich kann man den Punkt zuerkannt bekommen, wenn der Gegner die Zeit überschreitet. So wurde die 8. Partie des Londoner Wettkampfes beendet. Machen wir einen kurzen Ausflug in die Schachgeschichte. Seit vielen Jahrhunderten wird Schach gespielt, doch erst seit der zweiten Hälfte des 19. Jahrhunderts werden Schachuhren verwendet. In der Zeit davor dauerten Schachpartien manchmal bis zu 12 Stunden. Dies war zum einen langweilig, zum anderen war die Chancengleichheit nicht gewährleistet, wenn der eine Spieler zwei Stunden, der andere aber fast den ganzen Tag überlegte. Diesen Mißstand galt es zu beseitigen.

1861 wurde im Wettkampf Anderssen — Kolisch die Bedenkzeit auf zwei Stunden für 24 Züge begrenzt; für Kontrolle sorgte eine Sanduhr, die nach jedem Zug umgedreht werden mußte. Bald folgten die ersten Schachuhren mit mechanischen Uhrwerken; es waren zwei einfache Wecker, mit einem Kipphebel verbunden, um das eine oder andere Uhrwerk in Gang setzen zu können. Etwas verbessert, doch nach dem gleichen Prinzip gebaut, sind die gegenwärtig verwendeten Schachuhren. In der letzten Zeit hielten elektronische (digitale) Uhren siegreichen Einzug in die Turnierarena, die noch genauer gehen und die Zeitüberschreitung exakt anzeigen, was bei den mechanischen Uhren nicht immer gewährleistet ist. Mit elektronischen Uhren werden auch die WM-Partien gespielt.

Elektronische Schachuhren haben den zusätzlichen Vorteil, daß sie die Zeitüberschreitung durch ein zuschaltbares akustisches Signal anzeigen. Bei mechanischen Schachuhren ist das nicht der Fall, was mitunter zu amüsanten Begebenheiten führte. Bei einem Turnier überschritt der Gegner des amerikanischen Großmeisters Reshevsky die Zeit, doch dieser bemerkte es nicht und spielte ungerührt weiter. Daraufhin rief Frau Reshevsky, die sich unter den Zuschauern befand, lauthals in die Runde: „Ich fordere den Punkt im Namen meines Mannes!".

In London mußte derartige Schützenhilfe nicht in Anspruch genommen werden: der Hauptschiedsrichter war ja sofort zur Stelle. Nun schauen wir uns an, welche Probleme Karpow so in Zeitbedrängnis brachten:

Damengambit
Weiß: Kasparow
Schwarz: Karpow

1. d4	d5
2. c4	e6
3. Sc3	Le7
4. cxd5	exd5
5. Lf4	

Bei der WM 1985 kam diese Stellung dreimal vor. Karpow spielte 5. . . . c6, während

Kasparow 5. ... Sf6 den Vorzug gab. Diesmal ist es umgekehrt: In der letzten Partie spielte der Weltmeister in dieser Position 5. ... c6, und nun wählt der Herausforderer 5. ... Sf6. Da bei der WM 1985 auch die Rollen vertauscht waren — Karpow war Weltmeister und Kasparow der Herausforderer — witzelte man in London, den Zug 5. ... c6 „darf" nur der Weltmeister spielen ...

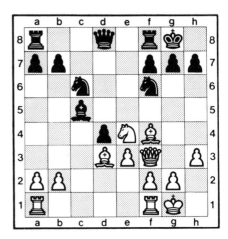

5. ...   **Sf6**
6. e3   **0—0**
7. Ld3   **c5**

Hier wird der Unterschied zwischen 5. ... c6 und 5. ... Sf6 deutlich; der aktive Vorstoß ... c5 erfolgt unmittelbar; bei 5. ... c6 ist er mit einem Tempoverlust verbunden.

8. Sf3   **Sc6**
9. 0—0   **Lg4**

Damit wird der Kampf um das zentrale Feld d4 aufgenommen. Da ein Bauernverlust auf d4 droht, schlägt Weiß am besten den Bauern auf c5. Danach entsteht eine klassische Stellung mit dem isolierten Bauern d5, in der Schwarz für die Schwäche mit aktivem Figurenspiel entschädigt wird, zumal Schwarz die Schwäche d5 mittels ... d4 leicht loswerden kann, was in der Partie auch geschieht:

10. dxc5   **Lxc5**

Nun hängt ... d4 in der Luft, doch Weiß kann dagegen nichts Gescheites unternehmen, zum Beispiel 11. Sa4 Le7 12. Tc1 (mit der Absicht Sc5) 12. ... Se4!, und Schwarz steht mit seinem schönen Vorposten auf e4 gut.

11. h3   **Lxf3**
12. Dxf3   **d4**

Schlecht für Weiß wäre nun 13. exd4 Sxd4 14. Dxb7? Se6! mit Doppelangriff auf die Läufer f4 und d3.

13. Se4

Die Eröffnungsphase endete für Schwarz befriedigend. Richtig war nun 13. ... Sxe4 14. Lxe4 (14. Dxe4 g6 15. exd4 Te8! 16. Df3 Sxd4 nebst ... Se6 kommt für Weiß nicht in Frage) 14. ... dxe3 und nun:
A) 15. Lxe3 Lxe3 16. Dxe3 Te8 mit gleichen Chancen (17. Tfd1 De7!).
B) 15. fxe3!? De7 16. Lxc6 bxc6 ist nicht ganz klar; vielleicht wiegt die Schwäche c6 mehr als die auf e3; dennoch ist die Stellung remisverdächtig.
C) 15. Dh5!? exf2+ 16. Kh1 f5! 17. Lxf5 g6, und hier erreicht Weiß nur Ausgleich nach
c1) 18. Le6+ Kh8 19. Dxc5 Txf4 20. Txf4 usw.
c2) 18. Lxg6!? hxg6 19. Dxg6+ Kh8, und Weiß muß Dauerschach geben (Dh6+/Dg6+), sonst verliert er noch, zum Beispiel 20. Lh6 Df6 21. Dh5 Df5 22. Dh4 Kg8 usw.

Obwohl Karpow über seinen nächsten Zug 23 Minuten überlegte, traf er dennoch eine falsche Entscheidung:

13. ...   **Le7?**

Karpow hat sich bei 13. ... Le7 schon etwas gedacht! Ex-Jugendweltmeister Maxim Dlugy entdeckte in der Analyse Karpows Absicht: **14. exd4 Dxd4** (nicht aber 14. ... Sxd4 15. Sxf6+ Lxf6 16. Dxb7 Se6 17. De4 g6 18. Tad1) **15. Tad1 Db6!** (schlecht wäre 15. ... Dxb2? 16. Td2! Db4

17. Tb1 Da5 18. Tb5 Da4 19. Txb7)
16. Sxf6+ Lxf6 17. Ld6 Tfd8 18. Df5

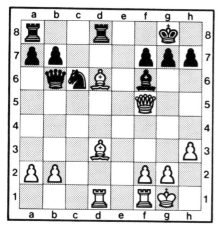

Analyse-Diagramm

Scheinbar gewinnt Weiß nun, da 18. ... g6 an 19. Dxf6 scheitert, aber Schwarz zieht einen Giftpfeil aus seinem Köcher: **18. ... Txd6!! 19. Dxh7+ Kf8 20. Dh8+ Ke7 21. Dxa8** (21. Tfe1+ Le5 ändert nichts) **21. ... Td8!**, mit Damenfang!
Eine wirklich raffinierte Variante, die jedoch auch Kasparow nicht entging. Statt des naheliegenden Zuges 14. exd4 hält der Zug
14. Tad1!
die Spannung auf der d-Linie aufrecht. Da 14. ... dxe3? nach 15. Sxf6+ nebst Lxh7+ die schwarze Dame verliert, und auch sonst auf der d-Linie nichts Gutes zu erwarten ist, verschwindet lieber die schwarze Königin:
14. ...   Da5
Mit seinem nächsten Zug leitet Kasparow die Überführung seines Springers nach f5 ein:
15. Sg3!   dxe3
16. fxe3!
Nun öffnet sich die f-Linie zum Angriff. Die Antwort 16. ... g6 (um den Springer nicht nach f5 zu lassen) scheitert an 17. Lh6 Tfe8

18. Se4! mit Katastrophe auf den Feldern f6 oder f7.
16. ...   Dxa2
17. Sf5   De6
Den zweiten Bauernraub verkraftet die schwarze Stellung nicht: 17. ... Dxb2? 18. Lh6!! gxh6 (oder 18. ... Se8 19. De4 drohend Sxe7+ nebst Dxh7 matt) 19. Dg3+ Sg4 (sonst Dg7 matt) 20. Dxg4+ Kh8 21. De4, und gegen den Abzug des Springers f5 (zum Beispiel Sxe7) nebst matt auf h7 hat Schwarz keine Verteidigung mehr.
18. Lh6!   Se8
Nach etwa 18. ... Se5 ist 19. Dxb7 drohend Sxe7+ einfach und stark.
19. Dh5!

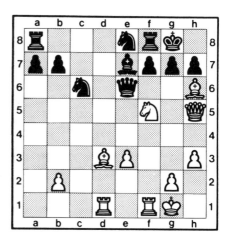

Der erste der beiden Höhepunkte in dieser Partie. Die Hauptdrohung lautet Lxg7 nebst Sxe7+ und Dxh7 matt, zum Beispiel 19. ... gxh6 20. Sxh6+ Kg7 21. Sf5+ Kh8 22. Sxe7. Komplizierter ist die im Wettkampfbulletin angegebene Variante **19. ... Sf6 20. Sxe7+ Sxe7 21. Txf6!** gxf6 (oder 21. ... Dxf6 22. Lxh7+! nebst Lg5 mit Gewinn) **22. Lxf8** und nun:
A) 22. ... Dxe3+ 23. Kh1 Kxf8 24. Lc4 Sg6 25. Dxh7 De7 26. Dh6+ Kg8 (26. ... Ke8 27. Lb5+ mit Damenge-

85

winn) 27. Dxg6+ mit Figurengewinn (der Läufer c4 fesselt den Bauern f7).
B) 22. ... Kxf8 23. Dh6+ Ke8 24. Dg7!! (drohend Dh8+) 24. ... Dxe3+ 25. Kh1 Dg5 26. Lb5+ Sc6 27. Te1+, und der schwarze König wird zu Tode gehetzt.

Notgedrungen opfert Karpow die Qualität.

19. ... g6
20. Dg4 Se5
21. Dg3?

Im Rausch des Angriffs verzichtet Kasparow auf die klar vorteilhafte Fortsetzung 21. Sxe7+ Dxe7 22. Lxf8 Kxf8 (22. ... Sxg4 23. Lxe7 Sxe3 24. Le4! ist für Schwarz noch schlechter) und nach 23. Df4 hat Schwarz nicht genug für die Qualität.

21. ... Lf6!

Hier ist der Qualitätsgewinn nicht mehr so vielversprechend, da Schwarz mit seinen gutpostierten Leichtfiguren gute Verteidigungschancen besitzt. Insbesondere der schwarzfeldrige Läufer, den Kasparow im 21. Zug verschmähte, leistet viel für die Verteidigung.

In Karpows Zeitnot (14 Minuten für 19 Züge) beginnt Kasparow die Stellung weiter zu komplizieren:

22. Lb5 Sg7
23. Lxg7 Lxg7
24. Td6 Db3
25. Sxg7 Dxb5

Selbstverständlich nicht 25. ... Kxg7?? 26. Dxe5+.

26. Sf5 Tad8
27. Tf6

Bis jetzt hat Schwarz sich sehr gut verteidigt. Das logische Ende der Partie wäre nun das Remis nach 27. ... Kh8 28. Sd4 Dc5 29. Se6 (sonst hat Weiß einfach einen Bauern weniger, ohne jegliche Angriffschancen) 29. ... fxe6 30. Txf8+ Txf8 31. Txf8+ Dxf8 32. Dxe5+ Dg7 33. Db8+ Dg8 34. De5+ usw.

In horrender Zeitnot (3 Minuten für 13 Züge) greift Karpow nun fehl:

27. ... Td2?

Hofft auf Gegenchancen auf der 2. Reihe, doch dies erweist sich als trügerisch.

28. Dg5 Dxb2

Reißt alle Brücken hinter sich ab. Etwas Besseres ist aber nicht zu sehen.

29. Kh1!

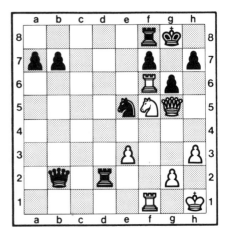

Des Pudels Kern! Der Einschlag auf g2 ist nun nicht mehr mit einem Schachgebot verbunden, so daß die weiße Dame bessere Aufgaben als die Deckung des Feldes g2 erfüllen kann.

Was droht Weiß eigentlich? Angenommen, er wäre am Zug. Dann folgte 30. Sd4 (greift den Springer e5 an) 30. ... Te8 (30. ... Sc6 ermöglicht 31. Se6! Te8 32. Txf7 usw.) 31. T6f5 Sc6 32. Txf7 Sxd4 33. Df6! nebst matt.

Es „brennt" also auf dem Feld f7. Es liegt folglich nahe, diesen wunden Punkt zu überdecken. Wir prüfen **29. ... Td7 30. Sh6+ Kg7 31. T6f2** (mit Angriff auf die schwarze Dame, die nicht ziehen darf: 31. ... Dc3 32. Df6+! Kxh6 33. Tf4 nebst Th4 matt!) **31. ... f6 32. Txf6 Txf6 33. Dxf6+ Kxh6:**

In dieser wichtigen Nebenvariante fand Großmeister Nunn, einer der besten Kombinationsspieler der Welt, eine wunderschöne, zwingende Gewinnfortsetzung:

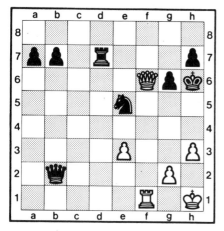

Analyse-Diagramm

34. Df4+ g5 (34. ... Kg7 35. Df8 matt; 34. ... Kh5 35. g4+ Kh4 36. Dh6+ Kg3 37. Tg1+ Kf3 38. Df4+ Ke2 39. Tg2+ mit Damengewinn) **35. Df6+ Kh5** (35. ... Sg6 36. Dxb2) **36. g4+ Kh4** (oder 36. ... Sxg4 37. hxg4+ Kxg4 38. Tg1+ nebst matt) **37. Tg1!** (drohend Dh6 matt) **37. ... h5 38. Dh8**, und Weiß setzt matt auf h5. Diese und ähnlich chaotische Verwicklungen zu berechnen, kostete Karpow den Rest seiner Bedenkzeit. Die beiden letzten Züge spielte er bereits „blitz", doch auch das war schon zu langsam:

29. ...   Kh8
30. Sd4

Was nun? Zieht der angegriffene Springer, zum Beispiel 30. ... Sc6, so folgt 31. Dh6! Kg8 (sonst Dxf8 matt; bei einem Zug des Turms f8 gewinnt Txf7 nebst Dxh7 matt) 32. Se6!, und Schwarz wird auf g7 oder f8 mattgesetzt.

30. ...   Txd4
31. Dxe5
Zeitüberschreitung   1:0

Kasparow gewann also „auf Zeit", wie Turnierspieler sagen, doch ein solcher Sieg ist immer irgendwie unbefriedigend, wenn es dem Gewinner nicht nachzuweisen gelingt, daß seine Stellung ohnehin gewonnen war. War sie nun gewonnen oder nicht?
In der Schlußstellung sind folgende Züge erzwungen: **31. ... Td2 32. De7 Tdd8 33. Txf7 Txf7 34. Txf7 Kg8!** (der einzige Zug).

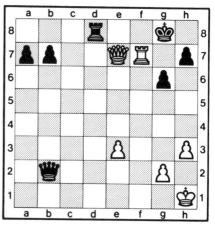

Analyse-Diagramm

Großmeister Nunn führte den Beweis, daß Kasparow tatsächlich auf Gewinn stand; „die Gewinnvariante ist alles andere als einfach", schreibt er, und das ist noch untertrieben. Was der englische Großmeister, der übrigens einst Vizeweltmeister im Problemlösen war, in der Zeitschrift „Schach Magazin 64" publizierte, grenzt schon an Hexerei.
Zunächst wird bewiesen, daß 35. Txh7? nicht gut ist: ... Tf8! 36. Th6 Dg7 37. De6+ Df7 38. Txg6+ Kh7 39. Th6+ Kg7 40. Dd6 Td8!, und nichts ist klar!
Richtig ist **35. e4!** (mit der Absicht, die Diagonale a1-h8 zu versperren, um dann mittels Tg7+ zu gewinnen) **35. ... Dc1+ 36. Kh2 Dh6 37. e5** (Eine originelle Stellung. Weiß kann den hängenden Turm d8 nicht gut schlagen und auch dem schwarzen König nichts antun, doch er gewinnt durch den einfachen Vormarsch des

e-Bauern!) **37. ... Tf8** (37. ... Tb8 38. Df6 b5 39. e6 b4 40. e7 Te8 41. De6 Kh8 42. Dd7 und gewinnt) **38. e6 g5 39. Txf8+ Dxf8 40. Dxg5+ Kh8** (40. ... Dg7 41. Dd8+ Df8 42. e7 usw.) **41. e7 De8 42. h4** (drohend h4-h5-h6 nebst Dg7 matt) **42. ... h5 43. Df6+ Kg8**

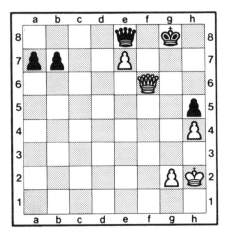

Analyse-Diagramm

Großmeister Dr. John Nunn

Das ist alles gut und schön, doch wie kommt Weiß nun weiter?
44. Kg1!! (Damit Schwarz kein Schachgebot hat. Nach einem beliebigen Zug der schwarzen Dame folgt 45. Dg6+ nebst e8-D+) **44. ... b5 45. g4 b4** (oder 45. ... hxg4 46. h5 nebst Dg6+; 46. ... Dxh5 scheitert an 47. Df8+ Kh7 48. e8-D, und Schwarz hat kein Schach; sehen Sie, wozu der Zug Kh2-g1!! gut war?) **46. gxh5 b3 47. Dg6+** und gewinnt; unglaublich!

9. Partie

20. August

Vor dieser Partie nahm Karpow seine erste Auszeit. Die freien Tage dienten der Erholung und Überprüfung der Eröffnungsvorbereitung. Man erwartete also, daß der Ex-Champion mit irgendeiner teuflischen Neuerung herausrücken würde.

Das hat er aber erst später, in der 11. Partie gemacht. Im Vergleich mit der komplizierten Schlacht in der 8. Partie wirkte die 9. Partie geradezu lahm:

Grünfeld-Indische Verteidigung

Weiß: Karpow
Schwarz: Kasparow

1. d4	Sf6
2. c4	g6
3. Sc3	d5

Mehrere Geldscheine wechselten ihre Besitzer. Ausländische Journalisten ließen sich von den wettfreudigen Briten anstekken und schloßen Wetten wie: welche Eröffnung wird gespielt, wieviel Züge wird die Partie dauern, in welchem Zug werden die Damen getauscht . . . Wer in dieser Partie auf Damengambit tippte, verlor Bares, so zum Beispiel der Großmeister Dlugy, aus dessen Analysen im Wettkampfbulletin nachstehend gelegentlich zitiert wird.

4. Lf4	Lg7
5. e3	c5
6. dxc5	Da5
7. Tc1	

Bis jetzt folgten beide Gegner der 5. Partie, in der Kasparow mittels 7. . . . Se4 Verwicklungen heraufbeschworen hatte und sich später geschlagen geben mußte. Die bisher einzige Niederlage des Weltmeister ist nicht unbedingt auf die Eröffnungsvariante

zurückzuführen, doch wer fährt schon gerne auf derselben Straße, auf der ihm ein Unfall passiert ist?

7. . . .	dxc4

„Kasparow spielt heute auf Remis", hieß es in der Expertenrunde. Die von ihm gewählte Variante gilt als sehr sicher. Andererseits kann Schwarz damit kaum auf Gewinn spielen.

8. Lxc4	0—0
9. Sf3	Dxc5
10. Lb3	Sc6
11. 0—0	Da5

Es wird Zeit zu verschwinden. Ein Zug früher war Sc3-d5 für Schwarz noch ungefährlich, da er den Rückzug . . . Da5 mit Schachgebot zur Verfügung hatte, nun aber, nach der weißen Rochade, ist der Ausfall Sd5 (nebst Sc7) schon zu beachten.

12. h3	

Ein Vielzweckzug. Zum einen wird die Fesselung des Springes f3 mittels . . . Lg4 verhindert, zum anderen wird dem Läufer f4 ein Rückzug nach h2 gesichert, falls Schwarz . . . Sh5 spielen sollte.

12. . . .	Lf5

Das alles steht in Büchern als eine Remisvariante. So vereinbarten die Großmeister

Hort und Uhlmann in Moskau 1971 das Remis nach den weiteren Zügen 13. De2 Se4 14. Sxe4 Lxe4 15. Sd2 Ld5 16. Lxd5 Dxd5; in dieser Stellung ist wirklich nichts los. Auch Karpows Neuerung bringt Weiß nichts ein:

13. Sd4

Weiß droht nun 14. Sxc6 mit Entwertung des schwarzen Bauern. Nach dem Abtausch 13. ... Sxd4 14. exd4 läßt der Anziehende bald Tf1-e1 folgen. Der isolierte Bauer d4 stellt in solchen Stellungen keinen Nachteil dar. Man beachte, daß Schwarz die e-Linie nicht einfach mittels ... e6 schließen kann, weil dann nach g2-g4 der Läufer f5 dran glauben müßte. Eben deshalb zieht Schwarz seinen Läufer nach d7 zurück:

| 13. ... | Ld7 |
| 14. De2 | Sxd4 |

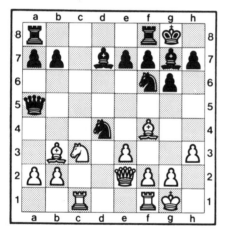

14. ... e5?! gefällt nicht: 15. Sxc6 Lxc6 16. Lg5 mit gutem Spiel für Weiß. Durch ... e5 wird der Läufer b3 aufgewertet (... e6 ist ja nicht mehr möglich), während der Läufer g7 dem eigenen Bauern e5 „in den Rücken schaut".

15. exd4   e6

Karpows Sekundanten war anzusehen, daß sie von der Partieanlage ihres „Chefs" aber gar nichts hielten. Gleich beginnt Schwarz den Bauern d4 zu belagern, etwa nach dem Schema Lc6, ... Tfd8 und ... Sd5, und was dann?

16. Ld2!

Der vielerfahrene Karpow merkt, daß er die Eröffnung „in den Sand gesetzt hat" und beginnt auf Remis zu spielen. Nun wäre 16. ... Lc6 schlecht wegen 17. d5! exd5 18. Sxd5 Dd8 19. Se7+ Kh8 20. Sxc6 mit klarem Vorteil für Weiß. Die schwarze Dame geht also dem Läufer d2 besser aus dem Weg.

| 16. ... | Db6 |
| 17. Tfd1 | Lc6 |

Der Bauer d4 ist natürlich tabu: 17. ... Dxd4?? 18. Lg5 Db6 19. Lxf6 Lxf6 20. Txd7 mit Figurengewinn.

| 18. Le3 | Da5 |
| 19. Ld2 | |

Hier konnte Schwarz mittels 19. ... Df5 der Zugwiederholung ausweichen. Kasparow prüfte es 12 Minuten lang, dann aber wählte er den Spatz in der Hand; mit Schwarz hatte er sich ohnehin ein Remis zum Ziel gesetzt. Also:

| 19. ... | Db6 |
| 20. Le3 | Da5 |

Remis auf Vorschlag von Kasparow. Zeit: 1.24/1.27

10. Partie

22. August

In dieser Partie erwartete man einen großen Ansturm des Weltmeisters. Mehrere Fernseh-teams waren zur Stelle, und bereits zwei Stunden vor Beginn der Partie bildete sich vor der Tageskasse eine lange Schlange der interessierten Schlachtenbummler. Auch die ersten Minuten des Duells erinnerten stark an die 4. Partie, in der Kasparow, auch mit Weiß, den ersten Sieg verbuchen konnte. Auch diesmal kam Karpow erst drei Minuten nach Beginn der Partie, aber Kasparow wartete mit der Ausführung seines ersten Zuges, bis sein Gegner am Brett saß:

Damengambit
Weiß: Kasparow
Schwarz: Karpow

1. d4	d5
2. c4	e6
3. Sc3	Le7
4. Sf3	

Er nimmt Abschied von der Abtauschva-riante 4. cxd5, die ihm zwei Runden zuvor einen Sieg bescherte. Der Textzug läßt eine eröffnungstheoretische Diskussion aus dem Vorjahr wieder aufleben.

4. . . .	Sf6
5. Lg5	h6
6. Lxf6	Lxf6
7. e3	0—0
8. Tc1	c6
9. Ld3	Sd7
10. 0—0	dxc4
11. Lxc4	e5
12. h3	

Diese Züge wurden fast im Blitztempo gespielt; Kasparow verbrauchte sogar nur drei Minuten. Erst der letzte Zug ist eine Neuerung bzw. Abweichung von der 23. Wettkampfpartie 1985, in der 12. Lb3

exd4 13. exd4 Te8 14. h3 Sb6 15. Te1 folgte. Auch nach dem Textzug kann die Position aus der erwähnten Partie entste-hen, nach den Zügen 12. . . . exd4 13. exd4 Sb6. Diesmal spielt Karpow anders:

12. . . .	exd4
13. exd4	c5

Kasparow scheint damit nicht gerechnet zu haben. Er überlegte nun 15 Minuten und fand dann die wohl beste Lösung. Schlech-ter als der Textzug wäre zum Beispiel 14. d5 Sb6 15. b3 (15. Lb3? verliert nach . . . c4 16. Lc2 Lxc3 nebst . . . Sxd5 den wichtigen Zentrumsbauern; 15. Dd3 g6! nebst . . . Lf5 ist auch zufriedenstellend Schwarz) 15. . . . Lf5 mit der Absicht . . . Sc8-d6.

14. Lb3!

Damit wird Schwarz zum Abtausch auf d4 gezwungen, da sein Springer wegen dxc5 nicht ziehen darf, und 14. . . . b6 15. Ld5 Tb8 16. Se4 führt zu einer ähnlichen Stel-lung wie in der Partie, jedoch mit einem auf d5 aktiv postierten Läufer.

14. ...	cxd4
15. Sd5!	

Die schwarze Stellung ist unbequem. So führt 15. ... Se5 16. Sxd4 Ld7 (andere Felder hat der Läufer nicht) 17. Tc7! (Sosonko) zum großen Vorteil für Weiß, zum Beispiel 17. ... b6 18. f4! Sg6 19. Sxf6+, und wegen des hängenden Läufers d7 muß Schwarz zähneknirschend ... gxf6 spielen. Auch 15. ... Sb6 löst die Probleme des Nachziehenden in keiner Weise: 16. Sxf6+ Dxf6 17. Tc7! Dd6 (nach 17. ... Td8? 19. Txf7! Dxd4 gewinnt das Abzugsschach 20. Td7+) 18. Sb5 Dxd1 19. Txd1, und Schwarz hat Schwierigkeiten mit seiner Entwicklung und mit den schwachen Feldern b7 und f7.

15. ...	b6!
16. Sxd4	

Schwarz muß auf der Hut sein! Auch ganz „normale" Züge können in dieser scheinbar einfachen Stellung schnell zu einer Katastrophe führen, man sehe: 16. ... Lb7 17. Sc6 Lxc6 18. Txc6 und nun:

A) 18. ... Lxb2? 19. Td6! mit unerwartetem Gewinn. Neben 20. Se3 mit Figurengewinn droht auch 20. Txd7 Dxd7 21. Sf6+ nebst Dxd7.

B) 18. ... Tc8 19. Td6 mit ähnlichen Folgen.

C) 18. ... Kh8 (unterbindet die Möglichkeit Sxf6+ mit Schachgebot) 19. Td6 Dc8 20. La4 Sc5 21. Sxf6 usw.

16. ...	Lxd4!
17. Dxd4	Sc5
18. Lc4	Lb7
19. Tfd1	Tc8
20. Dg4	Lxd5
21. Txd5	

21. Lxd5 droht zwar augenblicklich mit Lxf7+, doch nach 21. ... Df6 ist die schwarze Stellung in Ordnung.

21. ...	De7

Spielbar war auch 21. ... Df6. Mit dem Textzug strebt Schwarz die Entlastung mittels ... De4 und ... Tcd8 an.

22. Tcd1	De4
23. Dxe4	Sxe4
24. La6	Sf6

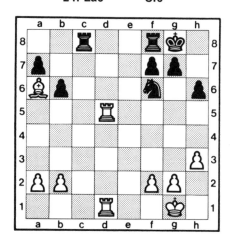

Karpows präzise Verteidigung trägt Früchte. Niemand wäre böse gewesen, wenn jetzt die Einigung auf Remis erfolgt wäre; in der Partie geschah es erst nach weiteren 20 Zügen:

25. Lxc8	Sxd5
26. La6	Sf6
27. f4	Te8
28. Kf2	Kf8
29. Kf3	Te7

Ein fragender Blick, aber kein Remisangebot von Karpow.

30. Td8 +	**Te8**
31. Txe8 +	**Sxe8**
32. Ke4	**Ke7**

Pech für Weiß, daß 33. Kd5 (mit der Absicht, auf b7 einzudringen) an der Springergabel 33.... Sc7 + scheitert. Überhaupt hat Weiß nichts Konkretes; das Remis ist unvermeidlich. Aber Kasparow, der sich für diese Partie einiges vorgenommen hatte, wollte noch ein bißchen weiterspielen.

33. Lc4	**Sc7**

Dieser Springer und der Bauer b6 schaffen einen undurchdringlichen Verteidigungswall auf der fünften Reihe. Gleich nimmt Schwarz auch noch das Feld e5 unter Kontrolle:

34. Ke5	**f6 +**
35. Kf5	**Se8**
36. Ke4	

Oder 36. Kg6 Kf8, was später noch geschehen wird.

36. . . .	**Sc7**
37. h4	**Kd6**
38. Kf5	**Ke7**
39. Kg6	**Kf8**
40. Kf5	**Ke7**

Ein Fernsehteam richtete schon seine Kameras auf den Monitor, um den Händedruck nach dem zu erwartenden Remis nicht zu verpassen, doch Kasparow spielte unverdrossen weiter.

41. Ke4	**Kd6**
42. g4	**Ke7**

Der Kameramann gähnte und die ersten Zuschauer verließen den Saal.

43. b4	**Kd6**
44. Kf5	

Das war der Abgabezug. Niemanden überraschte, was der Hauptschiedsrichter am nächsten Tag verkündete:
Remis auf Vorschlag von Kasparow.
Zeit: 2.45/2.16

11. Partie

25. August

Zu den Superlativen der Londoner Wettkampfhälfte zählt auch die Höhe des vergebenen Schönheitspreises: 10.000 Pfund Sterling! Augenzeugen von früheren Weltmeisterschaften erinnerten sich an die Zeiten „vor Fischer", als der gesamte WM-Preisfond in etwa so viel betrug, wie nun der Schönheitspreis allein!

Dieser wurde von einer angesehenen Londoner Firma gestiftet und, je zur Hälfte, den beiden Kontrahenten für ihre 11. Partie ausgezahlt. Dies war beileibe keine diplomatische Entscheidung, nach dem Motto „Wir wollen keinem weh tun!", sondern eine völlig gerechtfertigte Lösung des an sich schwierigen Problems: „Spieglein, Spieglein an der Wand, welches ist die schönste Partie ... ".

Grünfeld-Indische Verteidigung

Weiß: Karpow
Schwarz: Kasparow

1. d4	Sf6
2. c4	g6
3. Sc3	d5
4. Lf4	Lg7
5. e3	c5
6. dxc5	Da5
7. Tc1	dxc4
8. Lxc4	0—0
9. Sf3	Dxc5
10. Lb3	Sc6
11. 0—0	Da5
12. h3	Lf5

Bis hierher ist die Partie identisch mit der neunten Begegnung, in der Karpow an dieser Stelle die nicht gerade gelungene Neuerung 13. Sd4 brachte. Diesmal befolgt der Herausforderer ausgetretene Pfade:

13. De2   Se4

Der Kommentator im Analyseraum, GM Tony Miles, meinte hier, die schwarze Stellung sei „easy"; die anwesenden Experten fast unisono, Karpow habe gegen die Grünfeld-Indische Verteidigung immer noch nichts Rechtes gefunden.

14. Sd5

Damit droht Weiß 15. Lc7 mit Figurengewinn, zum Beispiel 15. ... Da6 16. Dxa6 bxa6 17. Txc6 oder 15. ... b6 16. Txc6. Der naheliegende Textzug verhindert diese Drohung auf aktive Weise:

14. ...   e5

Der bisherige Zeitverbrauch von durchschnittlich einer Minute pro Zug deutet darauf hin, daß beide Spieler mit dieser Position vertraut waren und keinen Anlaß sahen, nach versteckten Möglichkeiten zu suchen. Die entstandene Stellung ist aus der Schachliteratur gut bekannt. Statt des empfohlenen Zuges 15. Lh2 beginnt Karpow zu opfern:

15. Txc6!?

Dieses Opfer sorgte für große Aufregung in den Zuschauerrängen und in den Expertenkreisen; die letzteren waren besonders

94

aus dem Häuschen, denn eine „theoretische Neuerung" versetzt einen Meister in ähnliche Aufregung, wie sie etwa ein Pop-Musik-Fan empfindet, wenn er „seinem" Rockstar auf der Straße begegnet.

15. ...   exf4

Dieser Zug wurde nach fünf Minuten gespielt. Die Alternative 15. ... bxc6 16. Se7+ Kh8 17. Sxc6 Db6 18. Scxe5 ergibt eine Stellung, in der Weiß in seinen zwei Bauern mehr als genug Ersatz für die Qualität hat.

16. Tc7

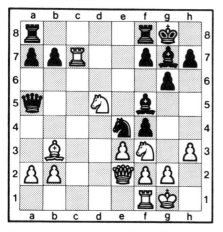

Fast a tempo gespielt, dieser Zug wurde also sicher zu Hause „ausgekocht". Kasparow vertiefte sich nun für 37 Minuten in Gedanken. Es war auch an der Zeit, diese Position sehr gründlich unter die Lupe zu nehmen, denn Weiß hat eine Menge aktiver Möglichkeiten.

Zunächst droht ein Bauernverlust mittels Txb7 oder Sxf4. Beide bedrohten Felder sind nicht gleichzeitig zu decken. Es liegt also nahe, **16. ... fxe3** zu spielen, aber dies erlaubt Weiß in Vorteil zu kommen nach 17. Dxe3 Le6 (17. ... Lxb2 18. Sd4! gibt Weiß gewaltiges Spiel in Verbindung mit der Drohung Sxf5; 18. ... Lxd4 19. Dxd4 ist für Schwarz kaum auszuhalten, da g2-g4 und auch f2-f3 nebst Sf6+ droht) 18. Se7+ Kh8 19. Txb7 mit Bauerngewinn, da 19. ... Lxb2?? immer noch verliert, diesmal wegen 20. Lxe6 nebst Txb2.

Eine andere Möglichkeit ist 16. ... Sc5, mit den Drohungen ... Ld3 und auch ... Sxb3, doch 17. Lc4! liquidiert diese Absichten und droht obendrein mit der Gabel b2-b4.

Zu untersuchen bleibt noch der Gegenangriff 16. ... Tae8 17. Txb7 fxe3 18. Dxe3! (entdeckt von Großmeister Nunn) 18. ... Sg3 19. Se7+ Txe7 20. Dxe7 Sxf1 21. Lxf7+ Kh8 22. Lxg6!, und Weiß erobert die schwarze Königsstellung im Sturm.

So engte sich nach und nach die Auswahl des Nachziehenden ein; schließlich fand er die richtige Parade:

16. ...   Le6!

Die schwarze Verteidigung basiert auf dieser schönen Variante: 17. Txb7 Lxd5 18. Tb5 Sc3!! 19. bxc3 Lxf3 20. gxf3 Dxc3 mit Ausgleich.

Noch weniger ergiebig für Weiß ist 17. Se7+ Kh8 18. Txb7 wegen 18. ... Sd6! 19. Sc6 Dc5 20. Tc7 Db6, und Weiß büßt Material ein.

17. De1

Immer noch schnell gespielt; offenbar war Karpow auch auf diese Stellung bzw. Zugfolge gut vorbereitet.

17. ...   Db5!

Das Endspiel nach dem Damentausch wäre günstig für Weiß. Es ist unwahrscheinlich, daß Karpow den gegnerischen Damenzug nicht in Betracht gezogen hat, doch worüber dachte er hier 31 Minuten lang nach?

18. Se7+

18. Sxf4 wäre wegen ... Lxb3 19. axb3 Dxb3 sogar schlechter für Weiß, der an der Schwäche des Bauern b2 laborieren würde.

18. ...   Kh8
19. Lxe6   fxe6

Die schwarze Verteidigung basiert auf taktischen Sticheleien. Hier wird zum Beispiel

20. exf4 mit ... Sg3!! beantwortet, wonach 21. fxg3 Db6+ den Turm c7 verliert.

20. Db1!

Ein typischer „Karpow-Zug" — unauffällig, aber weitsichtig. Neben dem offensichtlichen Angriff auf den Springer e4 schaut sich die weiße Dame das Feld g6 an, auf dem noch viel los sein wird:

20. ... Sg5

Nach diesem Zug blieb die Bühne für etwa fünf Minuten leer; beide Spieler entspannten sich in ihren Ruheräumen und betrachteten die Stellung auf dem Monitor. Nach seiner Rückkehr an das Brett zog Karpow rasch

21. Sh4

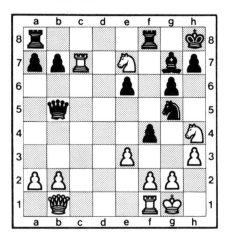

Karpow wird nachgesagt, er spiele nüchtern und risikovermeidend. Häufig stimmt es, doch wenn die Stellung und/oder der ungünstige Stand des Wettkampfes es erfordern, so kann der „sanfte Tolja" auch mit vollem Risiko kämpfen. Allerdings spielt er in diesen taktischen Stellungen nicht so präzise, wie etwa in einem technischen Endspiel.

Mit dem Textzug wird ein Figurenopfer auf g6 vorbereitet. Doch der „König der Taktiker" Garry Kasparow kontert mit einem unglaublich riskanten, wahrscheinlich nicht ganz korrekten Gegenschlag:

21. ... Sxh3+?!

Damit bekundet der Weltmeister, daß er auf Gewinn spielt. Das sichere Remis war zu erreichen mittels 21. ... fxe3 22. Sexg6+ hxg6 23. Sxg6+ (falsch wäre 23. Dxg6? De5 24. Dh5+ Kg8, und der weiße Angriff versiegt), wonach Weiß nichts Besseres als das Dauerschach Se7+/Sg6+ zur Verfügung hat.

War also Karpows Zug 21. Sh4 ein stilles Remisangebot? Ganz bestimmt nicht. Nach fast 90 Partien gegeneinander kennen sich die Kontrahenten so gut, daß sie meist ahnen, wann der Gegner auf Gewinn spielt und wann nicht. Karpow hat richtig eingeschätzt, daß sein Rivale dem Kampf nicht ausweichen wird.

Zurück zu unserer Partie. Der schwarze Springer ist indirekt geschützt; das sofortige Schlagen 22. gxh3? scheitert an ... Dg5+ (23. Sg2?? f3; 23. Kh2 Dxh4 mit Vorteil für Schwarz).

22. Kh2 Dh5

23. Kxh3 ist wegen ... g5 sehr schlecht für Weiß. Möglich war aber **23. Shxg6+(!)** (im Gegensatz zur Partie, in der 23. Sexg6+ geschah) **23. ... hxg6 24. Dxg6** (24. Sxg6+ ergibt Remis).

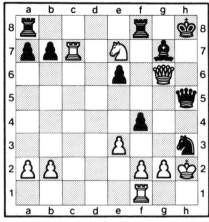

Analyse-Diagramm

Mit dieser Stellung befaßte sich der Münchener Internationale Meister Stefan Kindermann. Er veröffentlichte in der „Schachwoche" eine interessante Analyse, aus der unter anderem hervorgeht, daß Schwarz hier nicht 24. ... De5? fortsetzen darf: 25. Kxh3 Tf6 26. Kg4!!, und gegen die Drohung Th1+ ist kein Kraut gewachsen. Eine andere, ebenfalls von Kindermann angegebene Variante lautet: 24. ... Dh7 25. gxh3 (25. Dxh7+ Kxh7 26. Kxh3 fxe3 ist unklar) 25. ... Tf6 (25. ... fxe3 26. Dxe6! drohend Sg6+) 26. Dxh7+ Kxh7 27. Tg1, und Weiß ist im Vorteil.
Zu seinem Schaden geht Karpow an dieser Möglichkeit vorbei:
23. Sexg6+?! hxg6
24. Dxg6
Erneut verwirft der Herausforderer das Remis mittels Sxg6+. Angriff heißt die Parole!
24. ... De5
Der Läufer g7 wird gedeckt, der Turm c7 angegriffen und zusätzlich droht ... fxe3+ oder ... f3+. Was will man mehr von einem Zug?

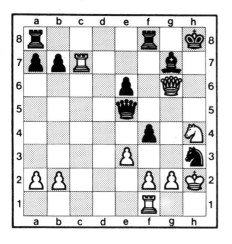

Bis jetzt verbrauchten beide Gegner jeweils etwa 90 Minuten an Bedenkzeit; erstaunlich wenig für solch eine komplizierte Stellung. Erst hier vertiefte sich Karpow in langes Nachdenken — 41 Minuten lang!
Es suchte nach einem verborgenen Gewinnweg, das war klar, doch gibt es einen? Großmeister Dr. John Nunn veröffentlichte in „Schach Magazin 64" folgende tiefschürfende Analyse:
A) **25. Txg7 fxe3+**
a1) 26. f4 Dxg7 27. Dh5+ (27. gxh3 Tf6 gewinnt für Schwarz) 27. ... Kg8 28. gxh3 Dxb2+ nebst ... Tf7, und Schwarz gewinnt. Sehr kompliziert und schön ist die nächste Variante:
a2) 26. Dg3 Dxg7 27. Sg6+ (sonst hat Weiß ein verlorenes Endspiel) 27. ... Kg8 28. Sxf8 Sg5! 29. Sd7 e2 30. Te1 Td8 31. Sc5 Td1 32. Db8+ (oder 32. Txe2 Sf3+! 33. gxf3 Dh6+ 34. Dh3 Th1+ usw.) 32. ... Kh7 33. Txe2 Sf3+! 34. gxf3 Dh6+ 35. Kg2 Dh1+ 37. Kg3 Tg1+ 37. Kf4 Dh2+ mit Damengewinn.
B) **25. Dc2** fxe3+ 26. Kxh3 (oder 26. f4 Sxf4) 26. ... Kg8 mit einer guten Stellung des Nachziehenden.

Die beste Fortsetzung für Weiß ist **25. Txb7!** mit den Möglichkeiten:
A) 25. ... Sxf2 (nicht aber 25. ... Sg5? wegen 26. Dh5+ Kg8 27. Sg6 mit Angriff auf die schwarze Dame und der Mattdrohung Se7) 26. Sf3 Df6 27. Dh5+ (nach 27. Dxf6 folgt natürlich ... Sg4+) 27. ... Dh6 28. Dxh6+ Lxh6 29. Txf2 fxe3 mit einem etwa gleichstehenden Endspiel.
B) 25. ... fxe3+ ist am einfachsten und führt zum Remis nach 26. Kxh3 Txf2 27. Txf2 exf2 28. Df7 Dd4 (28. ... De3+ 29. g3) mit Dauerschach Dh5+/Df7+.

Es ist wahrlich kein „Spaziergang", solch verschlungenen Gedankengängen eines Großmeisters zu folgen, doch nur so begreift man, wofür der langjährige Weltmeister Karpow so viel Zeit investierte!

Schließlich entschied sich Karpow für den folgenden Textzug, wonach aber der weiße Angriff nicht durchschlagen und Schwarz ein etwas günstigeres Endspiel erreichen wird.

25. Tf7   Txf7
26. Dxf7   Sg5

Dieser Springer, der fünf Züge lang auf h3 stand, stets mit einem Strick um den Hals, rettet sich nun. Dieser Zug ist sicher gut, aber taktisch klüger war 26. ... **Db5!**, wie GM Nunn erwähnt: Weiß muß erst einmal die beste Fortsetzung finden: 27. Tc1 Sxf2 (27. ... Sg5 28. Dh5+ Kg8 29. exf4 ist gut für Weiß) 28. Tc7 Sg4+ 29. Kh3 (nach 29. Kg1 Dxb2 30. Dh5+ Sh6 verliert Weiß) 29. ... Sf2+ mit Dauerschach.

27. Sg6+   Kh7
28. Sxe5   Sxf7
29. Sxf7   Kg6

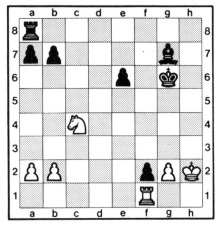

Der Pulverdampf hat sich verzogen, und auf dem Schlachtfeld sind nur noch wenige Getreue übriggeblieben. Weiß hat augenblicklich sogar einen Bauern mehr, doch die ungünstige Stellung seines Springers zwingt ihn, sich schnellstens von der Beute zu trennen.

30. Sd6   fxe3

Mit der Gabeldrohung ... Le5+ verbunden. Das weiße Roß muß weitertraben:

31. Sc4   exf2?!

Nach 31. ... b5(!) 32. Sxe3 Lxb2 33. Tb1 Le5+ 34. g3 a6 wäre der schwarze Endspielvorteil größer als nach der Partiefortsetzung. Schwarz könnte gelegentlich einen Freibauern am Damenflügel bilden.

Dennoch wäre nach Ansicht mehrerer Großmeister auch dieses Endspiel für Weiß zu halten gewesen. In der Partie schafft der Endspielkönner Karpow das Remis ohne Probleme:

32. Txf2   b5
33. Se3   a5
34. Kg3   a4
35. Tc2   Tf8
36. Kg4   Ld4
37. Te2!

Weiß verliert nun einen Bauern, doch das entstandene Endspiel ist Remis.

37. ...   Lxe3
38. Txe3   Tf2
39. b3!   Txg2+
40. Kf3   Txa2
41. bxa4

Remis.
Zeit: 2.26/2.26

12. Partie

27. August

Über Partien, wie die vorausgegangene, könnte man seitenlang berichten. Solche brillanten Duelle werden noch nach Jahren immer wieder publiziert, analysiert und als beispielhaft herausgestellt. Mit der Vergabe des Schönheitspreises lag die Jury sicher richtig.
Die letzte Partie in London wird dagegen kaum in Erinnerung bleiben. Beide Gegner spielten wie gehemmt, und das gesetzmäßige Ergebnis war ein ziemlich langweiliges Remis.

Damengambit
Weiß: Kasparow
Schwarz: Karpow

1. d4	d5
2. c4	e6
3. Sc3	Le7
4. Sf3	Sf6
5. Lg5	h6
6. Lxf6	Lxf6
7. e3	0—0
8. Tc1	c6
9. Ld3	Sd7
10. 0—0	dxc4
11. Lxc4	

Bis jetzt verlief alles nach dem Vorbild der 10. Partie, in der Karpow 11. ... e5 spielte. Diesmal wartet er mit einer Neuerung auf:

11. ...   c5

Da 12. d5? an ... Sb6 nebst ... Lxc3 und ... exd5 mit Bauerngewinn scheitert, muß Weiß dem Gegner erlauben, auf d4 zu schlagen.

12. De2	a6
13. Tfd1	cxd4
14. Sxd4	

Nach dem Schlagen mit dem Bauern zeigt sich die Pointe des Zuges ... a6: 14. exd4 Sb6 15. Lb3 Ld7 16. d5 exd5 17. Sxd5 Sxd5 18. Txd5 (18. Lxd5 Db6) und nun 18. ... Lb5! mit Ausgleich oder sogar Gewinn für Schwarz nach 19. Lc4? Dxd5! (von IM Kindermann in der „Schachwoche" angegeben).

14. ...	De7
15. Se4	Le5
16. Sf3	Lb8
17. Dd2	b5
18. Le2	Sf6
19. Sxf6+	

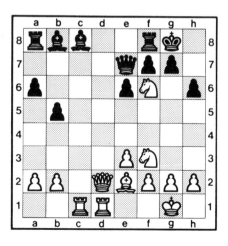

Der Weltmeister scheint nicht kämpferisch aufgelegt zu sein, sonst hätte er wahrscheinlich 19. Sc5 versucht.

19. ...   Dxf6

Die schwarzen Läufer, insbesondere der weißfeldrige Damenläufer, kommen nun gut ins Spiel, und Weiß sucht nach einer Möglichkeit, gutpostierte gegnerische Figuren abzutauschen:

20. Dd4

Schlägt nun Schwarz auf d4, so folgt 21. Sxd4 Lb7 22. Sc6, und einer der aktiven Läufer wird abgetauscht. 22. ... Lc7?? scheitert natürlich an Se7 +.

20. ...   Lb7
21. Dxf6   gxf6

Die kleine Schwächung der schwarzen Bauernstruktur fällt hier kaum ins Gewicht, da Weiß diese Schwächen nicht wirksam angreifen kann.

22. b3   f5
23. g3

Sonst spielt Schwarz ... f4 und entledigt sich damit seines Doppelbauern.

23. ...   Lxf3

Schwarz signalisiert damit seine friedlichen Absichten. Endspiele wie diese sind ohnehin remisverdächtig, erst recht, wenn auf dem Brett ungleiche Läufer sind. Der geringe weiße Vorteil (bessere Bauernstruktur) ist eher symbolisch.

24. Lxf3   Ta7
25. Tc6   Kg7
26. Le2   Le5
27. h3

Damit wird g3-g4 angestrebt, womit die Stellung noch mehr verflacht. Kasparow wollte offenbar jedes noch so geringe Risiko vermeiden, um die zweite Wettkampfhälfte in Leningrad mit dem psycho-logischen Vorteil des Ein-Punkte-Vorsprungs zu beginnen.

27. ...   Lf6
28. Tdd6   Tfa8
29. Kg2   Le7
30. Td2   b4
31. g4   fxg4
32. hxg4   a5
33. f4   Td8
34. Txd8

Remis.
Zeit: 2.03/2.26

Diese ereignislose Partie verdarb den Organisatoren die Laune nicht. Gab es doch in London genug mitreißende Duelle, denken wir an die 2. Partie, an die Partien 4 bis 8 und schließlich an die verwegene Schlacht in der vorletzten Begegnung.
Kurzum, die Londoner Wettkampfhälfte kann man als gelungen bezeichnen. Ob auch die Leningrader „Halbzeit" ebenso interessant war, das erfahren Sie auf den nächsten Seiten.

In der Stadt
der „weißen Nächte"

Sagt ein Russe „bjelyje notschji" (auf deutsch: „weiße Nächte"), so weiß sein Landsmann sofort, was oder besser welche Stadt gemeint ist. Den lyrischen Namen „Die Stadt der weißen Nächte" gaben die Russen St. Petersburg, später Leningrad genannt.
In der Tat werden die Leningrader Nächte oft vom Polarlicht erhellt. Diese herrliche Naturerscheinung war es aber nicht, die den Zaren Peter den Großen vor mehr als zwei Jahrhunderten bewogen hatte, in einem sumpfigen, unwirtlichen Gebiet an der heutigen finnisch-sowjetischen Grenze eine Stadt erbauen zu lassen. Es waren vielmehr handfeste politische und militärische Überlegungen.
Starke Garnisonen in mächtigen Festungen sollten den Schweden, mit denen die Heere des Zaren mehrere Kriege führten, den Appetit auf russischen Boden nehmen. Ferner paßte ein großer Hafen an der Ostsee sehr gut in die strategischen Überlegungen der russischen Admiralität. Und schließlich sollte das Machtzentrum näher an Mittel- und Westeuropa gebracht werden.
Unter diesen Vorzeichen ist St.Petersburg entstanden und wurde dadurch zwangsläufig zur Konkurrenz für Moskau. Zwar war Moskau nach der Oktoberrevolution 1917 wieder die Nr. 1 unter den russischen Städten, doch eine gewisse latente Rivalität ist auch heute noch vorhanden.
Auch im Schach rivalisierten die beiden Großstädte. In der vorrevolutionären Ära war St. Petersburg klar führend. Der erste russische Schachklub wurde 1853 von Jänisch in St. Petersburg gegründet. Vermutlich kommen alle bedeutenden russischen Spieler der Zeit vor 1917 entweder aus Petersburg oder haben dort schachlich gewirkt.
Alexander Petrow, als „Vater des russischen Schachs" apostrophiert, war Professor für Maschinenbau an der Universität Petersburg. 1824 schrieb er die erste in Rußland erschienene Abhandlung über Schach. Petrow ist übrigens der Erfinder der „Russischen Verteidigung" (die Karpow als „guter Russe und Leningrader" häufig spielt): deshalb wird dieses Eröffnungssystem im englischsprachigen Raum als „Petroff Defense" bezeichnet.
Nach der Oktoberrevolution hatte Leningrad nicht mehr die überragende Bedeutung, ohne jedoch zu verblassen; erst seit dem zweiten Weltkrieg entwickelte sich Moskau zur eindeutigen Schachmetropole.
In St. Petersburg fanden viele berühmte Schachturniere statt: 1895/96, 1909 und vor allem 1914, wenige Tage vor dem Ausbruch des ersten Weltkriegs. Das letzte Turnier gehört zu den bedeutendsten Turnieren der Schachgeschichte. Sieger wurde der Deutsche Emanuel Lasker (Weltmeister von 1894 bis 1921), vor Jose Raoul Capablanca (Kuba, Weltmeister von 1921 bis 1927) und Alexander Aljechin (Weltmeister von 1927 bis 1945). Bei dem Abschlußbankett ernannte der Zar die fünf erstplazierten Spieler zu „Großmeistern"; dieser spontane

Umzug nach Leningrad: Garry Kasparow mit seiner Mutter Klara

Einfall des Herrschers wurde von der Schachwelt akzeptiert und der Titel „Großmeister" eingeführt.

Auch Michail Tschigorin, der erste russische Weltklassespieler (alljährlich findet zum Beispiel in Sotschi das Tschigorin-Gedenkturnier statt), begann seine glänzende Schachkarriere in St. Petersburg. Er wurde 1875 im Schach-Café „Dominika" entdeckt, wo er „soff und schachte", wie vergilbte Schachannalen zu berichten wissen.

Von den neuzeitlichen Schachgrößen kommen Karpow, Kortschnoi, Spasski alle ursprünglich aus Leningrad. Pikanterweise schlug Kasparow beim letzten Kampf Leningrad statt Moskau vor, was einen Heimvorteil für Karpow bedeutete. Diesmal wäre Kasparow wohl London als einziger Austragungsort lieber gewesen, doch Karpow und der sowjetische Schachbund plädierten für Leningrad als Austragungsort der zweiten Wettkampfhälfte. Die FIDE akzeptierte diesen Vorschlag, Kasparow letztlich auch, und so erlebte die „Stadt der weißen Nächte" ihre erste Schachweltmeisterschaft.

13. Partie

5. September

Die zweite Wettkampfhälfte sollte am 3. September beginnen, doch Karpow, der sich eine Erkältung zugezogen hatte, nahm eine Auszeit. Erst am Freitag, dem 5. September, füllte sich der Konzertsaal des Hotels Leningrad mit unzähligen schachbegeisterten Sowjetbürgern. Diese kamen nicht nur aus Leningrad, sondern zum Teil aus entlegenen Gebieten des großen Sowjetreiches. Wie schon in Moskau 1985, konnte man auch diesmal im Publikum große Gruppen schnauzbärtiger Männer beobachten, denen man die kaukasische Herkunft unschwer ansah: Kasparows Fans aus seiner Heimat Aserbajdschan. Doch auch Karpow, der aus Leningrad stammt, hatte im Publikum viele Anhänger. Dies beweisen die stehenden Ovationen nach seinen Siegen in der 17. und 18. Partie, doch mehr darüber später. Wir sind erst bei der 13. Partie, in der der Herausforderer nicht die Spur einer Gewinnchance hatte.

Grünfeld-Indische Verteidigung
Weiß: Karpow
Schwarz: Kasparow

1. d4	Sf6
2. c4	g6
3. Sf3	Lg7
4. g3	

In den beiden letzten Weißpartien in London spielte Karpow gegen den „Grünfeld" das System 3. Sc3 d5 4. Lf4, doch er konnte damit keinen Eröffnungsvorteil erreichen.

4. . . .	c6
5. Lg2	d5
6. cxd5	cxd5
7. Sc3	0—0
8. Se5	e6
9. 0—0	Sfd7
10. f4	

In der 2. Partie zog Karpow seinen Springer nach f3 zurück.

10. . . .	f6

Laut Ausführungen in Theoriebüchern soll 10. . . . Sxe5 11. fxe5 f6 ausgleichen, doch nichts spricht gegen den Zug des Weltmeisters.

11. Sf3	Sc6

Wie soll Weiß nun fortsetzen? 12. e4 dxe4 13. Sxe4 Sb6! gefolgt von . . . Sd5 verschafft dem schwarzen Springer einen herrlichen Platz auf d5. 12. b3 Sb6 13. Lb2 a5 mit der Absicht . . . a4 dürfte für Schwarz angenehm sein. So stellt Karpow den Läufer ins Zentrum:

12. Le3	Sb6
13. Lf2	

Mit der Absicht 13. . . . Ld7 14. e4 dxe4 15. Sxe4 Sd5 16. Sc5 b6 17. Sxd7 Dxd7 18. Te1, wonach der Bauer e6 zur Schwäche neigt. Im Vergleich zu der Anmerkung zum 11. Zug besitzt Weiß hier das Läuferpaar. Kasparow läßt e2-e4 lieber nicht zu:

13. . . .	f5
14. Se5	Ld7

103

15. Dd2   Sc8

Nachdem Weiß wieder das Feld e5 besetzt hat, will Schwarz es ihm gleichtun und strebt mit seinem Springer das Feld e4 an.

16. De3   Kh8

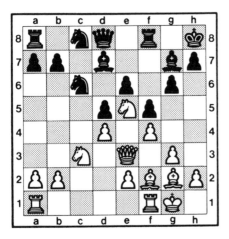

Der schwarze König weicht dem möglichen Schachgebot auf e6 aus. Falls jetzt 17. Sxc6 Lxc6 18. Dxe6? (ohne Schach!), so wird die weiße Dame mittels 18. ... Te8 19. Df7 Sd6 gefangen.

Der Zug ... Kh8 erfüllt jedoch noch eine weitere Funktion. Schwarz plant die Öffnung der g-Linie mittels ... g5 und ... gxf4. So räumt der schwarze König das Feld g8 für den Turm f8.

17. Tfd1   Sd6
18. b3   Tc8
19. Tac1   Le8
20. Le1

Auf der Diagonale e1-a5 hat der „eingemauerte" Läufer f2 bessere Perspektiven.

20. ...   Lf6
21. Sa4   b6
22. Sb2   Se4
23. Sbd3

Im Zentrum hat sich nun ein „gordischer Knoten" gebildet. Bekanntlich löste Alexander der Große das Problem des vertrackten Knotens ziemlich rabiat, wenn auch wirkungsvoll. „Garry der Große" geht subtiler vor:

23. ...   g5
24. Sxc6   Lxc6
25. Se5   gxf4
26. gxf4

Selbstverständlich nicht 26. Dxf4? Lg5 mit Qualitätsgewinn auf c1.

26. ...   Le8
27. Dh3!

Gegen den Plan ... Lh5 gerichtet.

27. ...   Tg8
28. Kf1   Txc1
29. Txc1   h5

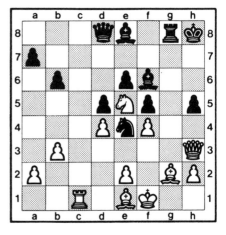

Mit seinem letzten Zug will Schwarz einen Vorposten auf g4 schaffen. Trotz der Initiative des Nachziehenden dürfte die Stellung im Gleichgewicht sein. Großmeister Gufeld gab folgenden Weg zum Ausgleich an:
30. Lf3! De7 31. Tc8! (nicht aber 31. Lxh5? Dh7, und Weiß verliert Material) **31. ... Dg7** (mit Mattdrohung auf g1) **32. Lg2!** (die erwähnte Drohung wird abgewehrt, gleichzeitig stellt Weiß die Falle Txe8 nebst Dxh5+ auf) **32. ... De7** (so wird wiederum die weiße Absicht Txe8 entkräftet) **33. Lf3 Dg7**, und das Spielchen geht von vorne los — Remis durch Zugwiederholung.

Mit seinem nächsten Zug aktiviert Weiß vor-

GM Eduard Gufeld (UdSSR)

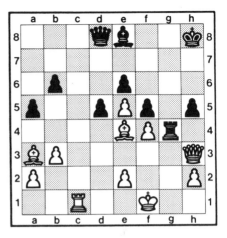

zeitig seinen Läufer e1. Diese kleine Unachtsamkeit hätte beinahe böse Folgen gehabt.

30. Lb4? a5
31. La3 Lxe5
32. dxe5

Schlechter wäre 32. fxe5? Dg5, zum Beispiel 33. Tc2 Df4+ 34. Df3 (34. Lf3? De3! nebst matt auf f2 oder g1) 34. ... Sd2+ mit Qualitätsgewinn.

32. ... Tg4

Mit den Drohungen ... Txf4+ oder ... Th4 verbunden, die nur durch den Textzug pariert werden können, man sehe:

A) 33. De3? d4 mit Gewinn des Bauern f4 (34. Df3?? Sd2+);
B) 33. e3 Th4 34. Tc8 (ein kleiner Ablenkungstrick; sonst folgt ... Txh2) 34. ... Txf4+! (Schwarz zahlt mit gleicher Münze heim) 35. exf4 Dxc8 mit einem gesunden Mehrbauern.

33. Lxe4 dxe4?

Damit verschenkt Kasparow den möglichen Sieg. Laut Großmeister Gufeld gab 33. ... fxe4! Schwarz gute Gewinnchancen, zum Beispiel 34. Ld6 (34. e3 d4!) 34. ... d4 35. Tc7 Da8! (nun droht der Einbruch .... e3 nebst ... Dh1 matt) 36. e3 d3, und der Freibauer d3 sichert Schwarz überlegenes Spiel.

Nach dem Textzug rettet sich Weiß durch ein Bauernopfer:

34. Ld6! Txf4+
35. Ke1 Tg4

35. ... Dg5 erlaubt die Aktivierung 36. Tc8 Dg6 37. Le7 nebst Lf6+.

36. De3 Dg5
37. Dxg5 Txg5
38. Tc8 Tg8
39. e3 h4
40. h3 a4

Schwarz kann die Fesselung auf der Grundreihe nicht abschütteln. Zieht der Läufer e8, so tauscht Weiß die Türme, und das Endspiel mit ungleichen Läufern ist nicht zu gewinnen.

Remis auf Vorschlag von Kasparow.
Zeit: 2.28/2.29

14. Partie

8. September

In dieser Partie ging eine lange, für Weiß sehr ungünstige Serie zu Ende. Wie wir schon in Kommentaren zur 6. Partie erwähnten, gelang es bei der WM 1985 keinem der beiden Spieler, eine mit 1. e4 eröffnete Partie mit Weiß zu gewinnen. Dieser Trend setzte sich mit der 6. Partie der WM 1986 fort. Erst in der 14. Begegnung wurde der Bann gebrochen.

Spanische Partie
Weiß: Kasparow
Schwarz: Karpow

1. e4	e5
2. Sf3	Sc6
3. Lb5	a6
4. La4	Sf6
5. 0—0	Le7
6. Te1	b5
7. Lb3	d6
8. c3	0—0
9. h3	Lb7

Das ist Karpows Lieblingsvariante, die er seit einem Jahrzehnt regelmäßig anwendet. Der Erfinder dieser Spielweise ist Karpows Sekundant, Großmeister Igor Saitzew, der letzte der ehemaligen Sekundanten des Exweltmeisters. Früher gehörten noch die Großmeister Michail Tal und Juri Balaschow zu Karpows Team, aber Tal arbeitet jetzt lieber mit Kasparow, und Balaschow schied kürzlich aus unbekannten Gründen aus.
Zurück zu der Partie:

10. d4	Te8

Der vielleicht einzige Nachteil der Saitzew-Variante besteht darin, daß Weiß auf Wunsch remisieren kann: 11. Sg5 (mit Angriff gegen f7) 11. ... Tf8 12. Sf3, und

Schwarz hat kaum einen nützlicheren Zug als 12. ... Te8, wonach 13. Sg5 wieder ... Tf8 erzwingt — also Remis.
Gerade wegen dieser Remisschaukel spielt Karpow diese Variante nur gegen sehr starke Spieler, gegen die er als Nachziehender mit Remis einverstanden ist — zum Beispiel gegen Kasparow. Dieser aber strebt mehr an:

11. Sbd2	Lf8
12. a4	h6

In der Zeitschrift „Schach Magazin 64" (Ausgabe 11/86) veröffentlichte der israelische Internationale Meister und bekannte Theoretiker Lew Gutman eine sehr interessante Abhandlung „So könnte Karpow im dritten Wettkampf gegen Kasparow spielen". In diesem Beitrag befaßte sich L. Gutman mit jenen „spanischen" Partien, die Karpow und Kasparow gegeneinander gespielt hatten. Er sagte richtig voraus, daß Kasparow auch diesmal 12. a4 spielen wird. Sonst ging Gutmans Prognose (Karpow antwortet 12. ... Dd7) jedoch nicht auf. Es ist halt schwierig, Prognosen aufzustellen, selbst für einen Fachmann!

13. Lc2

Der Läufer c1 ist durch den Springer d2 verstellt. Es liegt also nahe, diesen Springer nach f1 zu befördern, um dem Lc1 freie Bahn zu verschaffen. 13. Sf1 scheitert jedoch an 13. ... exd4 14. cxd4 Sxe4. Der Textzug überdeckt den Zentrumsbauern.

13. ...	exd4
14. cxd4	Sb4
15. Lb1	c5
16. d5	Sd7
17. Ta3	

Hier wird die Idee von 12. a4 deutlich. Der Damenturm steht zum Einsatz am Königsflügel bereit, etwa nach dem Schema Sh2, Tg3 und Sg4.

17. ...	c4
18. axb5	axb5
19. Sd4	

Naheliegend warnun die Überdeckung des Bauern b5 mittels 19. ... Db6, wonach Weiß energisch mit 20. Sf5 Se5 21. Tg3 g6 22. Sf3 fortsetzen kann, mit guten Angriffschancen am Königsflügel. Es folgte jedoch überraschend:

19. ...	Txa3
20. bxa3	Sd3
21. Lxd3	cxd3

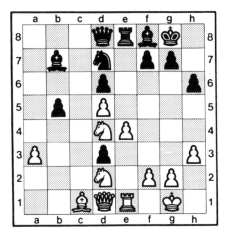

Die Eröffnungsphase ist abgeschlossen, und Schwarz hat eine desolate Bauernstellung (Schwächen d3 und b5) sowie zwei eingesperrte Läufer. Das kann doch nicht „im Sinne des Erfinders" sein?

Im Pressezentrum beschäftigten sich mehrere Experten mit dieser Stellung, und sie kamen überrascht zu dem Schluß: der optische Eindruck trügt; Schwarz steht gar nicht so schlecht!

So erweist sich zum Beispiel der Bauernraub 22. Sxb5 als zu riskant nach 22. ... f5! 23. exf5 Txe1+ 24. Dxe1 Da5 25. Sd4 Dxd5. Das weiße Bauernzentrum fällt auseinander, und der „totgesagte" Läufer b7 lebt auf; Schwarz steht gut.

Auch 22. S2b3 (mit der Absicht Dxd3) ist für Schwarz zufriedenstellend: 22. ... Db6 23. Te3 (23. Dxd3 Lxd5!, da der Turm e1 ungedeckt ist) 23. ... Sc5 24. f3 (schlechter wäre 24. Sxc5? dxc5 25. Sf5 c4) 24. ... Sxb3 25. Sxb3 Lxd5 mit verwickelter Stellung.

Kasparows Antwort dürfte die beste Lösung sein:

22. Lb2! Da5

Damit wird der Bauer d3 indirekt geschützt: 23. S2b3 Da4 24. Te3 (24. Dxd3? Lxd5) 24. ... Se5! nebst ... Sc4.

23. Sf5 Se5

Mit der Absicht 24. f4 Sg6 mit sicherer Stellung.

24. Lxe5 dxe5

Großmeister Gufeld schlug hier 24. ... Txe5 vor, zum Beispiel 25. Sf3 Txf5!? 26. exf5 Lxd5 27. Te3 (27. Dxd3?? Lxf3 — der Te1 hängt) 27. ... Lc4 28. Se1 d5 29. Sxd3 Dxa3 mit einer für Schwarz vielleicht haltbaren Stellung. Karpow wählte eine solidere Fortsetzung:

25. Sb3 Db6

Nicht aber 25. ... Dxa3 26. Dxd3 mit Vorteil für Weiß; der Bauer b5 ist schwach, der Bauer d5 steht dagegen sehr gut.

26. Dxd3	Ta8
27. Tc1	g6
28. Se3	Lxa3
29. Ta1	Ta4?

107

Dieser Zug wurde zu Recht kritisiert. Der einfache Rückzug 29. ... Lf8 war besser, zum Beispiel 30. Txa8 Lxa8 31. Dc3 Db8 (32. Sg4 Lg7).

30. Sg4   Lf8

Nun verliert 31. Sxe5 wegen ... Txa1+ 32. Sxa1 Df6, aber Weiß muß ja nicht auf e5 schlagen.

31. Tc1

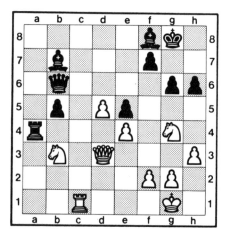

31. ...   Dd6?

Diesen zweiten Fehler verkraftet die schwarze Stellung nicht mehr. Zu versuchen war 31. ... Lg7 32. Sc5 (32. d6 ist wegen ... Lxe4 verfrüht) 32. ... Ta8 nebst ... h5 und ... Lf8. Wenn auch Weiß sicherlich besser steht, ist die Partie noch lange nicht entschieden. Nach dem Textzug geht es mit Schwarz schnell bergab:

32. Sc5

Nach 32. Dxb5 erhält Schwarz mittels 32. ... Tb4 33. Dd3 f5! gutes Gegenspiel, wie der Internationale Meister Wirthensohn entdeckte.

32. ...   Tc4

Oder 32. ... Ta7 33. Dxb5 mit klarem Vorteil für Weiß.

33. Txc4   bxc4
34. Sxb7

Damit wickelt Weiß zu einem gewonnenen Endspiel ab. Der Rest ist einfach:

34. ...   cxd3
35. Sxd6   Lxd6
36. Kf1   Kg7
37. f3   f5
38. Sf2   d2
39. Ke2   Lb4
40. Sd3   Lc3
41. Sc5

Das war der Abgabezug und zugleich der letzte Zug in dieser Partie. Solche Stellungen werden in Großmeisterpartien nicht mehr verteidigt; sie sind völlig chancenlos.

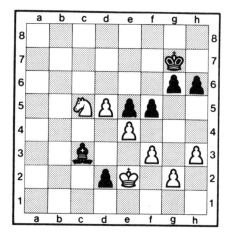

Eine denkbare Folge ist: 41. ... Kf6 42. Sb3 Ke7 43. Sxd2 Kd6 (das Bauernendspiel nach ... Lxd2 ist natürlich für Schwarz verloren) 44. Kd3 Lb4 45. Sb3 Le1 46. Kc4 Lf2 47. Kb5 Le3 48. Sa5 nebst Sc4+. Der schwarze König wird mit geeigneten Springerschachs systematisch abgedrängt.

Schwarz gab auf.

Zeit: 2.38/2.29

15. Partie

10. September

Zur Eröffnungsphase dieser Partie gibt es einen sehr bekannten Vorläufer, eine der berühmtesten Partien der Schachgeschichte. Die zentrale Begegnung der Schacholympiade in Varna 1962 war der Wettkampf UdSSR — USA. Am ersten Brett der sowjetischen Mannschaft spielte der amtierende Weltmeister Michail Botwinnik, das USA-Team wurde von dem aufgehenden Stern Bobby Fischer angeführt. Vor der Partie kündigte Fischer an, er würde Botwinnik „heute einen Bauern abnehmen". Er behielt recht:

Botwinnik — Fischer: 1. d4 Sf6 2. c4 g6 3. Sc3 d5 4. Sf3 Lg7 5. Db3 dxc4 6. Dxc4 0-0 7. e4 Lg4 8. Le3 Sfd7 9. Td1 Sc6 10. Le2 Sb6 11. Dc5 Dd6 12. h3 Lxf3 13. gxf3 (13. Lxf3 Dxc5 14. dxc5 Sc4 ist gut für Schwarz) 13. . . . Tfd8 14. d5 Se5 15. Sb5 Df6 16. f4 (16. Sxc7? Sxf3+) 16. . . . Sed7 17. e5 Dxf4! (Fischers Neuerung) 18. Lxf4 Sxc5 19. Sxc7 Tac8 20. d6 (20. Sb5 Sxd5) 20. . . . exd6 21. exd6 Lxb2. Wie angekündigt, gewann Fischer einen Bauern. Dennoch gelang es Botwinnik, diese Partie remis zu halten. Dem berühmten Endspiel aus dieser Partie wurde unter anderem ein interessanter Beitrag von V. Budde „Dynamische Endspiele" gewidmet, veröffentlicht in der Zeitschrift „Schach Magazin 64", Ausgabe 20/84. In diesem Artikel wurden die Analysen von Botwinnik, Fischer und Kasparow gegenübergestellt.

24 Jahre später folgten Karpow und Kasparow den Spuren dieser legendären Partie:

Grünfeld-Indische Verteidigung
Weiß: Karpow
Schwarz: Kasparow

1. d4	Sf6
2. c4	g6
3. Sc3	d5
4. Sf3	

Karpow nimmt Abschied von 4. Lf4, was er in den Partien 5, 9 und 11 spielte.

4. . . .	Lg7
5. Db3	dxc4
6. Dxc4	0-0
7. e4	

Weiß besetzt das Zentrum und scheint im Vorteil zu sein. Der Exweltmeister Wassili

Smyslow entdeckte jedoch bereits vor gut 30 Jahren eine wirksame Umgruppierung der schwarzen Leichtfiguren:

7. . . .	Lg4
8. Le3	Sfd7

Dieser Springer strebt nach b6. Zum einen wird die weiße Dame angegriffen, zum anderen öffnet sich für den Läufer g7 die Diagonale a1-h8. Dadurch wird Druck gegen den Punkt d4 ausgeübt: das Hauptmotiv der Grünfeld-Indischen Verteidigung.

Dagegen ist 8. . . . Lxf3 ungebräuchlich. Der weiße Doppelbauer fällt kaum ins

Gewicht, eher schon das weiße Läuferpaar und die Stärkung des weißen Zentrums.

9. Td1   Sc6

Eine weitere Raffinesse des Smyslow-Plans. Der „Tritt" 10. d5? erweist sich als Bumerang nach 10. . . . Sce5 11. De2 (sonst verliert Weiß die Qualität) 11. . . . f5! mit entscheidender Öffnung der f-Linie, zum Beispiel 12. h3 Lxf3! 13. gxf3 fxe4, und gegen . . . Sxf3+ ist kein Kraut gewachsen.

10. Le2   Sb6
11. Dc5

Nach Auswertung der Erfahrungen mit anderen Rückzügen der weißen Dame einigten sich die Experten: auf c5 steht die weiße Lady am besten.

Schwarz muß nun auch seine Dame in Bewegung setzen, um seine Türme ins Spiel bringen zu können. 11. . . . Dd7 ist jedoch wegen 12. Lb5 offensichtlich ungenügend.

11. . . .   Dd6

Soweit auch die Partie Botwinnik — Fischer, in der weiter 12. h3 geschah. Karpows Zug ist möglicherweise eine bedeutende Verstärkung:

12. e5!   Dxc5
13. dxc5

13. . . .   Sc8

Der Rückzug 13. . . . Sd7 führt nach 14. e6! Lxe6 (14. . . . fxe6?? 15. Txd7) 15. Sg5! zum Vorteil für Weiß, zum Beispiel 15. . . . Sf6 (15. . . . Lf5? verliert eine Figur nach 16. g4!) 16. Sxe6 fxe6 17. Lc4 Sd8 18. Sb5 (18. 0-0? c6 nebst . . . Sd5) 18. . . . c6 19. Sc7 Tc8 20. Lxe6+! Sxe6 21. Sxe6 Tfe8 21. Ld4, und Weiß steht besser.

14. Sb5?!

In der 17. Partie verbesserte Karpow diese Variante mit 14. h3!, doch mehr darüber später.

14. . . .   Tb8
15. Sxc7   e6
16. Sb5

Bei diesem und seinem nächsten Zug überlegte Karpow jeweils eine gute halbe Stunde. Offensichtlich war er mit dem Verlauf der Abwicklung nicht ganz zufrieden: Schwarz kann ja den Bauern auf e5 jederzeit zurückgewinnen. Kasparow läßt sich jedoch Zeit und bringt zunächst seine Figuren ins Spiel:

16. . . .   S8e7
17. Td2   b6

Der Sinn dieses Zuges, bei dem Kasparow 34 Minuten lang überlegte, wird aus folgender Variante ersichtlich: 17. . . . a6 18. Sd6 Lxf3 19. Lxf3 Sxe5 20. Lxb7.

Ohne den Tausch auf f3 kann Schwarz den Bauern e5 nicht zurückgewinnen. Nach diesem Abtausch aber nimmt der auf f3 auftauchende weiße Läufer den Bauern b7 unter Beschuß. Es ist also für Schwarz ratsam, den Bauern von b7 zu entfernen.

18. cxb6   axb6
19. Lg5   Sf5
20. b3   h6
21. Lf6

Nun ist es für Schwarz an der Zeit, den geopferten Bauern zurückzuerobern. Nach zahlreichen Figurenabtäuschen verflacht das Spiel, und das nahende Remis kündigt sich an.

21. . . .   Lxf3

22.	Lxf3	Sxe5
23.	Lxe5	

23. Lxg7? Sxf3+ ist für Weiß natürlich indiskutabel.

23.	...	Lxe5
24.	0-0	Tfd8
25.	Tfd1	Txd2
26.	Txd2	Tc8
27.	g3	Tc1+
28.	Kg2	Kf8

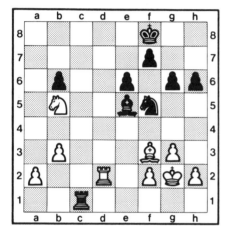

Der letzte interessante Moment in dieser Partie. Scheinbar bringt der Ausfall **29. Td7** Weiß in Vorteil, aber nach **29. ... Tc2** führt keine Fortsetzung zum erwünschten Ergebnis:

Voller Konzentration setzt sich Karpow ans Brett

A) 30. Tb7 Sd4! 31. Txb6 (noch schlechter wäre 31. Sxd4 Lxd4 mit Verlust des Bauern f2) 31. ... Sxb5 32. Txb5 Ld4 nebst ... Txf2+.

B) 30. a4 Ke8! 31. Tb7 Sd4 mit Übergang in die vorige Variante; das Einschalten der Züge a2-a4 und ... Ke8 ändert die Stellung nicht wesentlich.

In der Partie folgte nur noch:

29.	Le4	Ke7

Remis auf Vorschlag von Karpow.
Zeit: 2.05/2.13

16. Partie

12. September

In dieser Begegnung stellten die Gegner einen Rekord auf: Sie absolvierten die schnellste Eröffnungsphase in den mittlerweile schon 91 Partien, die Karpow und Kasparow gegeneinander gespielt haben. Für die ersten 17 Züge verbrauchten sie jeweils ca. fünf Minuten. Das ist ungefähr die Zeit, die man braucht, um diese Zugzahl auszuführen und in aller Ruhe aufzuschreiben; fürs Nachdenken bleibt keine Zeit übrig.

Es gab auch nichts zu überlegen: die Kontrahenten haben einfach die Eröffnungszüge der 14. Partie wiederholt, beide im Vertrauen darauf, ihre Eröffnungsvorbereitung sei besser. Wer hatte recht?

Spanische Partie
Weiß: Kasparow
Schwarz: Karpow

1. e4	e5
2. Sf3	Sc6
3. Lb5	a6
4. La4	Sf6
5. 0—0	Le7
6. Te1	b5
7. Lb3	d6
8. c3	0—0
9. h3	Lb7
10. d4	Te8
11. Sbd2	Lf8
12. a4	h6
13. Lc2	exd4
14. cxd4	Sb4
15. Lb1	c5
16. d5	Sd7
17. Ta3	c4

Bis hierhin ist diese Partie eine exakte Kopie der 14. Begegnung, in der Kasparow nun 18. axb5 spielte. Diesmal beschreitet er andere Wege:

18. Sd4	Df6
19. S2f3	Sc5!

Karpow spielt hier (und im ganzen Mittelspiel) sehr energisch. Er opfert den Bauern b5, wofür er gute taktische Chancen am Damenflügel erhält. Dabei spielt besonders das Feld d3 eine große Rolle, auf dem sich im 25. Zug ein riesig stehender Springer einnistet.

Kasparow war von dieser Idee offensichtlich überrascht. Er überlegte 33 Minuten lang und nahm schließlich das Opfer an.

20. axb5	axb5
21. Sxb5	

Eine andere Form der Annahme des Bauernopfers besteht in 21. Txa8 Txa8 22. Sxb5, aber nach 22. . . . Ta1 besitzt Schwarz aktives Spiel.

21. . . .	Txa3
22. Sxa3	

Viel schlechter wäre 22. bxa3? Sbd3 23. Lxd3 Sxd3 24. Te2 (24. Te3? verliert wegen . . . Da1! auf der Stelle) 24. . . . Da1 25. Tc2 Txe4 mit Vorteil für Schwarz.

Auf dem Weg zum Sieg...

22. ...   La6

Der „Zwischenstand an Bedenkzeit" (Weiß 64, Schwarz 14 Minuten) spricht für den Exweltmeister.

23. Te3

Weiß muß ständig mit dem Ausfall ... Sbd3 rechnen, wonach der Turm e1 angegriffen ist. Der Textzug bringt den Turm aus der Schußlinie. Gleichzeitig wird das sofortige 23. ... Sbd3 entschärft, da dann 24. Dc2 mit Angriff auf den Bauern c4 folgen würde. Deshalb spielt Schwarz zuerst ... Tb8, was ... Sbd3 nebst Einschlag auf b2 droht.

23. ...   Tb8
24. e5

Hier war vielleicht der Deckungszug 24. Se1 angebracht, aber derart passive Maßnahmen sind nicht Kasparows Stil!

24. ...   dxe5
25. Sxe5

Das Spiel verschärft sich zusehends. Weiß droht nun, den zweiten Bauern (auf c4) zu gewinnen. Andererseits stehen seine Figuren (Sa3, Te3, Lc1) nicht gerade harmonisch. Karpow suchte nun 63 Minuten lang nach einem optimalen Plan.

25. ...   Sbd3

Hier wurde der Abtausch auf d3 erwartet: 26. Lxd3 cxd3 27. Sb1 mit der Absicht, den Springer via c3 zu aktivieren. Die Experten im Presseraum waren sich einig, daß Schwarz über ausreichende Kompensation für den Bauern verfügen würde. Kasparow geht jedoch aufs Ganze:

26. Sg4   Db6
27. Tg3

Spätestens jetzt heißt es Tod oder Leben. Kasparow schreibt seinen Damenflügel ab, um sich ganz dem eigentlichen Ziel des Schachspiels zuzuwenden, nämlich der Mattsetzung des gegnerischen Königs.
Doch Schwarz ist ausgezeichnet entwickelt; insbesondere sein Springer auf d3 ist eine Macht. Der frühere Weltmeister Steinitz sagte einmal über einen solchen Springer im eigenen Lager: „Er ist wie ein rostiger Nagel in Deinem Knie" ...

27. ...   g6

Auch 27. ... Kh8 kam in Betracht.
Der weiße Angriff kommt nicht so recht auf Touren, zum Beispiel 28. Sxh6+ Lxh6 29. Lxh6 Dxb2:

A) 30. Dh5 (mit der Absicht Txg6+) wird durch 30. ... Dxf2+ 31. Kh2 Dxg3+ nebst ... gxh5 widerlegt.

B) 30. Df3 Dxa3 31. Df6 Txb1+ 32. Kh2 Da1. Das Mattfeld g7 ist gedeckt, und Schwarz besitzt zwei Figuren mehr.

C) 30. Lxd3 cxd3! (30. ... Sxd3 31. Sc2) gewinnt ebenfalls den Sa3.

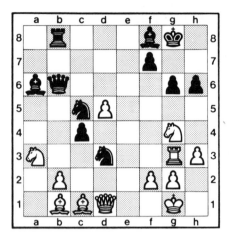

So gesehen, kommt nur der Textzug in Frage:
28. Lxh6 Dxb2
29. Df3
Der Springer a3 ist ohnehin nicht mehr zu retten. Schwarz tut jedoch gut daran, diesen Gaul noch am Leben zu lassen, wenn er gewinnen will: 29. ... Dxa3(?) 30. Sf6+ Kh8 31. Dh5!!

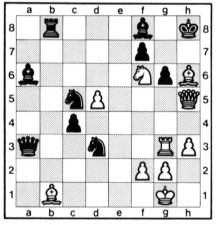

Analyse-Diagramm

Die weiße Dame darf wegen Tg8 matt nicht geschlagen werden. Andererseits droht Weiß 32. Lxf8+, und nach ... gxh5 folgt wieder Tg8 matt. Erzwungen ist daher 31. ... Txb1+ 32. Lc1+ Kg7 33. Se8+ Kg8 34. Sf6+ mit Remis durch Dauerschach — eine wirklich spektakuläre Variante!
Schwarz reagiert richtig, indem er das Feld d7 unter Kontrolle nimmt:
29. ... Sd7
30. Lxf8 Kxf8
Möglich war hier auch 30. ... Txf8. Großmeister Wolfgang Unzicker schrieb dazu in seiner Schachecke (Münchener Merkur vom 17. September) folgenden Kommentar:
„Nun droht Schwarz einfach mit 32. ... Dxa3. Weiß muß in diesem Fall **31. Sh6+** versuchen. Nach 31. ... Kh7 32. Sxf7 Dxa3 hätte es Schwarz angesichts seiner ungesicherten Königsstellung noch ziemlich schwer. Nach 32. Dg4 Dc1+ 33. Kh2 Dh1+ 33. Kxh1 Sxf2+ 34. Kg1 Sxg4 35. Txg4 wäre Remis wahrscheinlich. Spielt Schwarz (nach 31. Sh6+) **Kg7**, so folgt 32. Sf5+ Kh7 33. De3 Df6 mit nicht ganz klaren Folgen, nicht jedoch 33. ... gxf5? 34. Dg5 Df6 35. Dh5+ Dh6 36. Dxf5+ Kh8 37. Dxd7."
31. Kh2!
Parallele zur 8. Partie. Alles hängt, alles brennt — und der Weltmeister sucht für seinen König erst einmal einen Ruheplatz.
Dieser scheinbare Gleichmut wird jedoch von der Not diktiert. Im Grunde genommen steht Weiß auf Verlust, wenn es ihm nicht gelingt, in einer Treibjagd den schwarzen König zu erlegen. Der Angriff muß gegen den Punkt f7 geführt werden, und dazu braucht Weiß den Zug Sg4-h6. Bei Stellung des weißen Königs auf g1 würde in diesem Fall einfach ... Dc1+ nebst ... Dxh6 folgen.
31. ... Tb3
32. Lxd3
In diesem Moment war das Verhältnis der verbrauchten Bedenkzeit noch für Schwarz günstig (2.21/1.59), und auch deshalb zweifelte kaum jemand an der bal-

digen Niederlage des Weltmeisters. Doch Karpow begann zu grübeln, als ob er unbegrenzt Zeit zur Verfügung hätte. Er verbrauchte für seinen 32. Zug 28 Minuten und geriet dadurch in schreckliche Zeitnot: drei Minuten für acht Züge sind in dieser hochkomplizierten Stellung einfach zu wenig! Im Analyseraum kommentierte Großmeister Gufeld: „Wenn ein Genie in Zeitnot gerät, dann spielt es nicht mehr genial. Ich glaube, Karpow steht auf Gewinn, aber er hat zu wenig Zeit".
Was hat Karpow so beschäftigt?

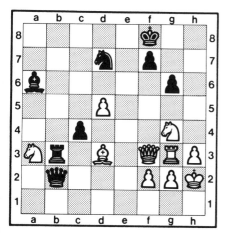

Neben der Textfortsetzung kann Schwarz noch zwei andere Züge spielen:

A) **32. ... Txd3 33. Df4**
a1) **33. ... Dxa3** 34. Sh6 Ke7 (34. ... De7 35. Txg6 — drohend Tg8 matt — 35. ... De5 36. Dxe5 Sxe5 37. Txa6 Txd5 mit besserem Endspiel für Weiß) 35. Dxf7+ Kd8 36. Txg6 „mit guten Chancen für Weiß" (Unzicker).
a2) **33. ... Txg3** 34. Dd6+ Ke8 35. fxg3 Db7 (rettet den Läufer a6; nicht jedoch 35. ... Db6? 36. Sf6+! und gewinnt) 36. Sc2 mit der Drohung Sd4-c6 und Vorteil für Weiß.
B) **33. ... Dxa3** führt nach 34. Df4 Txd3 in die soeben besprochene Variante.

Karpows Zug ist offenbar besser:
32. ... cxd3
Nun ist ein äußerst gefährlicher Freibauer entstanden, zwei Felder vor der Umwandlung in eine Dame. Zudem ist der Springer a3 unweigerlich verloren. Dennoch können die restlichen weißen Figuren die Partie noch retten:
33. Df4
Der Höhepunkt der Partie. Nach 33. ... d2 34. Dd6+! (nicht 34. Sh6? Se5) 34. ... Kg7 35. Txb3 Dxb3 36. Se3 Le2 37. Dxd7 Dxa3 38. d6 Dxe3 (ein etwas schlechteres Damenendspiel erreicht Schwarz nach 38. ... d1-D 39. Sxd1 Lxd1 40. Dc7 La4 41. d7 Lxd7 42. Dxd7) 39. fxe3 d1-D 40. De7 Lb5 41. De5+ Kg8 42. Dxb5 Dxd6+ mit wahrscheinlichem Remis,wenn auch Schwarz noch kämpfen muß.
Kritisch war jedoch **33. ... Txa3 34. Dd6+** (34. Sh6 Df6!) **34. ... Kg7 35. Dxd7 d2 36. Txa3 Dxa3 37. Dc7!** (der einzige Zug), wonach die Partie remis endet:

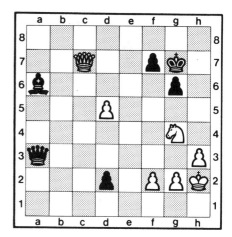

Analyse-Diagramm

A) 37. ... d1-D 38. De5+ Kg8 39. Sf6+ ergibt Remis durch Dauerschach;
B) 37. ... Db2 38. Se5 Db7 39. Dc3!! (nicht aber 39. Dc2 Dxd5) 39. ... d1-D

(39. ... Dxd5 40. Sf3+ nebst Dxd2) 40. Sd7+, und wieder kann Schwarz das Dauerschach nicht vermeiden. (Varianten teils nach Unzicker)
In Zeitnot unterläuft Karpow der vielleicht einzige Fehler in dieser aufregenden Partie:

33. ...	Dxa3?
34. Sh6	De7

Der Fluchtversuch 34. ... Ke7 endet für Schwarz schlecht: 35. Te3+ Kd8 36. Sxf7+ Kc8 37. Sd6+ Kd8 (nach anderen Königszügen zieht der Springer nach c4 mit Schach ab und gewinnt die schwarze Dame) 38. Te8+ Kc7 39. Sc4+ mit Damengewinn.

35. Txg6	De5

Darauf hat sich Karpow verlassen. Die angreifende weiße Dame ist gefesselt, doch der unscheinbare Bauer d5 bringt die Entscheidung:

36. Tg8+	Ke7
37. d6+!	Ke6

Oder 37. ... Kxd6 38. Sxf7+ bzw. 37. ... Dxd6 38. Sf5+, jeweils mit Damengewinn.

38. Te8+	Kd5
39. Txe5+	Sxe5
40. d7!	

Der kürzeste Gewinnweg. 40. ... Sxd7 verliert nach 41. Dxf7+ nebst Dxb3.

40. ...	Tb8
41. Sxf7	

Karpow dachte nun (zum Schein?) über seinen Abgabezug nach. Kasparow stand auf und verließ die Bühne. In diesem Moment unterschrieb Karpow sein Formular und teilte dem Schiedsrichter mit, daß er aufgebe. Kasparow, der noch in Sichtweite war, machte kehrt und ging zurück. Doch der übliche Handschlag nach der Partie blieb aus: Karpow wartete nicht, bis sein Gegner die letzten Meter zurückgelegt hatte, sondern verschwand hastig in eine andere Richtung. Auch Karpows Freundin Natascha lief aus dem Saal ...

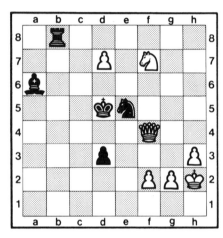

Schwarz gab auf.
Zeit: 2.24/2.29

17. Partie

13. September

Welche Wettkampftaktik ist angebracht, wenn man mit drei Punkten Vorsprung führt? Für die meisten Schachprofis ist das keine Frage. „Selbstverständlich mauern", sagen sie, „ein Remis nach dem anderen, vielleicht geht's einmal daneben, aber das macht nichts. Hauptsache, ein noch so kleiner Vorsprung wird bis ins Ziel gerettet".
Ein Kämpfer wie Kasparow denkt nicht so. Einer seiner Vorgänger, der „Schachzauberer" Michail Tal (Weltmeister 1960-61), der neuerdings Kasparow bei der Vorbereitung hilft und ihn deshalb sehr gut kennt, meinte dazu: „Kasparow spielt nicht nur um den Titel (zu behalten), er spielt um den Ruf des Weltmeisters".
Getreu dieser Devise, setzte der Weltmeister im letzten Drittel des Wettkampfes das Spiel mit vollem Risiko fort. „Den Mutigen gehört die Welt", so das bekannte Sprichwort, „selbst wenn sie damit manchmal auf die Nase fallen", möchten wir ergänzen.

Grünfeld-Indische Verteidigung
Weiß: Karpow
Schwarz: Kasparow

1. d4	Sf6
2. c4	g6
3. Sc3	d5
4. Sf3	Lg7
5. Db3	dxc4
6. Dxc4	0—0
7. e4	Lg4
8. Le3	Sfd7
9. Td1	Sc6
10. Le2	Sb6
11. Dc5	Dd6
12. e5	Dxc5
13. dxc5	Sc8

Bis jetzt verlief alles nach dem Vorbild der 15. Partie, in der Karpow 14. Sb5 spielte. In häuslicher Analyse entdeckte er, oder einer seiner Sekundanten, eine interessante Verbesserung.

14. h3 Lxf3

Zieht der Läufer zurück, zum Beispiel nach e6, so festigt Weiß mittels 15. Lf4 das Zentrum und behält bessere Aussichten, da der Springer c8 unglücklich steht. Zum gleichen Ergebnis führt 14. . . . Lf5 15. g4 Le6 16. Lf4.

15. Lxf3

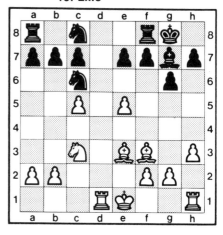

15. ... Lxe5?

Das ist mehr als risikoreich! Vielleicht unterschätzte Kasparow seinen vermeintlich angeschlagenen Gegner. Viel besser war 15. ... Sxe5 16. Lxb7 Tb8. Da 17. Lxc8 Tfxc8 18. b3 Sf3+! 19. gxf3 Lxc3+ für Schwarz in Ordnung ist, dürfte weiter folgen 17. c6 Sc4 18. Sd5 S4d6! (nach etwa 17. ... Sxe3? 18. fxe3! droht Weiß Lxc8 nebst Sxe7+), und es ist nicht zu sehen, wie Weiß vorankommen soll.

A) 18. Sxc7 Sxb7 19. cxb7 Txb7 ist gut für Schwarz.
B) 18. Lxc8 Sxc8
b1) 19. b3 Le5 20. 0—0 e6 21. Sf4 Se7 ist unklar; wahrscheinlich in etwa ausgeglichen.
b2) 19. Sxc7 Txb2 20. 0—0 Txa2 ist schwer einzuschätzen. Der weiße Bauer c6 ist stark, aber Schwarz hat immerhin einen Bauern mehr.

16. Lxc6 bxc6
17. Ld4! Lf4

Nach 17. ... Lxd4 18. Txd4 wäre Td7 nicht zu verhindern.

18. 0—0 a5?!

Der Internationale Meister Stefan Kindermann sieht in seinem Kommentar („Süddeutsche Zeitung" vom 19. September) Parallelen zu der fünften Partie: „Bemerkenswert ist übrigens, daß Kasparow ebenso wie in seiner anderen Verlustpartie, der fünften Partie nämlich, in schlechterer Position ein ziemlich irrationales Rennen mit seinem a-Randbauern begann, was in beiden Fällen eigentlich wenig ausrichtete."

Deutlich besser als der Textzug war 18. ... e5! 19. Le3 Lxe3 20. fxe3 Se7 21. Td7 Sf5, mit einer für Schwarz noch spielbaren Stellung. In der Partie gerät Kasparow in eine aussichtslose Lage.

19. Tfe1 a4
20. Te4 Lh6
21. Le5 a3
22. b3 Sa7

Der unglückliche Springer wird endlich ins Spiel gebracht. Inzwischen konnte Weiß seine Figuren ideal postieren, und er beginnt nun mit der reichen „Ernte".

23. Td7 Lc1
24. Txc7

Natürlich nicht 24. Txe7 Lb2 25. Txc7? Lxc3 26. Lxc3 Sb5.

24. ... Lb2
25. Sa4 Sb5

Sonst folgt Sa4-b6, und eine der beiden schwarzen Figuren auf der a-Linie geht verloren.

26. Txc6 Tfd8
27. Tb6 Td5

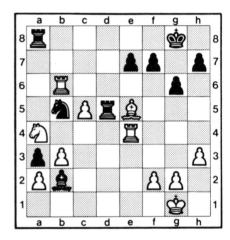

In der Hoffnung auf 28. Lxb2? gespielt. Danach könnte 28. ... axb2 29. Sxb2 Txa2 30. Txb5 Txb2 31. Txe7 Td1+ 32. Kh2 Txf2 nebst ... Tdd2 mit guten Remischancen folgen. Ein anderer Stolperstein ist 28. Sxb2? Txe5! 29. Txe5 axb2 30. Te1 Sc3 nebst b1-D. Aber Karpow läßt nicht locker:

28. Lg3 Sc3
29. Sxc3 Lxc3
30. c6 Ld4
31. Tb7

Die beiden Drohungen (Texe7 und c6-c7 nebst Tb8+) sind nicht mehr abzuwehren.

Schwarz gab auf.
Zeit: 1.38/2.12

18. Partie

19. September

Verliert ein Spieler eine Partie wie die vorhergehende, so ist es für ihn, oder zumindest für seine psychische Verfassung, nicht weiter schlimm. Fassen wir die Ursachen des Partieverlustes zusammen: Die etwas mißlungene Eröffnung (also wird sie überprüft), ein zu riskanter Zug (das nächste Mal eben vorsichtiger) und das gute Spiel des Gegners. So bilanziert ein Schachprofi, und er kann Niederlagen wie diese gut wegstecken.

Viel schlimmer ist es für einen Spieler, wenn er eine Gewinnstellung herausspielt, dann aber mehrmals danebengreift und zuerst den Sieg und dann das Remis verschenkt. Genau das geschah in der 18. Partie, die Kasparow sicher noch lange in sehr unangenehmer Erinnerung bleiben wird.

Damenindische Verteidigung

Weiß: Kasparow
Schwarz: Karpow

1. d4	Sf6
2. c4	e6
3. Sf3	b6
4. Sc3	Lb7
5. Lg5	Lb4
6. e3	h6
7. Lh4	

Diese Eröffnungsvariante spielte Kasparow zweimal in seinem Wettkampf gegen den holländischen Großmeister Jan Timman. Dieser setzte jeweils mit 7. . . . g5 8. Lg3 Se4 fort. Weiter folgte 9. Dc2 Lxc3+ 10. bxc3 d6 11. Ld3 f5 12. d5 Sc5 13. h4 g4 14. Sd4 Df6 15. 0—0. Hier verzweigten sich die Wege, doch beide Male opferte Kasparow chancenreich einen Springer:

A) (4. Matchpartie) 15. . . . Sba6 16. Sxe6 Sxe6 17. Lxf5.

B) (6. Matchpartie) 15. . . . Sxd3 16. Dxd3 e5 17. Sxf5 Lc8 18. Sd4.

In beiden Fällen erhielt Weiß in seiner beweglichen Bauernmasse gute Kompensation für die geopferte Figur, und in beiden Fällen gewann Kasparow nach langem Kampf das Endspiel.

Karpow hat diese Partie bestimmt gründlich untersucht. Offenbar ist er zu dem Schluß gekommen, die weiße Angriffsstrategie sei in Ordnung. Für die WM legte er sich ein anderes Verteidigungskonzept zurecht:

7. . . .	Lxc3+
8. bxc3	d6

Dieses strategische Motiv ist aus anderen Eröffnungen gut bekannt. Es könnte zum Beispiel folgen 9. Ld3 Sbd7 10. 0—0 De7 11. Dc2 e5 (drohend . . . e4) 12. e4 0—0—0 mit der Absicht . . . Tdg8, . . . g5 und . . . h5. Die Erfahrungen haben gezeigt, daß der schwarze Angriff am Königsflügel sehr schnell vorankommt.

Der Textzug richtet sich gegen diesen Plan.

9. Sd2

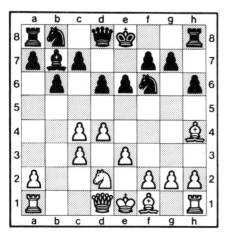

Wenn Schwarz die soeben skizzierte Strategie weiter verfolgt, so erweist sich der Zug Sd2 als sehr nützlich: 9. ... Sbd7 10. f3 (nimmt das Feld e4 unter Kontrolle, schränkt die Wirkung des Läufers b7 ein und verschafft dem Läufer h4 einen sicheren Platz auf f2) 10. ... De7 11. Le2 0—0—0 12. 0—0 g5 13. Lf2 Tdg8 14. a4 a5 15. Sb3 h5 16. c5!, und Weiß schafft als erster konkrete Drohungen. Man beachte den Unterschied zu der Anmerkung zum 8. Zug von Schwarz. Dort waren die weißen Figuren von den anrückenden Bauern bedroht, hier wird der schwarze Angriff mit Bauern aufgehalten, was meist wirkungsvoller ist.

Nach dem Zug 9. Sd2 ist also ein Bauernsturm am Königsflügel (in Verbindung mit der langen Rochade) für Schwarz nicht mehr erstrebenswert. Für Schwarz kommt deshalb nun der Plan 9. ... Sbd7 10. f3 De7 11. Le2 0—0 in Betracht. Karpows nächster Zug wurde von vielen Großmeistern getadelt und als Ursache der folgenden Probleme des Nachziehenden bezeichnet.

9. ...	g5?!
10. Lg3	De7

Wohin wird Schwarz rochieren? Die kurze Rochade kommt wegen h2-h4 kaum in Frage. In Erwartung der langen Rochade beginnt Weiß mit der Offensive am Damenflügel:

11. a4

Wenn Schwarz wirklich lang rochieren will, so muß er diesen Bauern rechtzeitig stoppen, wie folgende Variante belegt: 11. ... Sbd7 12. a5 0—0—0? 13. axb6 axb6 14. Da4 nebst c4-c5 und La6 und einem unabwendbaren Angriff.

11. ...	a5
12. h4!	

Damit erreicht Weiß die Öffnung der h-Linie, da 12. ... g4 wegen 13. h5 nebst Lh4 nicht in Betracht kommt.

12. ...	Tg8
13. hxg5	hxg5
14. Db3!	

Am Königsflügel (h-Linie) ist Weiß Herr der Lage, nun wendet er sich dem Damenflügel zu. Der Textzug unterbindet die naheliegende Entwicklung 14. ... Sbd7, wonach 15. c5! mit Vorteil für Weiß folgt (15. ... bxc5?? 16. Dxb7; 15. ... dxc5 16. Lxc7 nebst Sc4 und Gewinn des Bauern b6; 15. ... 0—0—0 16. cxd6 cxd6 17. Sc4 Dc7 18. Tb1 mit entscheidendem Einbruch auf der b-Linie).

14. ... Sbd7 geht also nicht gut, doch wohin mit dem Damenspringer? Neben dem Textzug bleibt noch 14. ... Sc6 übrig, doch danach ist 15. Th6! sehr unangenehm, da nach 15. ... 0—0—0 16. c5! dxc5 17. dxc5 (... Dxc5?? 18. Txf6) der Schutzwall um den schwarzen König zusammenbricht.

Die schwarze Stellung ist nicht leicht zu spielen, wovon Karpows Zeitverbrauch (30 Minuten) zeugt. Überhaupt kostete diese Partiephase beide Gegner sehr viel Zeit. Für ihre nächsten drei Züge verbrauchten beide Gegner jeweils ungefähr eine Stunde. Schon hier zeichnete sich die bald folgende beiderseitige Zeitnot ab.

14. ...	Sa6
15. Tb1	

Schwarz muß nun endgültig auf die geplante lange Rochade verzichten:

15. ... 0—0—0? 16. c5! dxc5 17. Sc4, und das nachfolgende Springeropfer auf b6 würde die Entscheidung bringen.
15. ... Kf8
Mit der Idee ... Kg7 nebst ... Th8 gespielt.
16. Dd1!

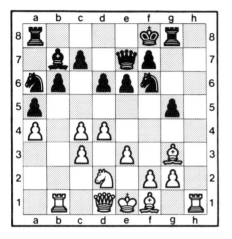

Dieser und der nächste Zug des Anziehenden kamen auch für Kenner überraschend. Erst in der Analyse stellte sich die tiefgründige Absicht des Weltmeisters heraus. Auf 16. ... Kg7 folgt 17. c5 dxc5 (sonst cxd6 mit Bauerngewinn auf b6) 18. Le5! Th8 19. Dg4! Txh1 (19. ... Kg6 20. Ld3+!; 19. ... Th6 20. Dxg5+ Tg6 21. Dh4 usw.) 20. Dxg5+ Kf8 21. Lxf6 Dd6 22. Dg7+ Ke8 23. Dg8+ Kd7 24. Dxf7+ Kc6 (24. ... Kc8 25. De8+ nebst matt) 25. Sc4 Df8 (sonst Damenverlust oder Matt nach Se5+) 26. Dxe6+ Dd6 27. d5 matt!
Schwarz ist es leid, die Drohung c4-c5 ständig im Auge behalten zu müssen, und er stellt deshalb den Läufer nach c6, um c4-c5 mit ... bxc5 beantworten zu können:
16. ... Lc6
17. Th2
Schützt den Bauern g2, um den Läufer f1 ins Spiel bringen zu können.

17. ... Kg7
18. c5!
Also doch!
18. ... bxc5
19. Lb5!
„Großartig gespielt! Die Verbindung der schwarzen Türme (wichtig, um auf der h-Linie opponieren zu können) wird nun unterbrochen, zum Beispiel 19. ... Lxb5 20. axb5 Sb8 21. dxc5 dxc5 (21. ... d5 22. b6!) 22. Df3 Ta7 (22. ... Sbd7 23. Lxc7 nebst 24. b6; 22. ... Sd5 23. c4 Sb6 24. Le5+ f6 25. Lxf6+ Dxf6 26. Th7+ Kg6 27. Th6+ usw.) 23. Ke2 Sbd7 24. Tbh1 mit ausgezeichneten Angriffschancen, da der Turm a7 abseits steht" (aus „Schach Magazin 64", 19/86).

19. ... Sb8
Nach 19. ... Dd7 20. De2! wird der Springer a6 nochmals angegriffen, so daß Schwarz in eine der soeben aufgeführten Varianten überleiten muß.
20. dxc5 d5
20. ... dxc5 21. Sc4 mit den Drohungen Le5 und Se5 ist für Schwarz schlecht.
21. Le5
Weiß stellt viele Drohungen auf, zum Beispiel 22. Dh5 nebst Dh6 matt. Also flüchtet der schwarze Monarch:
21. ... Kf8
22. Th6 Se8
23. Dh5 f6
24. Th7 Sg7
Interessant ist die weiße Angriffsführung nach dem Alternativzug 24. ... Tg7. Es folgt forciert 25. Dh6 fxe5 26. Th8+ Kf7 27. Dh5+ Tg6 28. Sf3 Df6 29. Sxe5+!! Dxe5 30. Ld3 Df6 (oder 30. ... Dxc3+ 31. Ke2 Df6) 31. Lxg6+ Ke7 (32. ... Dxg6 33. Tf8+) 33. Lxe8 Dxc3+ 34. Kd1!. Der weiße König steht sicher (... Lxa4+ 35. Lxa4), und Weiß besitzt entscheidenden materiellen Vorteil.
25. Df3 Kf7
26. Dh5+ Kf8
27. Df3 Kf7

121

An dieser Stelle hatte Kasparow nur noch acht Minuten an restlicher Bedenkzeit, während Karpow noch 28 Minuten zur Verfügung standen. Allerdings ist die schwarze Stellung schlechter, und daher hatte Karpow gegen ein Unentschieden nichts einzuwenden. Niemand hätte Kasparow einen Vorwurf gemacht, wenn er, angesichts des Zeitmangels in dieser komplizierten Stellung, remis gespielt hätte. Doch er wollte gewinnen.

28. Th6

„Eine irrationale Entscheidung, die aber auch Bewunderung verdient und einen ‚echten' Spieler gegenüber einem nüchternen Rechner kennzeichnet" (Stefan Kindermann, „Süddeutsche Zeitung" vom 22. September).

28. ...	Se8
29. e4	g4
30. Df4	Lxb5
31. Txb5	Sd7
32. Lxc7(?)	

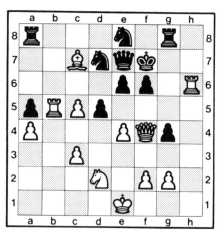

Nach Großmeister Wolfgang Unzicker war 32. Lxf6 Sexf6 33. e5 Sxe5 34. Dxe5 mit einem positionellen Vorteil für Weiß verbunden. Nach dem Textzug konnte Schwarz Remis erzwingen: 32. ... e5! 33. Df5 Sxc7 34. Dh5+ Kf8 35. Th7 Tg7 36. Th8+ Tg8 37. Th7; Weiß hat kaum etwas Besseres.

Mittlerweile geriet auch Karpow in Zeitnot. Er antwortete sehr schnell — und hätte dadurch beinahe verloren:

32. ...	Sxc5?
33. De3	Sxe4
34. Sxe4	

34. ... Sxc7? verliert nach 35. Sxf6 Sxb5 36. Sxd5! sehenswert:

A) 36. ... exd5 37. Th7+ Tg7 38. Txg7+ mit Damengewinn;

B) 36. ... Dd8 37. Dxe6+ mit Mattsetzung (37. ... Kf8 38. Tf6+ usw.; 37. ... Kg7 38. Tg6+ Kh8 — oder 38. ... Kh7 39. Df7+ nebst matt — 39. De5+ Kh7 40. Dh5 matt).

C) 36. ... Dd6 37. Tf6+ nebst matt oder Damengewinn;

D) 36. ... Dd7 37. Tf6+ Ke8 38. Txe6+ Kd8 39. Db6+ Sc7 40. Td6, und es ist aus!

Schwarz beseitigt den gefährlichen Springer:

34. ...	dxe4
35. Lxa5	f5
36. Lb4	Dd7
37. Dd4!	

37. ... Dxd4 kostet nach 38. Tb7+ Sc7 39. Txc7+ Ke8 40. Txe6+ Kd8 41. cxd4 einen Springer.

| 37. ... | Ta7 |

Der Münchener Großmeister Hans-Joachim Hecht fand heraus, daß hier **38. De5!** auf der Stelle gewinnt. Es droht viel, so zum Beispiel Tb6 nebst Txe6 oder auch Lc5 nebst Ld4.

A) **38. . . . Txa4?** (drohend . . . Ta1 + nebst . . . Dd3 matt) scheitert an der eleganten Ablenkung 39. Tb7! Dxb7 (vor den Turmschachs auf a1 und a2 versteckt sich der weiße König auf e3) 40. Dxe6 + Kg7 41. Dg6 matt.

B) **38. . . . e3** ist trickreich, aber dennoch ungenügend: 39. fxe3 Txa4 40. Tb7 Ta1 + 41. Kf2 Ta2 + 42. Kg1 Txg2 + (hofft auf 43. Kxg2? Dxb7 +) 43. Kf1!, und Weiß gewinnt leicht.

C) **38. . . . Sg7** 39. Df6 + nebst Tb8 + und Mattsetzung auf d8.

D) **38. . . . Tg7** 39. Tb6 Sc7 (39. . . . Txa4 40. Tb7 Dxb7 41. Dxe6 matt) 40. Df6 + nebst Df8 matt.

E) **38. . . . Tg6** ist noch am besten, wenn auch Weiß nach 39. Th8 (drohend Tf8 matt) . . . Tg7 40. Tb8 oder 39. . . . Tg8 40. Txg8 Kxg8 41. Lc5 Txa4 42. Ld4 nebst Dh8 + klar besser steht.

Das folgende überflüssige Turmschach erschwert die Aufgabe des Anziehenden.

38. Th7 + (?)   Sg7
39. a5?

Wirft den Gewinn endgültig weg. Nach 39. Lc5! besitzt Weiß gute Gewinnchancen, zum Beispiel 39. . . . Dxd4 (oder 39. . . . Tc7 40. Dxd7 +) 40. Lxd4 (40. . . . Txa4? 41. Tb7 + mit Figurengewinn), mit einem für Weiß sehr günstigen Endspiel wegen des starken entfernten Bauern auf der a-Linie.

39. . . .   Kg6!
40. Dxd7

Traurige Notwendigkeit, da 40. Th1 (oder Th4) nach . . . Dxb5 41. Dxa7 Dd3! verliert (die Drohungen lauten 42. . . . Db1 + und 42. . . . Td8).

41. . . .   Txd7
41. Th4

Das war der Abgabezug. Kasparows Sekundant, Großmeister Josip Dorfman, machte kein Hehl daraus, daß er die Stellung seines „Chefs" für aussichtslos hielt. Doch es sollte noch einmal interessant werden in dieser Partie . . .

41. . . .   Tgd8
42. c4

Das Feld d2 muß vor dem Einfall der schwarzen Türme geschützt werden; diese Aufgabe übernimmt der Läufer b4. Ohne den Zug c3-c4 kommt Weiß nicht aus, man sehe: 42. a6? Td1 + 43. Ke2 T8d2 + 44. Ke3 Kg5! (greift den Turm h4 an und, was viel wichtiger ist, nimmt dem weißen König das Fluchtfeld f4) 45. Th2 Ta2!, und gegen . . . Td3 matt ist nichts mehr zu erfinden.

42. . . .   Td1 +
43. Ke2   Tc1
44. a6   Tc2 +
45. Ke1   Ta2
46. Tb6   Td3

Die Hauptdrohung lautet . . . Tb3 nebst . . . Tb1 matt. Mit dem Zug

47. c5

verhindert Weiß diese Absicht. Da der weiße Turm nun gedeckt ist, kann 47. . . . Tb3 mit 48. Ld2 beantwortet werden.

47. . . .   Ta1 +
48. Ke2   Ta2 +

Die Zugwiederholung dient allein der Zeitersparnis: an Remis denkt Karpow nicht mehr!

49. Ke1   g3
50. fxg3   Txg3
51. Kf1!

Vermeidet 51. c6 Tgxg2 52. Kf1 Tgb2! mit undeckbarem Matt mittels . . . Ta1 + oder . . . Tb1 + (Unzicker).

51. . . .   Tgxg2
52. Le1

So kann wenigstens die Drohung des Grundreihenmatts gebannt werden. Allerdings ist der weiße König nach wie vor in Gefahr, denn Schwarz setzt bald seine Bauern ein.

52. ...   Tgc2
53. c6   Ta1
54. Th3

Um die Drohung ... Tcc1 mit 55. Te3 parieren zu können.

54. ...   f4

Es sieht völlig hoffnungslos aus für Weiß. Was soll man bloß gegen ... Tcc1 unternehmen?

55. Tb4   Kf5
56. Tb5+

Falls nun 56. ... Kg4?, so ergibt 57. Th4+ Kf3 58. Th3+ Kg4 59. Th4+ eine originelle „Remisschaukel".

56. ...   e5
57. Ta5

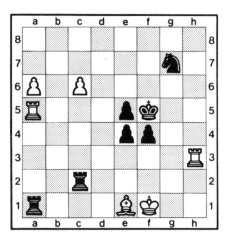

Plötzlich wird die Partie, die für Schwarz schon längst „abgeschrieben" worden war, noch sehr kompliziert.

So wird zum Beispiel **57. ... Tb1** (mit der Absicht 58. a7 e3! mit Übergang zu der Gewinnvariante, die Sie in der Partie noch sehen werden) gewaltig gekontert mit **58. Tb3!!** (58. ... Txb3 59. a7, und Schwarz kommt zu spät).

Der einzige Gewinnzug lautet 57. ... Tac1!, wonach die in der Partie demonstrierte Gewinnkombination aufgeht. Karpow spielte unvorsichtig.

57. ...   Td1?

Dieser Fehler blieb ungestraft. Kasparow war erschüttert, als man ihm nach der Partie den herrlichen Rettungsweg zeigte: **58. c7 e3** (drohend ... Tf2+ nebst ... Txe1 matt. Dagegen würde Schwarz nach 58. ... Txc7 59. a7 noch verlieren) **59. Th2!!** (da 59. ... Txh2 an 60. Dc8+ scheitert) 59. ... Txc7 60. a7 f3

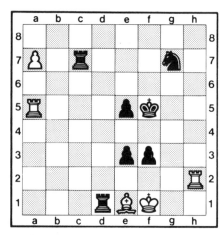

Analyse-Diagramm

Nach 61. a8-D folgt ... Txe1+ nebst 62. ... Tc1 matt. Ist Weiß verloren? **61. Te2!!** Nicht zu fassen, aber dieser problemhafte Zug rettet das Remis. 61. ... Txe1+ funktioniert nun nicht mehr (62. Txe1), und nach **61. ... fxe2+ 62. Kxe2 Txa7** (was sonst?) **63. Txa7** ist das Endspiel für keine Seite zu gewinnen. Doch Kasparow ging an seiner zweiten großen Chance in dieser Partie vorbei.

58. a7?   e3

Drohend ... Tf2+ nebst ... Txe1 matt. Auf 59. Tf3 folgt ... Sh5 60. a8-D Sg3+ nebst Mattsetzung.

Weiß gab auf.

Zeit: 3.36/3.44

19. Partie

24. September

Die Niederlage in der 18. Partie wirkte sich auf Kasparows psychische Verfassung aus. Er nahm seine letzte Auszeit, doch die zusätzlichen freien Tage reichten offenbar nicht aus, um genügend Abstand zu gewinnen. Während der 19. Begegnung wirkte der Weltmeister nervös, wippte dauernd mit den Füßen, änderte ständig seine Sitzposition und, wenn er nicht am Zug war, lief er unruhig auf der Bühne herum. Zu den psychologischen Auswirkungen der vorausgegangenen Niederlagen gesellten sich noch konkrete schachspielerische Probleme: die Eröffnung mißlang ihm gründlich. Im Fachjargon der Schachspieler ausgedrückt: er „lief in eine Variante hinein".

Grünfeld-Indische Verteidigung
Weiß: Karpow
Schwarz: Kasparow

1. d4	Sf6
2. c4	g6
3. Sc3	d5
4. Sf3	Lg7
5. Db3	dxc4
6. Dxc4	0—0
7. e4	Sa6

Damit nimmt Kasparow Abschied von der Smyslow-Variante 7. . . . Lg4, die ihm in der 17. Partie eine empfindliche Niederlage bescherte. Der Randzug mit dem Springer ist jedoch kein plötzlicher Einfall am Brett, sondern eine vom holländischen Schachmeister Prins gründlich ausanalysierte Variante. Das weiße Bauernzentrum soll angegriffen werden (. . . c5), und der Springer a6 kann bei Bedarf nach b4 geführt werden.

8. Le2	c5

Eine der Ideen der Prins-Variante besteht in der taktischen Wendung 9. dxc5 Da5 10. Le3 Sxe4! mit Vorteil für Schwarz, da 11. Dxe4 an . . . . Lxc3+ usw. scheitert. Auch 9. 0—0 cxd4 10. Sxd4 Sxe4! nebst . . . Dxd4 ist gut für Schwarz.

9. d5	e6
10. 0—0	exd5
11. exd5	Lf5
12. Lf4	

Das ist nicht nur ein Entwicklungszug, sondern auch eine Falle. Falls nun 12. . . . Se8 (mit der Absicht, den Springer auf das ideale Blockadefeld d6 zu überführen), so folgt stark 13. d6! Sxd6 14. Dd5 Se8 15. Dxb7, mit klarem Vorteil für Weiß.

12. . . .	Te8
13. Tad1	Se4?!

Einen besseren Ruf hat 13. . . . Db6.

14. Sb5!	

Das ist Karpows Neuerung, die Kasparow wahrscheinlich nicht in Betracht gezogen hat. Jedenfalls überlegte er an dieser Stelle 21 Minuten. 14. . . . Lxb2 15. d6 nebst Sc7 sieht für Schwarz nicht verlockend aus.

14. . . .	Df6
15. Ld3	Sb4

Zeitverbrauch: 25 Minuten. Die schwarze

Stellung ist nicht leicht zu spielen; es fehlt an geeigneten taktischen Motiven. Nach zum Beispiel 15. ... Lg4 (mit der Idee 16. Lxe4 Dxf4) folgt 16. Le5 Txe5 17. Lxe4 nebst d5-d6, und Weiß steht besser.

16. Sc7   Sxd3
17. Sxe8   Txe8
18. Dxd3

Natürlich nicht 18. Txd3? Sd6 19. Lxd6 Lxd3 20. Dxd3 Dxd6, und Schwarz steht befriedigend, zum Beispiel 21. b3 Td8 22. Td1 Ld4! 23. Sxd4 Dxd5.

18. ...   Dxb2

Scheinbar gewinnt 18. ... Sxf2 die Qualität zurück, doch nach 19. Db5! gewinnt Weiß auf der Stelle, da der Turm e8 hängt. Ebenso schlecht ist 18. ... Sg3 19. Db5 Se2+ 20. Kh1 Te7 (oder 20. ... De7) 21. d6!, und Weiß gewinnt Material.

19. Tde1

Die e-Linie bringt die Entscheidung. Die Fesselungsmotive wiederholen sich bis zum 26. Zug.

19. ...   Db4

Weiß darf nun nichts überstürzen. 20. Tb1 verliert beispielsweise nach 20. ... Sc3! die Qualität.

20. Sd2   Da4
21. Dc4   Dxc4
22. Sxc4

22. ...   Lc3?

Schwarz mußte 22. ... Ld4 nebst b5 spielen, wonach die Partie noch nicht entschieden wäre. Nach Ansicht eines Wettkampfbeobachters, des bekannten Großmeisters David Bronstein (er war übrigens 1951 der Herausforderer des damaligen Weltmeisters Botwinnik), muß Kasparow die folgende Kombination übersehen haben:

23. Sd2!

Dieser gar nicht so spektakulär ausschauende Zug ist riesenstark. Hübsch ist die Pointe im 26. Zug, die Karpow schon hier vorausberechnet haben muß.

23. ...   Lxd2

Interessant war 23. ... Sf6 24. Txe8+ Sxe8 25. Tc1 Lb4 (25. ... Ld4 26. Sb3 mit Bauerngewinn) 26. Sb3 b6, und nun die Pointe 27. a3! Lxa3 28. Ta1 Lb4 29. Txa7 nebst d5-d6 und klarer Gewinnstellung für Weiß.

24. Lxd2   Ld7

Für Schwarz ebenfalls unbefriedigend ist 24. ... Td8 25. Lf4, da 25. ... Txd5 an 26. g4 mit Figurengewinn scheitert.

25. Lf4   Lb5

„Nanu, hat Karpow den einfachen Qualitätsverlust übersehen?" wunderten sich die Zuschauer.

26. f3!

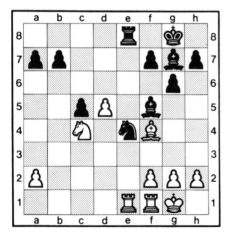
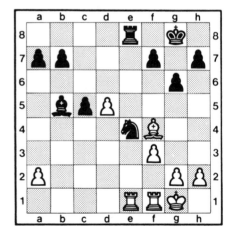

Drei Siege in Folge: ein Grund zur Freude

35. ... Kf7?? verliert nach 36. Lxe7 noch den Springer (36. ... Td1+ 37. Ke2).

36. Lxg5	Sc6
37. Ke2	Kf7
38. Kd3	Ke6
39. Kc4	Se5+
40. Kd4	Sc6+

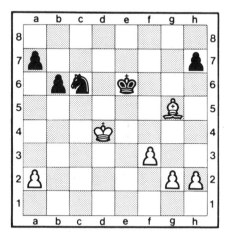

Die Pointe. Nach 26. ... Lxf1 27. Kxf1 Sf6 28. Txe8+ Sxe8 folgt 29. Le5! f6 (oder 29. ... Kf8) 30. d6!, und der weiße Bauer ist nur durch ein Figurenopfer aufzuhalten. Der folgende Zug, der den Läufer von dem Feld e5 fernhält, ist erzwungen:

26. ...	g5
27. Lxg5	Lxf1
28. Kxf1	Sd6
29. Le7!	Sc8
30. Lxc5	Td8

Die Geschichte vom machtlosen Springer könnte sich wiederholen nach 30. ... Txe1+ 31. Kxe1 b6 32. d6!.

31. Te5	f6
32. Tf5	b6
33. Ld4	Se7
34. Lxf6	Txd5
35. Tg5+	Txg5

Hier wurde die Partie abgebrochen. Kasparow konnte sich in nächtlicher Analyse davon überzeugen, daß Weiß nach 41. Kc4 leicht gewinnt:

A) 41. ... Se5+ 42. Kb5 Kd7 43. Ka6 Sc6 44. Ld2! Kc7 45. Lc3, und Weiß gewinnt den Bauern a7, oder er setzt seine Bauern am Königsflügel entscheidend in Bewegung.

B) 41. ... a6 (verhindert Kc4-b5) 42. Le3! Se5+ (oder 42. ... b5+ 43. Kc5 nebst Kb6 usw.) 43. Kc3 Sd7 (43. ... b5 erlaubt wieder das Eindringen Kb4) 44. g4 Ke5 45. Kd3 nebst f4 usw.; die weißen Bauern rollen langsam, aber unaufhaltsam vorwärts.

Vor solch trübe Aussichten gestellt, trat Kasparow zu der Hängepartie nicht mehr an.
Schwarz gab auf.
Zeit: 2.23/2.18

Über Hattricks und sonstige Rekorde

Drei Siege in Folge bei einer Schachweltmeisterschaft: hat es so etwas schon einmal gegeben? Machen wir einen Ausflug in die Schachgeschichte.

In seinem ersten Wettkampf vor genau 100 Jahren verteidigte der erste Schachweltmeister Wilhelm Steinitz den in einem Turnier erworbenen Titel erfolgreich (12,5:7,5), und er gewann die drei letzten Partien des Matches. Allerdings hatte ihn sein Herausforderer Zukertort zu Beginn des Wettkampfes gleich viermal hintereinander besiegt.

Im zweiten Wettkampf (1889 gegen Tschigorin; 10,5:6,5 für Steinitz) konnte Steinitz gleich zwei Hattricks verbuchen. Fünf Jahre später verlor er den WM-Kampf gegen Lasker (12:7) und mußte dabei eine Serie von fünf Niederlagen hinnehmen. Auch im Revanchekampf 1896 (12,5:4,5 für Lasker) mußte der erste Weltmeister nicht nur die Überlegenheit seines Gegners anerkennen, sondern sich auch viermal hintereinander geschlagen geben. Emanuel Lasker hält den absoluten Rekord in der Geschichte der WM-Kämpfe. Er besiegte Marshall (1907; 11,5:3,5 für Lasker) viermal und Janowski (1910; 9,5:1,5) fünfmal hintereinander. 1909 deklassierte er Janowski mit 8:2 Punkten und schaffte dabei eine Serie von sechs Gewinnpartien!

Erst 43 Jahre später gelang einem der WM-Gegner wieder ein Hattrick, nämlich Alexander Aljechin, der sich mit einem 15,5:9,5-Match-Sieg von Euwe den Titel zurückholte. Es dauerte weitere 17 Jahre, bis der Herausforderer Wassili Smyslow gegen Botwinnik dreimal hintereinander gewinnen konnte. Dieser behielt nach dem unentschiedenen Ausgang (12:12) den Titel. Die beiden letzten Hattricks schaffte Michail Botwinnik, jeweils als Herausforderer, in seinen Kämpfen gegen Smyslow (1958; 12,5:10,5) und Tal (1961; 13:8); in beiden Fällen gewann Botwinnik auch den Wettkampf und den Titel zurück.

Und nun waren wiederum dem Herausforderer, diesmal Karpow, drei Siege in Folge gelungen, und es lag beim Weltmeister, dieses „Gesetz der Serie" (Titel-Rückgewinn) zu durchbrechen . . .

20. Partie

29. September

Was ist zu tun, wenn man drei Partien in Serie verliert? Diese Frage stellt sich ein Hobbyspieler ebenso wie ein Weltmeister, denn vor einer Pechsträhne oder einer schlechten Form ist niemand gefeit.

Spätestens seit Anfang der siebziger Jahre dürfte zumindest bekannt sein, was man *nicht* tun darf: man sollte nicht um jeden Preis gewinnen wollen. 1971 verblüffte das amerikanische Schachgenie Robert James („Bobby") Fischer die Schachwelt mit zwei einmaligen Gewinnserien: mit 6:0 Punkten wurden die Großmeister Mark Tajmanow und Bent Larsen förmlich deklassiert. Zwar handelte es sich nicht um einen WM-Kampf, aber immerhin um das Viertelbzw. Halbfinale der Kandidatenkämpfe, und Fischers Gegner waren keine Sparringspartner, sondern namhafte Großmeister!

Nach der Phase des Staunens kehrte bald der Alltag ein. Eine nüchterne Analyse der beiden Wettkämpfe förderte zutage, daß die 6:0-Kantersiege nur zum Teil auf die einmalige Überlegenheit des Amerikaners zurückzuführen waren. In diesen Wettkämpfen hätten Tajmanow bzw. Larsen mehrmals ein Unentschieden erzwingen können, und sie sahen die Remisabwicklung auch, doch nach den Niederlagen in den vorausgegangenen Partien wollten sie sich regelrecht rächen; eine vernichtende Niederlage des Gegners sollte die erlittene Unbill sühnen . . .

Es kam, wie es kommen mußte, behaupten Schachpsychologen wie der sowjetische Großmeister und Diplom-Psychologe Dr. Nikolai Krogius: Das sichere Beruhigungsremis wurde verschmäht, die nächste Niederlage folgte. Und so weiter, und so fort. Am Ende schüttelten die beiden renommierten Großmeister ungläubig den Kopf: mit 0:6 Punkten wurden sie, die das Siegen (und gelegentliche knappe Niederlagen gegen ihresgleichen) gewohnt waren, „nach Hause geschickt".

Seit dieser Zeit gehört diese eindrucksvolle Lektion in Schachpsychologie zum Einmaleins der Eleven in sowjetischen Schachschulen, unter anderem auch in der berühmten Schachschule des einstigen Weltmeisters Michail Botwinnik, aus der unter anderem Karpow und Kasparow hervorgegangen sind. Die Faustregel lautet: „Die gegnerische Siegesserie muß mit einem sicheren Remis gebrochen werden." Unter diesem Aspekt betrachten Sie bitte die folgende Partie. Sie ist beileibe kein denkwürdiges Duell brillanter Ideen, sondern ein Musterbeispiel für Unterordnung des Temperaments unter die Erfordernisse des sportlichen Erfolges.

Katalanisch
Weiß: Kasparow
Schwarz: Karpow

1. d4	Sf6
2. c4	e6
3. g3	

Katalanisch — so werden Damengambitstellungen mit dem Zug g2-g3 bezeichnet — gehört zu den sichersten Eröffnungen. Ohne ein großes Risiko einzugehen, kann Schwarz gegen dieses „bombensichere" System nicht ankämpfen; und das ist nicht Karpows Stil, schon gar nicht mit Schwarz.

3. ...	d5
4. Lg2	Le7
5. Sf3	0—0
6. 0—0	dxc4
7. Dc2	a6
8. Dxc4	

Anspruchsvoller ist 8. a4, was Kasparow gelegentlich spielt, doch jetzt sind alle Weichen auf Sicherheit gestellt.

8. ...	b5
9. Dc2	Lb7
10. Lg5	Sbd7
11. Lxf6	Sxf6

Es ist keineswegs gleich, womit Schwarz auf f6 zurückschlägt! Das Nehmen mit dem Läufer ist für Schwarz ungünstig: 11. ... Lxf6?! 12. Sg5! (drohend Dxh7 matt, so daß Schwarz keine Zeit zu ... Lxg2 verbleibt) 12. ... Lxg5 13. Lxb7 Ta7 14. Lc6, wonach Weiß den Befreiungszug ... c5 verhindert. Nach weiterem e2-e3, Sd2-b3 und a2-a4 steht Weiß besser.

12. Sbd2	Tc8
13. Sb3	c5!

Die scheinbar aktiven Züge 13. ... Le4 14. Dc3 Sd5 15. Da5 ergeben für Schwarz nur Probleme.

14. dxc5	Ld5
15. Tfd1	Lxb3
16. Dxb3	Dc7
17. a4	Dxc5
18. axb5	axb5

Ein Fehler wäre 18. ... Dxb5? wegen 19. Dxb5 axb5 20. Sd4 b4 21. Sc6! mit weißem Vorteil. Auf das Feld c6 muß Schwarz in Katalanisch immer aufpassen, wir werden es gleich noch einmal sehen.

19. Sd4	b4
20. e3	Tfd8
21. Td2	

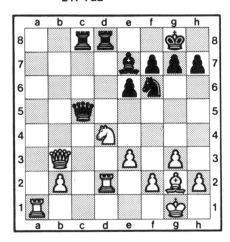

Es ist immer noch Vorsicht geboten. 21. ... e5? sieht auf den ersten Blick ganz gut aus, aber nach **22. Tc2!** verliert Schwarz sehenswert: **22. ... Dd6** (22. ... Db6 23. Sc6 — sic! — mit Qualitätsgewinn, da 23. ... Te8 an 24. Sxe7+ nebst Txc8 scheitert) **23. Sf5 Dd7 24. Txc8 Txc8 25. Lh3!**, und Weiß gewinnt wegen der Doppeldrohung Sh6+ (Damengewinn) bzw. Sxe7 nebst Lxc8, zum Beispiel 25. ... Kf8 **26. Sxe7 Dxh3** (26. ... Te7 27. Lxc8) **27. Sxc8** mit Qualitätsgewinn, da der Gegenangriff 27. ... Sg4? an **28. Dxb4+** scheitert: 28. ... Kg8 (... Ke8 29. De7 matt) 29. Se7+ Kf8 (sonst Db8 matt) 30. Sg6++ nebst Mattsetzung.

Mit seinem nächsten Zug geht Schwarz allen Fallstricken aus dem Wege:

21. ...	Db6

Remis auf Vorschlag von Karpow.
Zeit: 1.18/1.05

21. Partie

1./2. Oktober

Erstmalig in diesem Wettkampf wählte der Weltmeister als Antwort auf Karpows Eröffnungszug 1. d4 die grundsolide Damenindische Verteidigung. Beide Spieler folgten einem „hausgemachten" Vorbild, nämlich der 6. Partie des ersten Wettkampfes; allerdings hatte Karpow damals Schwarz. Es entstand eine schwerblütige Stellung mit einem geringen Vorteil für Weiß. Kasparow verteidigte sich präzise und steuerte zielstrebig den Remishafen an. Karpow brach die Partie noch ab, doch auch in der Heimanalyse konnte er keinen erfolgversprechenden Plan entdecken. Nach dem Abbruch wurden nur noch fünf Züge gespielt, dann einigten sich die Gegner auf Remis.

Damenindische Verteidigung
Weiß: Karpow
Schwarz: Kasparow

1. d4	Sf6
2. c4	e6

Nach den Mißerfolgen in der 17. und der 19. Partie nimmt Kasparow Abstand von der kämpferischen, aber risikoreichen Grünfeld-Indischen Verteidigung.

3. Sf3	b6
4. g3	La6
5. b3	Lb4+
6. Ld2	Le7

Dieser Tempoverlust (... Lb4-e7) wiegt nicht schwer, weil der weiße Damenläufer auf d2 wenig aktiv steht und bald auf ein anderes Feld ziehen wird.

7. Lg2	0—0
8. 0—0	d5
9. Se5	c6
10. Lc3	Sfd7
11. Sxd7	Sxd7
12. Sd2	Tc8
13. e4	dxc4
14. bxc4	b5

15. Te1

15. c5 scheitert natürlich an 15. ... b4
16. Lxb4 Lxf1.

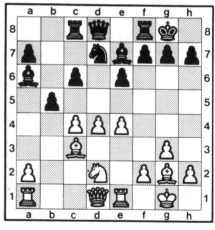

15. ... bxc4

Erst hier weicht Kasparow von dem Vorbild der 6. Partie der WM 1984 ab. Karpow spielte damals als Nachziehender 15. ... Sb6?!, wonach Kasparow die Gelegenheit

131

zu 16. c5! verpaßte, zum Beispiel 16. ...
Sa4 17. Dc2 e5 (sonst e4-e5 nebst Se4-d6)
18. Sf3! Sxc3 19. Dxc3 exd4 20. Sxd4
nebst e4-e5. Der Läufer a6 hat keine
Zukunft, Weiß steht klar besser.
Der Textzug wurde in unserem letzten WM-Buch erwähnt. Unser Vorschlag lautete:
16. Da4 Lb5 17. Dc2 Sf6 18. a4 La6
19. Lb2 nebst Sxc4. Karpow hält sich an
diese Empfehlung, allerdings ohne die
Züge Da4 und a2-a4 einzuschalten. Es entsteht eine identische Stellung, nur steht der
weiße a-Bauer noch auf a2.

16. Dc2   Dc7

Kasparow überlegte 35 Minuten, bevor er
diesen Zug spielte. Es ist schwer zu sagen,
welche Alternativen er prüfte. Ganz sicher
ist 16. ... c5? falsch: 17. d5! legt den Bauern auf c5 fest, wodurch der Aktionsradius
der schwarzen Leichtfiguren (Sd7, Le7)
erheblich eingeschränkt wird. Auch ist der
weiße Bauer auf d5 ein „Pfahl im Fleische".

Vielleicht befaßte sich Kasparow mit der
Abwicklung 16. ... e5 17. dxe5 Sc5 nebst
... Sd3, aber diese Stellung gefällt uns
nicht für Schwarz.

17. Sf1

Naheliegend ist 17. Lb2. Vielleicht wollte
Karpow 17. ... c5 provozieren, wonach
18. d5! folgen würde. 18. ... Se5 19. dxe6
fxe6 20. Lh3 scheint gut für Weiß zu sein.
Alexander Chalifman, der amtierende
sowjetische Europameister der Jugend,
plädierte jedoch für 17. Lf1.

17. ...   e5

Dieser Zug kostete den Weltmeister 23
Minuten an Bedenkzeit. Die Aufgaben der
Verteidigung sind nicht einfach zu lösen,
weil die schwarze Bauernstruktur sehr
anfällig ist. Kasparow löst das Problem
optimal: er gibt den wertlosen Bauern c4
und strebt ein Endspiel mit einem nur minimalen Nachteil an.
Nach dem Textzug wäre 18. d5 cxd5
19. exd5 Lc5 gut für Schwarz, ebenso wie
18. dxe5 Sxe5 nebst ... Sd3.

18. Se3	exd4
19. Lxd4	Lc5
20. Lxc5	Sxc5
21. Sxc4	Tfd8
22. Tad1	

Hier und in der Folge will Weiß den aktiven
Ausfall ... Sd3 verhindern.

22. ...	Txd1
23. Txd1	Td8
24. Txd8+	Dxd8

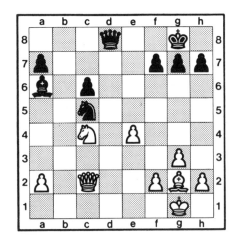

Diese scheinbar einfache Stellung birgt
Gefahren in sich. Spielt Weiß jetzt arglos
25. Se5 (drohend Sxc6), so folgt 25. ...
Dd4!, drohend 26. ... Dxe5 und vor allem
26. ... Da1+ 27. Lf1 Dxf1 matt! Der Zug
26. Db1 (mit der Drohung eines Matts auf
der Grundreihe) ist keine gute Ausrede, da
Schwarz nach 26. ... Dxe5 das Feld b8
deckt.

| 25. h4 | Dd4 |
| 26. Db2 | |

Diesmal droht Db8 matt wirklich, so daß
Schwarz die Damen tauschen muß. Das
Endspiel ist für Weiß etwas besser, weil
Schwarz eine Bauernschwäche mehr hat
(c6 und a7 gegen a2). Alles dreht sich nun
darum, ob es dem Nachziehenden gelingen wird, die Schwäche c6 zuverlässig zu
überdecken.

26. ...	Dxb2
27. Sxb2	f6
28. f3	Kf7
29. Lf1	Lb5
30. Kf2	Ke6
31. Lc4+	Kd6

Schwarz vermeidet den Läufertausch auf c4, getreu der Devise, daß sich die Bauernschwächen besser verteidigen lassen, wenn noch mehrere Figuren auf dem Brett sind. Gegen einen Tausch auf b5 hätte der Nachziehende natürlich nichts einzuwenden, weil er so die Schwäche c6 loswerden könnte, doch daran ist wiederum Weiß nicht interessiert.

32. Ke3	Sd7
33. f4	Sb6
34. Lg8	h6
35. Sd3	Sd7
36. Kd4	

Nun wäre e4-e5+ für Schwarz unangenehm.

36. ...	c5+
37. Kc3	Lc6

Damit sichert sich Schwarz das Remis. Die Anfälligkeit des Bauern e4 kompensiert die Schwäche des „Einzelgängers" c5.

38. Sf2	Sb6
39. Lb3	Sa8

Noch einfacher war 39. ... Lb5, wie Wettkampfbeobachter feststellten.

40. Kd3	Sb6
41. Lc2	

Hängepartie. Nach der Wiederaufnahme wurde nur 15 Minuten lang gespielt:

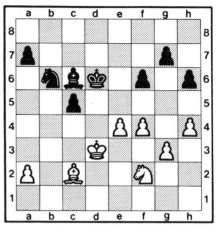

41. ...	Lb5+
42. Kc3	

Nach 42. Ke3 könnte Schwarz aktiv vorgehen: 42. ... Sc4+ 43. Ke2 (43. Kf3 Sd2+ 44. Kg2?! Lf1+ 45. Kg1 Lc4! wäre schon für Weiß gefährlich) 43. ... Sb6+ 44. Kf3 (44. Ke3 Sc4+ ist remis) 44. ... c4! nebst ... Kc5. Für solche „Eigentore" ist Karpow nicht zu haben.

42. ...   Sa4+

Mit der Absicht 43. Lxa4 Lxa4 44. Kc4 Kc6! nebst ... Lb5+.

43. Kd2	c4
44. e5+	fxe5
45. Se4+	Kc6

Es könnte folgen 46. fxe5 c3+ 47. Sxc3 Sxc3 48. Kxc3 Kd5 mit klarem Remis.
Remis auf Vorschlag von Karpow.
Zeit: 2.38/2.33

22. Partie

3./4. Oktober

Die beiden vorausgegangenen Remisen gaben Kasparow nach seiner Niederlagenserie in den Partien 17 bis 19 die nötige innere Ruhe. Mit großem Selbstvertrauen trat er zu der 22. Partie an, begann bald mit einem energischen Druckspiel und schloß die Partie mit einem sehenswerten Mattüberfall ab. Diese Begegnung gehört zu den eindrucksvollsten Leistungen in Kasparows Karriere.

Damengambit
Weiß: Kasparow
Schwarz: Karpow

1. d4	Sf6
2. c4	e6
3. Sf3	d5
4. Sc3	Le7
5. Lg5	h6
6. Lxf6	Lxf6
7. e3	0—0
8. Tc1	c6
9. Ld3	Sd7
10. 0—0	dxc4
11. Lxc4	e5
12. h3	exd4
13. exd4	

In der 10. Partie experimentierte Karpow mit 13. . . . c5. Obwohl er in jener Begegnung ein Unentschieden erreicht hatte, stellte ihn der Ausgang des Eröffnungsgeplänkels offenbar nicht zufrieden.

13. . . .	Sb6
14. Lb3	Lf5
15. Te1	a5
16. a3	Te8
17. Txe8+	Dxe8
18. Dd2	

Eine fast identische Stellung (nur ohne die Züge . . . a5 und a3) kam in der 23. Partie des 1985er Matches vor. Damals spielte Karpow . . . Dd7 nebst . . . Td8. Sein neuer Plan wird kaum Nachahmer finden.

18. . . .	Sd7?!

Schwarz begegnet damit wirksam der denkbaren Variante 19. Df4 Lg6 20. Te1 Dd8 21. Se5 Lxe5 22. dxe5 Sc5! 23. Td1 (nach etwa 23. Lc4 gleicht . . . Sd3 bequem aus) 23. . . . Dg5! 24. Dxg5 hxg5 25. Lc4 Te8 mit vollem Ausgleich. Aber Weiß hat einen anderen Plan zur Verfügung.

19. Df4	Lg6
20. h4!	

Schwarz muß nun mit der unangenehmen Drohung g4-g5 rechnen. Er zieht deshalb seine Dame von der e-Linie, wo ihm nichts Gutes blüht (Te1!), und er nimmt den Bauern h4 unter Beschuß, was das sofortige g2-g4 verhindert.

20. . . .	Dd8
21. Sa4!	

Wieder brächte 21. Se5?! Weiß nichts ein: 21. . . . Lxe5 22. dxe5 Sc5 usw. im Sinne der Anmerkung zum 18. Zug von Schwarz. Mit dem Textzug nimmt Weiß das Feld c5 unter Kontrolle, so daß . . . Sc5 ausschei-

134

det und der Ausfall Sf3-e5 an Kraft gewinnt. Nach 21. . . . b5? ist 22. Sc5! stark, zum Beispiel 22. . . . Sxc5 23. Txc5 Tc8 24. h5 Lh7 25. Se5, und der Punkt f7 wird im Sturm erobert.

Schwarz verhindert sogleich diese Möglichkeit:

21. . . .	**h5**
22. Te1	**b5**
23. Sc3	

Hier wäre 23. Sc5? verfehlt: 23. . . . Sxc5 24. dxc5 Lxb2 25. Sg5 Lf6, und Weiß hätte keinen Ersatz für den geopferten (besser: verlorenen) Bauern.

23. . . .	**Db8**

Der Damentausch würde dem weißen Druckspiel den Schneid nehmen. Nach dem Rückzug der weißen Dame kann Schwarz am Damenflügel aktiv werden. Der weiße Vorteil hält sich jetzt in Grenzen.

24. De3	**b4**
25. Se4	**bxa3**

Schlechter ist 25. . . . Lxe4? 26. Dxe4 bxa3 27. Dxc6! axb2 (27. . . . Dxb3?? 28. Dxa8 +) 28. Dd5! mit klarem Vorteil für Weiß (Unzicker).

26. Sxf6 +	**Sxf6**
27. bxa3	

Schwarz muß nun etwas gegen die Drohung Se5 nebst Sxg6 unternehmen. Schlecht wäre 27. . . . Le4 (mit der Idee . . . Ld5) wegen 28. Lxf7 + Kxf7 28. Sg5 + nebst Sxe4. In Betracht kam jedoch 27. . . . a4!? 28. La2 Sd5, mit ähnlicher Stellung wie in der Partie, aber mit einem Tempo mehr für Schwarz (siehe 34. Zug!).

27. . . .	**Sd5?!**
28. Lxd5	**cxd5**
29. Se5	**Dd8**
30. Df3	

30. Sxg6 fxg6 ließe die weiße Initiative völlig versiegen. Der Doppelbauer auf der g-Linie wäre ohne Bedeutung. Mit dem Textzug droht Weiß 31. Sc6 Dd6 32. Dxd5 Dxd5 33. Se7 + mit Bauerngewinn. Einem

Florettfechten gleich, stellt Weiß wiederholt diese Drohung auf, die von Schwarz sogleich pariert wird.

30. . . .	**Ta6**

Natürlich nicht 30. . . . Dxh4?? 31. Sxg6 fxg6 32. Dxd5 + mit Turmgewinn.

31. Tc1	**Kh7**
32. Dh3	

Deckt den Bauern h4 und bereitet Tc8 vor.

32. . . .	**Tb6?!**

Besser ist 32. . . . Te6, um Tc8 zu verhindern.

33. Tc8	**Dd6**
34. Dg3	

Hätte Schwarz hier den a-Bauern schon auf a4 stehen (wir erinnern uns an die Anmerkung zum 27. Zug von Schwarz), so könnte er jetzt gut . . . De6 nebst . . . Tb3 spielen, nicht jedoch sofort 34. . . . Tb3?? wegen 35. Th8 + Kxh8 36. Sxf7 + mit Damengewinn auf d6. Deshalb verbietet sich . . . Tb3 auch im 35. Zug.

34. . . .	**a4**

34. . . . De6 kam in Betracht.

35. Ta8	**De6**
36. Txa4	**Df5**
37. Ta7	**Tb1 +**
38. Kh2	**Tc1**

Es droht 39. . . . Db1 nebst . . . Th1 matt.

39. Tb7	**Tc2**
40. f3	**Td2**

Die Zeitkontrolle. Karpow verließ die Bühne, Kasparow grübelte über seinem Abgabezug. Nach sieben Minuten schrieb er einen Zug auf, überlegte weitere vier Minuten, strich den aufgeschriebenen Abgabezug durch und notierte einen neuen — einen goldrichtigen, wie sich am nächsten Tag herausstellte.

Allgemein wurde mit 41. Tb4 Ta2 gerechnet. Die anwesenden Großmeister waren einhellig der Meinung, dieses Endspiel sei für Weiß nur sehr schwer zu gewinnen. Mit dem Abgabezug leitete Kasparow einen Königsangriff ein.

41. Sd7!	**Txd4**
42. Sf8 +	**Kh6**

Natürlich haben die Experten dieses Manöver kurz in Betracht gezogen, doch sie ließen von dieser Idee wieder ab: Wie kann man dem schwarzen König beikommen? Nach zum Beispiel 43. Tb8 folgt einfach ... Df4, und nun?

43. Tb4!!

Das ist die eigentliche Pointe, die den Beobachtern entgangen war. Zieht der schwarze Turm nach d3 (d2, d1), so scheidet die Verteidigung ... Df4 aus, und Weiß gewinnt nach 44. Tb8 nebst Sxg6 und Th8+.

Doch was passiert, wenn Schwarz die Türme tauscht? Wir prüfen: **43. ... Txb4 44. axb4 d4 45. b5!** (prosaisch gewinnt 45. f4 — drohend Dg5+ nebst matt — 45. ... Dg4 — oder 45. ... f6 46. Sxg6 Dxg6 47. Dxg6+ nebst Kg3 usw. — 46. Dxg4 hxg4 47. Sd7 d3 48. Se5 d2 49. Sxg4+ nebst Sf2) **45. ... d3** (45. ... Dxb5 46. Df4+ nebst matt) **46. b6 d2 47. b7 d1-D 48. b8-D**, und das Wunder ist vollbracht:

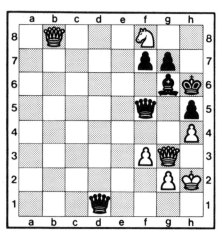

Analyse-Diagramm

Kaum zu fassen, aber Schwarz (am Zug!) kann die Mattsetzung nicht verhindern. Es droht einfach 49. Df4+ (ganz gleich, welche Dame) ... Dxf4 50. Dxf4 matt. Nach 48. ... Dd2 (oder ... Dc1) ist das Feld f4 zwar gedeckt, aber nach 49. Sxg6 Dxg6 50. Dh8+ Dh7 setzt Weiß mit 51. Dgxg7 matt!

Zurück zu der Partie:

43. ...	Tc4
44. Txc4	dxc4
45. Dd6	

Drohend Dd2 nebst Matt.

45. ...	c3
46. Dd4!	

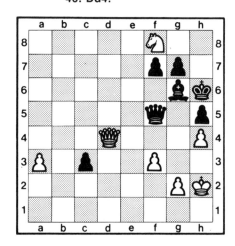

Der Schlußakkord dieser Schach-Symphonie von seltener Schönheit! Gegen den Todesstoß 47. De3+ kann Schwarz nur noch **47. ... Lh7** versuchen, wonach Weiß einfach **48. Dxc3** spielt (nicht aber 48. g4 hxg4 49. hxg4 Df3!):

A) 48. ... Df4+ 49. g3 Df5 50. De3+ g5 50. hxg5+ Dxg5 51. Dxg5+ Kxg5 52. Sxh7+ usw.

B) 48. ... g6 49. Dh8 Df4+ 50. g3 Dd2+ 51. Kh3, und der Vorhang fällt.

C) 48. ... g5 49. De3 f6 (oder 49. ... Kg7 50. Sxh7 nebst Dxg5) 50. hxg5+ fxg5 51. Sxh7 Kxh7 (oder 51. ... Dxh7 52. De6+ nebst Damentausch) 52. De4, und der a-Bauer läuft.

Schwarz gab auf.

Zeit: 2.47/2.39

23. Partie

6. Oktober

Nur zwei Siege in den beiden letzten Partien hätten Karpow helfen können, das eherne Gesetz der entthronten Weltmeister „they never come back" zu brechen. Er mühte sich sehr, konnte aber Kasparows Verteidigungslinien nicht durchbrechen. Karpow bot resignierend das Remis an, das natürlich sofort angenommen wurde. Garry Kasparow war Weltmeister geblieben.

Englische Partie
Weiß: Karpow
Schwarz: Kasparow

1. Sf3	Sf6
2. c4	b6
3. g3	c5
4. Lg2	Lb7
5. 0—0	g6
6. d4	cxd4
7. Dxd4	Lg7
8. Sc3	d6
9. Td1	Sbd7
10. b3	Tc8
11. Lb2	0—0

Vor uns haben wir eine bekannte Variante des derzeit beliebten „Igel-Systems". Schwarz verhält sich nach dem Vorbild aus dem Tierreich: er „rollt sich zusammen", unternimmt von sich aus zunächst nicht viel und „stellt die Stacheln auf". Geht nämlich Weiß zu forsch voran, so kann er schnell einen der Stacheln zu spüren bekommen, zum Beispiel 12. e4? Sxe4 oder 12. Sd5? Lxd5 13. cxd5 Tc2! mit der schrecklichen Drohung . . . Sh5 nebst . . . Lxb2.

12. De3

Die Dame zieht sich aus der Schußlinie des Läufers g7 zurück.

12. . . .	Te8
13. Tac1	a6
14. La1	

Dieser Rückzug mutet sonderbar an, ist jedoch wohlbegründet. Schwarz plant den Vorstoß . . . b5, Weiß möchte diese Aktion durch a2-a4 unterbinden. Auf sofort 14. a4 folgt jedoch . . . Sc5 mit Angriff auf den Bauern b3, der nicht durch Tb1 geschützt werden kann, weil der Läufer b2 im Wege steht.

14. . . .	Tc5
15. a4	Da8
16. Se1	Tf5!?

„Ich hätte nie gedacht, daß ich so einen Zug bei einer Weltmeisterschaft sehen werde", stellte der englische Großmeister Raymond Keene verblüfft fest. Jedenfalls kann man dem alten und neuen Weltmeister keinen Mangel an Originalität vorwerfen. Karpow gelang es nicht, eine Schwachstelle dieses ungewöhnlichen Turmschwenks zu finden.

17. Lxb7	Dxb7
18. f3	

Gegen die Drohung . . . Sg4 nebst . . . Sxf2 gerichtet.

18. . . .   **h5**
19. Sg2   **Tc5**

Kasparow dachte 20 Minuten über diesen Turmzug nach. Im Analyseraum rechnete man eher mit 19. . . . Kh7 nebst . . . Lh6.

20. Lb2

Der Ausfall . . . Sc5 droht im Moment nicht, und so kehrt der Läufer nach b2 zurück, um andere Aufgaben zu übernehmen.

20. . . .   **Tcc8**

Das sieht nach einer Bankrotterklärung des Plans mit . . . Tf5 aus, doch ist es wirklich eine? Was hat Weiß während dieser vier Züge (Tc5-f5-c5-c8) eigentlich erreicht? Die „Schaukel" Lb1-a1-b2 kostete zwei Tempi, und die Züge f2-f3 und Sg2 haben die weiße Stellung kaum verbessert. Außerdem droht Schwarz wieder einmal mit . . . Sc5, so daß der weiße Läufer nochmals ziehen muß.

21. La3   **Sc5**
22. Tb1   **Se6**

Sonst besetzt Weiß nach Sf4 nebst Scd5 den Punkt d5. Auf 23. Sf4 kann nun . . . Lh6 nebst . . . Sxf4 folgen, mit unangenehmer Zersplitterung der weißen Bauernstruktur.

23. Dd3   **Sc7**

Der typische Durchbruch . . . b5 ist nun nicht mehr zu verhindern.

24. Sf4   **b5**
25. cxb5   **axb5**
26. Sxb5

26. axb5 Tb8 ergibt durch eine Zugumstellung die Stellung aus der Partie.

26. . . .   **Sxb5**
27. Dxb5   **Dxb5**
28. axb5   **Tb8**
29. Lb2

Schwarz darf nun nicht sofort auf b5 schlagen: 29. . . . Txb5?! 30. Lxf6 Lxf6 31. Sd5 (drohend mit der „Gabel" Sc7) 31. . . . Tb7 32. Sxf6+ exf6 33. e4, und Weiß ist wegen der schlechten schwarzen Bauernstruktur im Vorteil.

29. . . .   **Tb7**
30. b6

Erneut ist dieser Bauer indirekt geschützt (30. . . . Txb6 31. Lxf6 nebst Sd5), doch Schwarz hat viel Zeit: der Bauer b5 läuft nicht weg!

30. . . .   **Teb8**
31. b4   **Sd7**
32. Lxg7

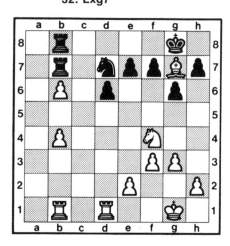

Das war der letzte „wichtige" Zug dieser Weltmeisterschaft. Das Turmendspiel nach 32. . . . Kxg7 33. Sd5 Sxb6 34. Sxb6 Txb6 35. Td4 ist remis, zum Beispiel 35. . . . e5 36. Td5 (36. Te4? f5 oder 36. Tc4? d5 bringt Weiß sogar in Nachteil) 36. . . . Txb4 37. Txb4 Txb4 38. Txd6, und das Weiterspielen hat keinen Sinn mehr.

Remis auf Vorschlag von Karpow.
Zeit: 2.20/2.05

24. Partie

8. Oktober

Nach dem Unentschieden in der 23. Partie stand fest, daß Garry Kasparow Weltmeister bleibt. Selbst ein Sieg Karpows in der 24. Partie hätte an der Tatsache nichts ändern können, da der amtierende Weltmeister bei einem unentschiedenen Ausgang des Matches seinen Titel behält. Wozu also noch die letzte Partie?

Die Regeln schreiben vor, daß ein WM-Kampf nur dann entschieden ist, wenn einer der Spieler 12,5 Punkte erreicht hat. Bei Punktgleichheit behält zwar der Weltmeister seinen Titel, doch der Wettkampf ist unentschieden,und das Preisgeld wird im Verhältnis 1:1 geteilt (sonst erhält der Sieger 62,5 % der Preissumme). Da jedoch beide Spieler schon vor dem Wettkampf erklärt hatten, sie würden ihren Anteil für die Opfer der Tschernobyl-Katastrophe spenden, war es auch nicht das liebe Geld, um das es in der letzten Partie ging.

Worum ging es dann? Einfach ums Schachspielen; wie schön, daß es bei einer WM so etwas noch gibt . . .

Damenindische Verteidigung

Weiß: Kasparow
Schwarz: Karpow

1. d4	Sf6
2. c4	e6
3. Sf3	b6
4. g3	Lb7
5. Lg2	Lb4+
6. Ld2	a5

Schwarz fürchtet den Abtausch auf b4 nicht. Der Doppelbauer ließe sich nicht wirksam angreifen, dafür aber würde sich für Schwarz die a-Linie öffnen. Außerdem wäre Sb1-c3 nicht möglich, und der Damenspringer müßte sich mit einem bescheidenen Platz auf d2 begnügen.

7. 0—0	0—0
8. Lg5	Le7
9. Dc2	h6
10. Lxf6	Lxf6

Hier zeigt sich, wozu der Zug . . . a5 auch gut sein kann. Stünde der Bauer noch auf a7, so würde Weiß mit der Kombination 11. Sg5 (drohend Dh7 matt) 11. . . . Lxg5 12. Lxb7 die Qualität gewinnen; in der vorliegenden Stellung aber kann Schwarz einfach 12. . . . Ta7 spielen.

11. Sc3	g6
12. Tad1	d6
13. h4	

Das in der Anmerkung zum 10. Zug besprochene Motiv wiederholt sich hier in einer verfeinerten Form. Auf 13. . . . Sd7 könnte 14. h5 folgen, und falls . . . g5? (14. . . . gxh5 würde die schwarze Stellung arg schwächen), so gewinnt Weiß nach 14. Sxg5! Lxg5 15. Lxb7 einen Bauern. Im Gegensatz zu der Stellung nach dem 10. Zug von Schwarz zieht hier der weiße Springer nicht „ins Leere", sondern er kassiert auf g5 einen Bauern.

Schwarz vermeidet also besser den Vormarsch h4-h5.

13. . . .	h5

| 14. e4 | Sd7 |
| 15. e5 | Lg7 |

Schlechter ist 15. . . . dxe5? 16. dxe5 Lg7 17. Da4, und Schwarz ist zu dem „häßlichen" Zug . . . c6 gezwungen, wonach Se4-d6 dem Anziehenden überlegenes Spiel sichern würde.

16. d5!?

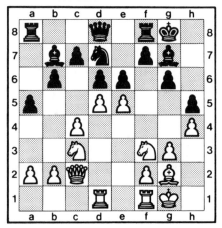

Schwarz muß nun aufpassen. Ein unvorsichtiger Zug wie 16. . . . exd5? führt nach 17. e6 fxe6 (17. . . . Sf6 18. exf7+ Txf7 19. cxd5 nebst Sd4 und klarem Vorteil für Weiß) **18. Sg5! Df6** (sonst folgt 19. Dxg6 oder 19. Sxe6) **19. cxd5** zu klarem Vorteil für Weiß:

A) 19. . . . exd5? 20. Sxd5 mit Materialgewinn; 20. . . . Dxb2?? führt sogar zur Mattsetzung nach 21. Se7+ Kh8 22. Sxg6+ Kg8 23. Se7+ Kh8 24. Dh7.

B) 19. . . . e5 20. Sce4 nebst Se6 oder Dxc7 ist ebenfalls schlecht für Schwarz.

16. . . .	Sxe5!
17. Sxe5	Lxe5
18. dxe6	Lxg2
19. exf7+	Kxf7

Nicht aber 19. . . . Txf7? 20. Dxg6+ Tg7 21. De6+ nebst Kxg2.

| 20. Kxg2 | Lxc3! |

Der weiße Springer muß beseitigt werden:

20. . . . Kg7? 21. Se4 (drohend Sg5) 21. . . . Lf6 22. c5! bxc5 23. Sxc5 gibt Weiß einen dauerhaften Vorteil.

| 21. Dxc3 | Df6 |
| 22. Dxf6+ | Kxf6 |

Nach dem letzten taktischen Scharmützel dieses Wettkampfes löst sich die Spannung, und die Partie geht in ein „totes" Remisendspiel über. Eigentlich könnte man schon hier die Friedenspfeife rauchen, aber vielleicht wollten die beiden Kontrahenten ihren Kampfgeist noch einmal unter Beweis stellen.

23. a4	Tae8
24. Tfe1	Txe1
25. Txe1	Td8
26. Td1	c6
27. Kf3	Ke5
28. Ke3	Tf8
29. f3	Th8

Verhindert g3-g4, doch selbst dann wäre die Partie remis.

| 30. Te1 | Tb8 |
| 31. Kd3+ | |

Ganz „einschlafen" darf Schwarz nicht: 31. . . . Kf5? 32. Te7 Kf6 (32. . . . b5 33. cxb5 cxb5 34. Ta7 bxa4 35. Txa5+ kostet einen Bauern) 33. Tc7 c5 34. Ke4!, und der weiße König dringt nach d5 ein.

31. . . .	Kf6
32. Te4	d5
33. cxd5	cxd5
34. Te2	b5
35. Kd4	bxa4
36. Kxd5	Tb3
37. Ke4	

37. Tf2 wäre zu passiv.

37. . . .	Tb4+
38. Kd5	Tb5+
39. Kd4	Tb4+
40. Kd5	Tb3
41. Ke4	

Hier wurde die Partie pro forma abgebrochen. Das am nächsten Tag verkündete Ergebnis überraschte nicht.

Remis.
Zeit: 2.26/2.39

Unser Tip

Schach WM '85 Karpow-Kasparow
Mit ausführlichen Kommentaren zu allen Partien
(0785) Von H. Pfleger, O. Borik, M. Kipp-Thomas, 128 S., zahlr. Abb. u. Diagr., kartoniert, **DM 14,80,** S 119,–
◄

Falken-Handbuch Schach
(4051) Von Theo Schuster, 360 Seiten, über 340 Diagramme, gebunden,
DM 36,–, S 298,–

Neue Schacheröffnungen
(0478) Von Theodor Schuster, 108 Seiten, 100 Diagramme, kartoniert, **DM 8,80,** S 74,–
◄

► **Schachstrategie**
Ein Intensivkurs mit Übungen und ausführlichen Lösungen
(0584) Von Alexander Koblenz, 212 Seiten, 240 Diagramme, kartoniert, **DM 16,80,** S 139,–

Falls durch besondere Umstände Preisänderungen notwendig werden, erfolgt Auftragserledigung zu dem bei der Lieferung gültigen Preis.

Unser Tip

Spielend Schach lernen
(2002) Von Theo Schuster, 128 Seiten, kart., **DM 6,80,** S 59,–
Durch die glasklare und ausführliche Darstellung der Grundbegriffe des Schachspiels wird das Schach-Lernen dem Neuling leicht gemacht. Der Lernende wird nicht überfordert, weil die Lehrmethoden aus der Praxis stammen.

Einführung in das Schachspiel
(0104) Von Walter Wollenschläger u. Karl Colditz, 92 Seiten, 116 Diagramme, kart., **DM 6,80,** S 59,–
Die Zugmöglichkeiten der Figuren, Vorstoß und Deckung, typische Spielkombinationen, gefährliche Mattpositionen und Verteidigungszüge werden mit Diagrammen und leicht nachvollziehbaren Erläuterungen dargestellt.

Schach als Kampf – Meine Spiele und mein Weg
(0729) Von Gary Kasparow, 144 Seiten, 9 s/w-Fotos, 95 Diagramme, kart., **DM 14,80,** S 110,–
Dieses Buch informiert über Kasparows Entwicklung als Schachspieler, seine Vorbilder und seine Denkweise. Von ihm selbst kommentiert, erhält der Leser einen unmittelbaren Einblick in das Denken eines der besten Schachspieler der Welt und erlebt das Entstehen theoretischer Neuerungen und ihre praktische Anwendung im Turnier.

Kinder- und Jugend-Schach
Offizielles Lehrbuch des Deutschen Schachbundes zur Erringung der Bauern-, Turm- und Königsdiplome
(0561) Von B. J. Withuis u. Helmut Pfleger, 144 Seiten, 220 Zeichnungen u. Diagramme, kart., **DM 12,80,** S 99,–
Schach ist für Kinder die beste Möglichkeit, die Konzentrationsfähigkeit zu verbessern, strategisches Denken zu schulen und dabei noch Spaß zu haben.

Falls durch besondere Umstände Preisänderungen notwendig werden, erfolgt Auftragserledigung zu dem bei der Lieferung gültigen Preis.

Unser Tip

Zug um Zug – Schach für jedermann 1
Offizielles Lehrbuch des Deutschen Schachbundes
zur Erringung des Bauerndiploms.
(0648) Von H. Pfleger, E. Kurz, 80 Seiten, 24 s/w-Fotos,
60 Diagramme, 8 Zeichnungen, kart., **DM 6,80**, S 59,–.
Das Buch weiht den Neuling in das Spiel ein und gibt dem
Anfänger manche Anregung. Den Abschluß dieses Lehrganges bildet das Bauerndiplom. Die Aufgaben, die dazu gelöst werden müssen, findet man nur in diesem Buch.

Zug um Zug – Schach für jedermann 2
Offizielles Lehrbuch des Deutschen Schachbundes
zur Erringung des Turmdiploms.
(0659) Von H. Pfleger, E. Kurz, 132 Seiten, 78 Diagramme,
8 s/w-Fotos, 14 Zeichnungen, kart., **DM 9,80**, S 79,–.
In diesem zweiten Band erhält der Leser ein fundiertes
Wissen über grundlegende Kombinationen wie Fesselung,
Gabel und Opfer und den typischen Matt-Bildern.

Zug um Zug – Schach für jedermann 3
Offizielles Lehrbuch des Deutschen Schachbundes
zur Erringung des Königsdiploms.
(0728) Von H. Pfleger, G. Treppner, 128 Seiten, 4 s/w-Fotos,
10 Zeichnungen, 84 Diagramme, kart., **DM 9,80**, S 79,–.
In den drei großen Gruppen: Eröffnung – Mittelspiel –
Endspiel, erfährt der Leser alles Wichtige über offene,
halboffene und geschlossene Spiele.

Lehr-, Übungs- und Testbuch der Schachkombinationen
(0649) Von K. Colditz, 184 Seiten, 227 Diagramme,
kart., **DM 14,80**, S 119,–.
In einem systematisch ansteigenden Übungsprogramm
erlernt der Leser die typischen Manöver und erhöht dadurch
seine Kombinationsfähigkeit.

Falls durch besondere Umstände Preisänderungen notwendig werden, erfolgt Auftragserledigung zu dem bei der Lieferung gültigen Preis.

Gesamt-Programm
Stand Sommer 1986

Essen und Trinken

Köstliche Suppen
für jede Tages- und Jahreszeit. (5122) Von E. Fuhrmann, 64 S., 38 Farbfotos, 2 Zeichnungen, Pappband.
DM 14,80/S 119.–

Kochen, was allen schmeckt
1700 Koch- und Backrezepte für jede Gelegenheit. (4098) Von A. und G. Eckert, 796 S., 60 Farbtafeln, Pappband. **DM 29,80**/S 239.–

Falken-Handbuch
Kochen nach allen Regeln der Kunst
Das moderne Grundkochbuch mit über 1000 Farbbildern. (4143) Von M. Gutta, 624 S., über 1000 farbige Abb., gebunden. **DM 78,–**/S 598.–

Brunos beste Rezepte
– rund ums Jahr (4154) Von B. Henrich, 136 S., 15 Farbfotos, kart.
DM 14,80/S 119.–

Was koche ich heute?
Neue Rezepte für Fix-Gerichte. (0608) Von A. Badelt-Vogt, 112 S., 16 Farbtafeln, kart. **DM 9,80**/S 79.–

Kochen für 1 Person
Rationell wirtschaften, abwechslungsreich und schmackhaft zubereiten. (0586) Von M. Nicolin, 136 S., 8 Farbtafeln, 23 Zeichnungen, kart.
DM 9,80/S 79.–

Gesunde Kost aus dem Römertopf
(0442) Von J. Kramer, 128 S., 8 Farbtafeln, 13 Zeichnungen, kart.
DM 8,80/S 74.–

Nudelgerichte
– lecker, leicht zu kochen. (0466) Von C. Stephan, 80 S., 8 Farbtafeln, kart.
DM 7,80/S 69.–

Lieblingsrezepte
Phantasievoll zubereitet und originell dekoriert. (4234) Hrsg. P. Diller. 160 S., 120 Farbfotos, 34 Zeichnungen, Pappband. **DM 24,80**/S 198.–

Was Männer gerne essen
Leibgerichte
(2216) Von C. Arius, 80 S., 55 Farbabb., Pappband. **DM 9,80**/S 85.–

Omas Küche und unsere Küche heute
(4089) Von J. P. Lemcke, 160 S., 8 Farbtafeln, 95 Zeichnungen, Pappband.
DM 24,80/S 198.–

Die besten Eintöpfe und Aufläufe
Das Beste aus den Kochtöpfen der Welt (5079) Von A. und G. Eckert, 64 S., 50 Farbfotos, Pappband.
DM 14,80/S 119.–

Schnell und gut gekocht
Die tollsten Rezepte für den Schnellkochtopf. (0265) Von J. Ley, 96 S., 8 Farbtafeln, kart. **DM 7,80**/S 69.–

Kochen und backen im Heißluftherd
Vorteile, Gebrauchsanleitung, Rezepte. (0516) Von K. Kölner, 72 S., 8 Farbtafeln, kart. **DM 7,80**/S 69.–

Das neue Mikrowellen-Kochbuch
(0434) Von H. Neu, 64 S., 4 Farbtafeln, 16 s/w Zeichnungen, kart.
DM 6,80/S 59.–

Ganz und gar mit Mikrowellen
(4094) Von T. Peters, 208 S., 24 Farbfotos, 12 Zeichnungen, kart.
DM 29,80/S 239.–

Haltbar machen durch
Trocknen und Dörren
Obst, Gemüse, Pilze, Kräuter
(0696) Von M. Bustorf-Hirsch, 32 S., 42 Farbfotos, Spiralbindung.
DM 7,80/ S 69.–

Marmeladen, Gelees und Konfitüre
Köstlich wie zu Omas Zeiten – einfach selbstgemacht. (0720) Von M. Gutta, 32 S., 23 Farbfotos, 1 Zeichnung, Pappband. **DM 7,80**/S 69.–

Einkochen
nach allen Regeln der Kunst. (0405) Von B. Müller, 128 S., 8 Farbtafeln, kart.
DM 9,80/S 79.–

Einkochen, Einlegen, Einfrieren
Gesund, herzhaft. (4055) Von B. Müller, 27 s/w.-Abb., kart. **DM 14,80**/S 119.–

Das neue Fritieren
geruchlos, schmackhaft und gesund. (0365) Von P. Kühne, 96 S., 8 Farbtafeln, kart. **DM 7,80**/S 69.–

Weltmeister-Soßen
Die Krönung der feinen Küche. (0357) Von G. Cavestri, 96 S., 4 Farbtafeln, 80 Zeichnungen, kart. **DM 9,80**/S 79.–

Wildgerichte
einfach bis raffiniert. (5115) Von M. Gutta, 64 S., 43 Farbfotos, Pappband.
DM 14,80/S 119.–

Geflügel
Die besten Rezepte aus aller Welt. (5050) Von M. Gutta, 64 S., 32 Farbfotos, Pappband. **DM 14,80**/S 119.–

Mehr Freude und Erfolg beim **Grillen**
(4141) Von A. Berliner, 160 S., 147 Farbfotos, 10 farbige Zeichnungen, Pappband. **DM 24,80**/S 198.–

Grillen
Fleisch · Fisch · Beilagen · Soßen. (5001) Von E. Fuhrmann, 64 S., 38 Farbfotos, Pappband. **DM 14,80**/S 119.–

Chinesisch kochen
Schmackhafte Rezepte für die abwechslungsreiche Küche. (5011) Von A. und G. Eckert, 64 S., 57 Farbfotos, Pappband.
DM 14,80/S 119.–

Chinesisch kochen
mit dem Wok-Topf und dem Mongolen-Topf. (0557) Von C. Korn, 64 S., 8 Farbtafeln, kart. **DM 7,80**/S 69.–

Schlemmerreise durch die
Chinesische Küche
(4184) Von Kuo Huey Jen, 160 S., 117 Farbfotos, Pappband.
DM 24,80/S 198.–

Ostasiatische Küche
schmackhaft, bekömmlich und vielseitig. (5066) Von T. Sozuki, 64 S., 39 Farbfotos, Pappband. **DM 14,80**/S 119.–

Nordische Küche
Speisen und Getränke von der Küste. (5082) Von J. Kürtz, 64 S., 44 Farbfotos, Pappband. **DM 14,80**/S 119.–

Deutsche Küche
Schmackhafte Gerichte von der Nordsee bis zu den Alpen. (5025) Von E. Fuhrmann, 64 S., 52 Farbfotos, Pappband.
DM 14,80/S 119.–

Französisch kochen
Eine kulinarische Reise durch Frankreich. (5016) Von M. Gutta, 64 S., 35 Farbfotos, Pappband. **DM 14,80**/S 114.–

Französische Küche
(0685) Von M. Gutta, 96 S., 16 Farbtafeln, kart. **DM 8,80**/S 74.–

Französische Spezialitäten aus dem Backofen
Herzhafte Tartes und Quiches mit Fleisch, Fisch, Gemüse und Käse
(5146) Von P. Klein, 64 S., 43 Farbfotos, Pappband. **DM 16,80**/139,–

Kochen und würzen mit **Knoblauch**
(0725) Von A. und G. Eckert, 96 S., 8 Farbtafeln, kart. **DM 7,80**/S 69,–

Schlemmerreise durch die
Italienische Küche
(4172) Von V. Pifferi. 160 S., 109 Farbfotos, Pappband. **DM 24,80**/S 198.–

Italienische Küche
Ein kulinarischer Streifzug mit regionalen Spezialitäten. (5026) Von M. Gutta, 64 S., 35 Farbfotos, Pappband.
DM 14,80/S 119.–

Portugiesische Küche und Weine
Kulinarische Reise durch Portugal. (0607) Von E. Kasten, 96 S., 16 Farbtafeln, kart. **DM 9,80**/S 79.–

Köstliche Pizzas, Toasts, Pasteten
Schmackhafte Gerichte schnell zubereitet. (5081) Von A. und G. Eckert, 64 S., 46 Farbfotos, Pappband.
DM 14,80/S 119.–

Köstliche Pilzgerichte
Rezepte für die meistvorkommenden Speisepilze. (5133) Von V. Spicker-Noack, M. Knoop, 64 S., 52 Farbfotos, Pappband. **DM 14,80**/S 119.–

Am Tisch zubereitet
Fondues, Raclettes, Flambieren. (4152) Von I. Otto, 208 S., 12 Farbtafeln, 17 s/w-Fotos, Pappband. **DM 24,80**/S 198.–

Postfach 1120 · D-6272 Niedernhausen/Ts. Tel. 0 61 27/70 20 · Telex 4186585 fves d

Köstliche Fondues
mit Fleisch, Geflügel, Fisch, Käse, Gemüse und Süßem. (5006) Von E. Fuhrmann, 64 S., 50 Farbfotos, Pappband. **DM 14,80**/S 119.–

Fondues
und fritierte Leckerbissen. (0471) Von S. Stein, 96 S., 8 Farbtafeln, kart. **DM 6,80**/S 59.–

Fondues · Raclettes · Flambiertes
(4081) Von R. Peiler und M.-L. Schult, 136 S., 15 Farbtafeln, 28 Zeichnungen, kart. **DM 14,80**/S 119.–

Neue, raffinierte Rezepte mit dem Raclette-Grill
(0558) Von L. Helger, 56 S., 8 Farbtafeln, kart. **DM 7,80**/S 69.–

Rezepte rund um Raclette und Hobby-Rechaud
(0420) Von J. W. Hochscheid, 72 S., 8 Farbtafeln, kart. **DM 7,80**/S 69.–

Kochen und Würzen mit Paprika
(0792) Von A. u. G. Eckert, 88 S., 8 Farbtafeln, kart. **DM 8,80**/S 74.–

Kleine Kalte Küche
für Alltag und Feste. (5097) Von A. und G. Eckert, 64 S., 45 Farbfotos, Pappband. **DM 12,80**/S 99.–

Kalte Platten – Kalte Büfetts
rustikal bis raffiniert. (5015) Von M. Gutta, 64 S., 34 Farbfotos, Pappband. **DM 14,80**/S 119.–

Kalte Happen und Partysnacks
Canapès, Sandwiches, Pastetchen, Salate und Suppen. (5029) Von D. Peters, 64 S., 44 Farbfotos, Pappband. **DM 14,80**/S 119.–

Garnieren und Verzieren
(4236) Von R. Biller, 160 S., 329 Farbfotos, 57 Zeichnungen, Pappband. **DM 24,80**/S 198.–

Desserts
Puddings, Joghurts, Fruchtsalate, Eis, Gebäck, Getränke. (5020) Von M. Gutta, 64 S., 41 Farbfotos, Pappband. **DM 14,80**/S 119.–

Süße Nachspeisen
(0601) Von P. Lohmann, 96 S., 8 Farbtafeln, 28 Zeichnungen, kart. **DM 8,80**/S 74.–

Crêpes, Omeletts und Soufflés
Pikante und süße Spezialitäten. (5131) Von J. Rosenkranz, 64 S., 45 Farbfotos, Pappband. **DM 14,80**/S 119.–

Backen
(4113) Von M. Gutta, 240 S., 123 Farbfotos, Pappband. **DM 48,–**/S 398.–

Kuchen und Torten
Die besten und beliebtesten Rezepte. (5067) Von M. Sauerborn, 64 S., 79 Farbfotos, Pappband. **DM 7,80**/S 69.–

Schönes Hobby Backen
Erprobte Rezepte mit modernen Backformen. (0451) Von E. Blome, 96 S., 8 Farbtafeln, kart. **DM 7,80**/S 69.–

Backen, was allen schmeckt
Kuchen, Torten, Gebäck und Brot. (4166) Von E. Blome, 556 S., 40 Farbtafeln, Pappband. **DM 24,80**/S 198.–

Meine Vollkornbackstube
Brot · Kuchen · Aufläufe. (0616) Von R. Raffelt, 96 S., 4 Farbtafeln, 12 Zeichnungen, kart. **DM 6,80**/S 59.–

Biologisch Backen
Neue Rezeptideen für Kuchen, Brote, Kleingebäck aus vollem Korn. (4174) Von M. Bustorf-Hirsch, 136 S., 15 Farbtafeln, 47 Zeichnungen, kart. **DM 14,80**/S 119.–

Selbst Brotbacken
Über 50 erprobte Rezepte. (0370) Von J. Schiermann, 80 S., 6 Zeichnungen, 4 Farbtafeln, kart. **DM 6,80**/S 59.–

Mehr Freude und Erfolg beim Brotbacken
(4148) Von A. und G. Eckert. 160 S., 177 Farbfotos, Pappband. **DM 24,80**/S 198.–

Brotspezialitäten
knusprig backen – herzhaft essen. (5088) Von J. W. Hochscheid und L. Helger, 64 S., 48 Farbfotos, Pappband. **DM 14,80**/S 119.–

Weihnachtsbäckerei
Köstliche Plätzchen, Stollen, Honigkuchen und Festtagstorten. (0682) Von M. Sauerborn, 32 S., 36 Farbfotos, Pappband. **DM 7,80**/S 69.–

Waffeln
süß und pikant. (0522) Von C. Stephan, 64 S., 8 Farbtafeln, kart. **DM 6,80**/S 59.–

Kochen für Diabetiker
Gesund und schmackhaft für die ganze Familie. (4132) Von M. Toeller, W. Schumacher, A. C. Groote, 224 S., 109 Farbfotos, 94 Zeichnungen, Pappband. **DM 29,80**/S 239.–

Neue Rezepte für Diabetiker-Diät
Vollwertig – abwechslungsreich – kalorienarm. (0418) Von M. Oehlrich, 120 S., 8 Farbtafeln, kart. **DM 9,80**/S 79.–

Schlemmertips für Figurbewußte
(0680) Von V. Kahn, 64 S., 8 Farbtafeln, kart. **DM 9,80**/S 79.–

Wer schlank ist, lebt gesünder
Tips und Rezepte zum Schlankwerden und -bleiben. (0562) Von R. Mainer, 80 S., 8 Farbtafeln, kart. **DM 8,80**/S 74.–

Kalorien – Joule
Eiweiß · Fett · Kohlenhydrate tabellarisch nach gebräuchlichen Mengen. (0374) Von M. Bormio, 88 S., kart. **DM 6,80**/S 59.–

Alles mit Joghurt
tagfrisch selbstgemacht. Mit vielen Rezepten. (0382) Von G. Volz, 88 S., 8 Farbtafeln, kart. **DM 7,80**/S 69.–

Die Brot-Diät
Ein Schlankheitsplan ohne Extreme. (0452) Von Prof. Dr. E. Menden und W. Aign, 92 S., 8 Farbtafeln, kart. **DM 7,80**/S 69.–

Gesund leben – schlank werden mit der Bio-Kur
(0657) Von S. Winter. 144 S., 4 Farbtafeln, kart. **DM 9,80**/S 79.–

Miekes Kräuter- und Gewürzkochbuch
(0323) Von I. Persy und K. Mieke, 96 S., 8 Farbtafeln, kart. **DM 8,80**/S 74.–

Salate
(4119) Von C. Schönherr, 240 S., 115 Farbfotos, gebunden. **DM 48,–**/S 389.–

Delikate Salate
für alle Gelegenheiten rund um's Jahr. (5002) Von E. Fuhrmann, 64 S., 50 Farbfotos, Pappband. **DM 14,80**/S 119.–

Das köstliche knackige Schlemmervergnügen.
Salate
(4165) Von V. Müller. 160 S., 80 Farbfotos, Pappband. **DM 24,80**/S 198.–

111 köstliche Salate
Erprobte Rezepte mit Pfiff. (0222) Von C. Schönherr, 96 S., 8 Farbtafeln, 30 Zeichnungen, kart. **DM 8,80**/S 74.–

Rohkost
Schmackhafte Gerichte für die gesunde Ernährung. (5044) Von I. Gabriel, 64 S., 53 Farbfotos, Pappband. **DM 14,80**/S 119.–

Joghurt, Quark, Käse und Butter
Schmackhaftes aus Milch hausgemacht. (0739) Von M. Bustorf-Hirsch. 32 S., 59 Farbabb., Pappband. **DM 7,80**/S 69.–

Die abwechslungsreiche Vollwertküche
Vitaminreich und naturbelassen kochen und backen. (4229) Von M. Bustorf-Hirsch, K. Siegel, 280 S., 31 Farbtafeln, 78 Zeichnungen, Pappband. **DM 36,–**/S 319.–

Alternativ essen
Die gesunde Sojaküche. (0553) Von U. Kolster, 112 S., 8 Farbtafeln, kart. **DM 9,80**/S 79.–

Das Reformhaus-Kochbuch
Gesunde Ernährung mit hochwertigen Naturprodukten. (4180) Von A. u. G. Eckert, 160 S. 15 Farbtafeln, Pappband. **DM 24,80**/S 198.–

Gesund kochen mit Keimen und Sprosen
(0794) Von M. Bustdorf-Hirsch, 104 S., 8 Farbtafeln, 13 s/w-Zeichnungen, kart. **DM 8,80**/S 74.–

Die feine Vegetarische Küche
(4235) Von F. Faist, 160 S., 191 Farbfotos, Pappband. **DM 24,80**/S 198.–

Biologische Ernährung
für eine natürliche und gesunde Lebensweise. (4125) Von G. Leibold, 136 S., 15 Farbtafeln, 47 Zeichnungen, kart. **DM 14,80**/S 119.–

Gesunde Ernährung für mein Kind
(0776) Von M. Bustdorf-Hirsch, 96 S., 8 Farbtafeln, 5s/w Zeichnungen, kart. **DM 9,80**/S 79.–

Vitaminreich und naturbelassen
Biologisch Kochen
(4162) Von M. Bustdorf-Hirsch und K. Siegel, 144 S., 15 Farbtafeln, 31 Zeichnungen, kart., **DM 14,80**/S 119.–

Gesund kochen
wasserarm · fettfrei · aromatisch. (4060) Von M. Gutta, 240 S., 16 Farbtafeln, Pappband. **DM 29,80**/S 239.–

Kräuter- und Heilpflanzen-Kochbuch
für eine gesunde Lebensweise. (4066) Von P. Pervenche, 143 S., 15 Farbtafeln, kart. **DM 14,80**/S 119.–

Pralinen und Konfekt
Kleine Köstlichkeiten selbstgemacht. (0731) Von H. Engelke, 32 S., 57 Farbfotos, Pappband. **DM 7,80**/S 69.–

Köstlichkeiten für Gäste und Feste
Kalte Platten
(4200) Von I. Pfliegner, 160 S., 130 Farbfotos, Pappband. **DM 24,80**/S 198.–

Kochen für Gäste
Köstliche Menüs mit Liebe zubereitet. (5149) Von R. Wesseler, 64 S., 40 Farbfotos, Pappband. **DM 14,80**/S 119.–

Die Preise entsprechen dem Status beim Druck diese

Das richtige Frühstück
Gesunde Vollwertkost vitaminreich und naturbelassen.
(0784) Von C. Kratzel und R. Böll, 32 S., 28 Farbfotos, Pappband. **DM 7,80**/S 69,–

Bocuse à la carte
Französisch kochen mit dem Meister.
(4237) Von P. Bocuse, 88 S., 218 Farbfotos, Pappband. **DM 19,80**/S 159,–
Auch als Video-Kassette erhältlich
Kochschule mit Paul Bocuse
(6016/VHS, 6017/Video-2000, 6018 Beta), 60 Min. in Farbe
DM 69,–/S 619,–
(unverb. Preispempfehlung)

Natursammlers Kochbuch
Wildfrüchte und Gemüse, Pilze, Kräuter – finden und zubereiten. (4040) Von C. M. Kerler, 140 S., 12 Farbtafeln, kart. **DM 19,80**/S 159,–

Neue Cocktails und Drinks
mit und ohne Alkohol. (0517) Von S. Späth, 128 S., 4 Farbtafeln, kart., **DM 9,80**/S 79,–

Mixgetränke
mit und ohne Alkohol (5017) Von C. Arius, 64 S., 35 Farbfotos, Pappband. **DM 14,80**/S 119,–

Cocktails und Mixereien
für häusliche Feste und Parties. (0075) Von J. Walker, 96 S., 4 Farbtafeln, kart. **DM 6,80**/S 59,–

Die besten Punsche, Grogs und Bowlen
(0575) Von F. Dingden, 64 S., 2 Farbtafeln, kart. **DM 6,80**/S 59.–

Weine und Säfte, Liköre und Sekt
selbstgemacht. (0702) Von P. Arauner, 232 S., 76 Abb., kart. **DM 16,80**/S 139,–

Mitbringsel aus meiner Küche
selbst gemacht und liebevoll verpackt. (0668) Von C. Schönherr, 32 S., 30 Farbfotos, Pappband. **DM 7,80**/S 69,–

Weinlexikon
Wissenswertes über die Weine der Welt. (4149) Von U. Keller, 228 S., 6 Farbtafeln, 395 s/w-Fotos, Pappband. **DM 29,80**/S 239,–

Köstliches Lebenselixier Wein
(2204) Von H. Steffan, 80 S., 74 Farbfotos u. Zeichnungen, Pappband. **DM 9,80**/S 85.–

Von der Romantik der blauen Stunde
Cocktails und Drinks
(2209) Von S. Späth, 80 S., 25 Farbfotos und Zeichnungen, Pappband. **DM 9,80**/S 85,–

Vom Genuß des braunen Goldes **Kaffee**
(2213) Von H. Strutzmann, 80 S., 49 Fotos, Pappband. **DM 9,80**/S 85,–

Heißgeliebter Tee
Sorten, Rezepte und Geschichten. (4114) Von C. Maronde, 153 S., 16 Farbtafeln, 93 Zeichnungen, gebunden. **DM 26,80**/S 218.–

Tee für Genießer.
Sorten · Riten · Rezepte. (0356) Von M. Nicolin, 64 S., 4 Farbtafeln, kart. **DM 5,80**/S 49.–

Tee
Herkunft · Mischungen · Rezepte. (0515) Von S. Ruske, 96 S., 4 Farbtafeln, 16 s/w Abbildungen, Pappband. **DM 9,80**/S 79,–

Vom höchsten Genuß des Teetrinkens
(2201) Von I. Ubenauf, 80 S., 57 Farbfotos u. Zeichnungen, Pappband. **DM 9,80**/S 85.–

Kinder lernen spielend backen
(5110) Von M. Gutta, 64 S., 45 Farbfotos, Pappband. **DM 14,80**/S 119,–

Kinder lernen spielend kochen
Lieblingsgerichte mit viel Spaß selbst zubereitet. (5096) Von M. Gutta, 64 S., 45 Farbfotos, Pappband, **DM 14,80**/S 119,–

Hobby

Aquarellmalerei
als Kunst und Hobby.
(4147) Von H. Haack und B. Wersche, 136 S., 62 Farbfotos, 119 Zeichnungen, gebunden **DM 39,–**/S 319,–

Aquarellmalerei
Materialien · Techniken · Motive.
(5099) Von Th. Hinz, 64 S., 79 Farbfotos, Pappband. **DM 14,80**/S 119,–

Aquarellmalerei leicht gelernt
Materialien · Techniken · Motive.
(0787) Von T. Hinz, R. Braun, B. Zeidler, 32 S., 38 Farbfotos, 1 Zeichnung, Pappband. **DM 7,80**/S 69.–

Origami –
Die Kunst des Papierfaltens. (0280) Von R. Harbin, 160 S., 633 Zeichnungen, kart. **DM 9,80**/S 79,–

Hobby Origami
Papierfalten für groß und klein.
(0756) Von Z. Aytüre-Scheele, 88 S., über 800 Farbfotos, kart.
DM 19,80/S 159,–

Neue zauberhafte Origami-Ideen
Papierfalten für groß und klein.
(0805) Von Z. Aytüre-Scheele, 80 S., 720 Farbfotos, Pappband. **DM 19,80**/S 159.–

Weihnachtsbasteleien
(0667) Von M. Kühnle und S. Beck, 32 S., 56 Farbfotos, 6 Zeichnungen, Pappband. **DM 7,80**/S 69,–

Falken-Handbuch
Zeichnen und Malen
(4167) Von B. Bagnall, 336 S., 1154 Farbabb., Pappband. **DM 68,–**/S 549,–

Naive Malerei
Materialien · Motive · Techniken
(5083) Von F. Krettek, 64 S., 76 Farbfotos, Pappband. **DM 14,80**/S 119,–

Bauernmalerei
als Kunst und Hobby. (4057) Von A. Gast und H. Stegmüller, 128 S., 239 Farbfotos, 26 Riß-Zeichnungen, Pappband. **DM 39,–**/S 319,–

Hobby Bauernmalerei
(0436) Von S. Ramos und J. Roszak, 80 S., 116 Farbfotos und 28 Motivvorlagen, kart. **DM 19,80**/S 159,–

Bauernmalerei
Kreatives Hobby nach alter Volkskunst (5039) Von S. Ramos, 64 S., 85 Farbfotos, Pappband. **DM 14,80**/S 119,–

Glasmalerei
als Kunst und Hobby. (4088) Von F. Krettek und S. Beeh-Lustenberger, 132 S., 182 Farbfotos, 38 Motivvorlagen, Pappband. **DM 39,–**/S 319,–

Naive Hinterglasmalerei
Materialien · Techniken · Bildvorlagen
(5145) Von F. Krettek, 64 S., 87 Farbfotos, 6 Zeichnungen, Pappband. **DM 16,80**/S 139,–

Glasritzen
Materialien · Formen · Motive. (5109) Von G. Mégroz, 64 S., 110 Farbfotos, 15 Zeichnungen, Pappband. **DM 14,80**/S 119,–

Kunstvolle Seidenmalerei
Mit zauberhaften Ideen zum Nachgestalten. (0783) Von I. Demharter, 32 S., 56 Farbfotos, Pappband. **DM 7,80**/S 74,–

Zauberhafte Seidenmalerei
Materialien · Techniken · Gestaltungsvorschläge. (0664) Von E. Dorn, 32 S., 62 Farbfotos, Pappband. **DM 7,80**/S 69,–

Hobby Seidenmalerei
(0611) Von R. Henge, 88 S., 106 Farbfotos, 28 Zeichnungen, kart. **DM 19,80**/S 159,–

Hobby Stoffdruck und Stoffmalerei
(0555) Von A. Ursin, 80 S., 68 Farbfotos, 68 Zeichnungen, kart. **DM 19,80**/S 159,–

Stoffmalerei und Stoffdruck
Materialien · Techniken · Ideen · Modelle
(5074) Von H. Gehring, 64 S., 110 Farbfotos, Pappband. **DM 14,80**/S 119,–

Batik
leicht gemacht. Materialien · Färbetechniken · Gestaltungsideen. (5112) Von A. Gast, 64 S., 105 Farbfotos, Pappband. **DM 14,80**/S 119,–

Textilfärben
Färben so einfach wie Waschen. (0693) Von W. Siegrist, P. Schärli, 32 S., 47 Farbfotos, 3 Zeichnungen, Spiralbindung. **DM 7,80**/S 69,–

Schöne Geschenke selbermachen
(4128) Von M. Kühnle, 128 S., 278 Farbfotos, 85 farbige Zeichnungen, gebunden. **DM 39,–**/S 319,–

Flechten
mit Bast, Stroh und Peddigrohr. (5098) Von H. Hangleiter, 64 S., 47 Farbfotos, 76 Zeichnungen, Pappband. **DM 14,80**/S 119,–

Makramee
Knüpfarbeiten leicht gemacht. (5075) Von B. Pröttel, 64 S., 95 Farbfotos, Pappband. **DM 12,80**/S 99,–

Häkeln und Makramee
Techniken · Geräte · Arbeitsmuster. (0320) Von M. Stradal, 104 S., 191 Abb. und Schemata, kart. **DM 6,80**/S 59,–

Falken-Handbuch
Häkeln
ABC der Häkeltechniken und Häkelmuster in ausführlichen Schritt-für-Schritt-Bildfolgen.
(4194) Von H. Fuchs, M. Natter, 288 S., 597 Farbfotos, 476 farbige Zeichnungen.
DM 39,–/S 319,–

Häkeln
Schritt für Schritt für Rechts- und Linkshänder. (5134) Von H. Klaus, 64 S., 120 Farbfotos, 144 Zeichnungen, Pappband. **DM 14,80**/S 119,–

Klöppeln
Schritt für Schritt leicht gelernt. (0788) Von U. Seiffer, 32 S., 42 Farb-, 1 s/w-Foto, 25 Zeichnungen, mit Klöppelbriefen, Pappband. **DM 9,80**/S 79,–

Sticken
Schritt für Schritt für Rechts- und Linkshänder. (5135) Von U. Werner, 64 S., 196 Farbfotos, 110 Zeichnungen, Pappband. **DM 14,80**/S 119,–

Monogrammstickerei
Mit Vorlagen für Initialen, Vignetten und Ornamente. (5148) Von H. Fuchs, 64 S., 50 Farbfotos, 50 Zeichnungen, Pappband. **DM 14,80**/S 119,–

Falken-Handbuch **Stricken**
ABC der Stricktechniken und Strickmuster in ausführlichen Schritt-für-Schritt-Bildfolgen. (4137) Von M. Natter, 312 S., 106 Farb- und 922 s/w-Fotos, 318 Zeichnungen, Pappband.
DM 36,–/S 298,–

Bestrickend schöne Ideen
Pullover, Westen, Ensembles, Jacken
(4178) Von R. Weber, 208 S., 220 Farbfotos, 358 Zeichnungen, Pappband.
DM 29,80/S 239,–

Chic in Strick
Neue Pullover
Westen · Jacken · Kleider · Ensembles. (4224) Hrsg. R. Weber, 192 S., 255 Farbabb., Pappband. **DM 29,80**/S 239,–

Videokassette Stricken
(6007/VHS, 6008/Video 2000, 6009/Beta). Von P. Krolikowski-Habicht, H. Jaacks, 51 Min., in Farbe.
DM 49,80/S 448,–
(unverbindl. Preisempf.)

Stricken
Schritt für Schritt für Rechts- und Linkshänder. (5142) Von S. Oelwein-Schefczik, 64 S., 148 Farbfotos, 173 Zeichnungen, Pappband. **DM 14,80**/S 119,–

Kuscheltiere stricken und häkeln
Arbeitsanleitungen und Modelle. (0734) Von B. Wehrle, 32 S., 60 Farbfotos, 28 Zeichnungen, Spiralbindung.
DM 7,80/S 69,–

Hobby Patchwork und Quilten
(0768) Von B. Staub-Wachsmuth, 80 S., 108 Farbabb., 43 Zeichnungen, kart.
DM 19,80/S 159,–

Textiles Gestalten
Weben, Knüpfen, Batiken, Sticken, Objekte und Strukturen. (5123) Von J. Fricke, 136 S., 67 Farb- und 189 s/w-Fotos, 15 Zeichnungen, kart.
DM 16,80/S 139,–

Gestalten mit Glasperlen
fädeln · sticken · weben (0640) Von A. Köhler, 32 S., 55 Farbfotos, Spiralbindung. **DM 6,80**/S 59,–

Neue zauberhafte Salzteig-Ideen
(0719) Von I. Kiskalt, 80. S., 320 Farbfotos, 12 Zeichnungen, kart.
DM 19,80/S 159,–

Hobby Salzteig
(0662) Von I. Kiskalt, 80 S., 150 Farbfotos, 5 Zeichnungen, Schablonen.
DM 19,80/S 159,–

Gestalten mit Salzteig
formen · bemalen · lackieren. (0613) Von W.-U. Cropp, 32 S., 56 Farbfotos, 17 Zeichnungn, Pappband.
DM 7,80/S 69,–

Buntbemalte Kunstwerke aus Salzteig
Figuren, Landschaften und Wandbilder. (5141) Von G. Belli, 64 S., 165 Farbfotos, 1 Zeichnung, Pappband.
DM 14,80/S 119,–

Kreatives Gestalten mit Salzteig
Originelle Motive für Fortgeschrittene. (0769) Hrsg. I. Kiskalt, 80 S., 168 Farbfotos, kart. **DM 19,80**/S 159,–

Videokassette Salzteig
(6010/VHS, 6011/Video 2000, (6012/Beta) Von I. Kiskalt, Dr. A. Teuchert, in Farbe, ca. 35 Min. **DM 68,–**/ S 612,–
(Unverb. Preisempfehlung)

Tiffany-Spiegel selbermachen
Materialien · Arbeitsanleitung · Vorlagen. (0761) Von R. Thomas, 32 S., 53 Farbfotos, Pappband. **DM 7,80**/S 69,–

Tiffany-Lampen selbermachen
Arbeitsanleitung · Materialien · Modelle. (0684) Von I. Spliethoff, 32 S., 60 Farbfotos, Pappband. **DM 7,80**/S 69,–

Hobby Glaskunst in Tiffany-Technik
(0781) Von N. Köppel, 80 S., 194 Farbfotos, 6 s/w-Abb., kart.,
DM 19,80/S 159,–

Kerzen und Wachsbilder
gießen · modellieren · bemalen. (5108) Von Ch. Riess, 64 S., 110 Farbfotos, Pappband. **DM 14,80**/S 119,–

Hobby Holzschnitzen
Von der Astholzfigur zur Vollplastik. (5101) Von H.-D. Wilden, 112 S., 16 Farbtafeln, 135 s/w-Fotos, kart.
DM 16,80/S 139,–

Bastelspaß mit der Laubsäge
Mit Schnittmusterbogen für viele Modelle in Originalgröße. (0741) Von L. Giesche, M. Bausch, 32 S., 61 Farbfotos, 7 Zeichnungen, Schnittmusterbogen, Pappband.
DM 9,80/S 79,–

Falken-Heimwerker-Praxis
Tapezieren
(0743) Von W. Nitschke, 112 S., 186 Farbfotos, 9 Zeichnungen, kart.
DM 19,80/S 159,–

Falken-Heimwerker-Praxis
Anstreichen und Lackieren
(0771) Von P. Müller, 120 S., 186 Farbfotos, 2 s/w Fotos, 3 Zeichnungen, kart.
DM 19,80/S 159,–

Falken-Heimwerker-Praxis
Fahrrad-Reparaturen
(0796) Von R. van der Plas, 112 S., 140 Farbfotos, 113 farbige Zeichnungen, kart. **DM 19,80**/S 159,–

Falken-Handbuch **Heimwerken**
Reparieren und selbermachen in Haus und Wohnung – über 1100 Farbfotos. Sonderteil: Praktisches Energiesparen. (4117) Von Th. Pochert, 440 S., 1103 Farbfotos. 100 ein- und zweifarbige Abb., Pappband. **DM 49,–**/S 398,–

Restaurieren von Möbeln
Stilkunde, Materialien, Techniken, Arbeitsanleitungen in Bildfolgen.
(4120) Von E. Schnaus-Lorey, 152 S., 37 Farbfotos, 75 s/w Fotos, 352 Zeichnungen, Pappband. **DM 39,–**/ S 319,–

Möbel aufarbeiten, reparieren und pflegen
(0386) Von E. Schnaus-Lorey, 96 S., 28 Fotos, 101 Zeichnungen, kart.,
DM 9,80/S 79,–

Vogelhäuschen, Nistkästen, Vogeltränken mit Plänen und Anleitungen zum Selbstbau. (0695) Von J. Zech, 32 S., 42 Farbfotos, 5 Zeichnungen, Pappband. **DM 7,80**/S 69,–

Papiermachen
ein neues Hobby. (5105) Von R. Weidenmüller, 64 S., 84 Farbfotos, 9 s/w-Fotos, 14 Zeichnungen, Pappband.
DM 16,80/S 139,–

Schmuck und Objekte aus Metall und Email
(5078) Von J. Fricke, 120 S., 183 Abb., kart. **DM 16,80**/S 139,–

Strohschmuck selbstgebastelt
Sterne, Figuren und andere Dekorationen (0740) Von E. Rombach, 32 S., 60 Farbfotos, 17 Zeichnungen, Pappband.
DM 7,80/S 69,–

Das Herbarium
Pflanzen sammeln, bestimmen und pressen. (5113) Von I. Gabriel, 96 S., 140 Farbfotos, Pappband.
DM 16,80/S 139,–

Gestalten mit Naturmaterialien
Zweige, Kerne, Federn, Muscheln und anderes. (5128) Von I. Krohn, 64 S., 101 Farbfotos, 11 farbige Zeichnungen, Pappband. **DM 14,80**/S 119,–

Dauergestecke
mit Zweigen, Trocken- und Schnittblumen. (5121) Von G. Vocke, 64 S., 57 Farbfotos, Pappband. **DM 14,80**/S 119,–

Ikebana
Einführung in die japanische Kunst des Blumensteckens. (0548) Von G. Vocke, 152 S., 47 Farbfotos, kart.
DM 19,80/S 159,–

Blumengestecke im Ikebanastil
(5041) Von G. Vocke, 64 S., 37 Farbfotos, viele Zeichnungen, Pappband.
DM 14,80/S 119,–

Hobby Trockenblumen
Gewürzsträuße, Gestecke, Kränze, Buketts. (0643) Von R. Strobel-Schulze, 88 S., 170 Farbfotos, kart.
DM 19,80/S 159,–

Hobby Gewürzsträuße
und zauberhafte Gebinde nach Salzburger Art. (0726) Von A. Ott, 80 S., 101 Farbfotos, 51 farbige Zeichnungen, kart. **DM 19,80**/S 159,–

Die Preise entsprechen dem Status beim Druck dieses

Trockenblumen und Gewürzsträuße
(5084) Von G. Vocke, 64 S., 63 Farbfotos, Pappband. **DM 12,80**/S 99,-

Arbeiten mit Ton
Töpfern mit und ohne Scheibe.
(5048) Von J. Fricke, 128 S., 15 Farbtafeln, 166 s/w-Fotos, kart.
DM 14,80/S 119,-

Töpfern
als Kunst und Hobby. (4073) Von J. Fricke, 132 S., 37 Farbfotos, 222 s/w-Fotos, gebunden. **DM 39,-**/S 319,-

Schöne Sachen modellieren
Originelles aus Cernit – ideenreich gestaltet. (0762) Von G. Thelen, 32 S., 105 Farbfotos, Pappband.
DM 7,80/S 69,-

Modellieren
mit selbsthärtendem Material. (5085) Von K. Reinhardt, 64 S., 93 Farbfotos, Pappband. **DM 14,80**/S 119,-

Porzellanpuppen
Zauberhafte alte Puppen selbst nachbilden. (5138) Von C. A. und D. Stanton, 64 S., 58 Farbfotos, 22 Zeichnungen, Pappband. **DM 16,80**/S 139,-

Marionetten
entwerfen · gestalten · führen (5118) Von A. Krause und A. Bayer, 64 S., 83 Farbfotos, 2 s/w-Fotos, 40 Zeichnungen, Pappband. **DM 14,80**/S 119,-

Stoffpuppen
Liebenswerte Modelle selbermachen. (5150) Von I. Wolff, 56 S., 115 Farbfotos, 15 Zeichnungen, mit Schnittmusterbogen, Pappband. **DM 16,80**/S 139,-

Hobby Puppen
Bezaubernde Modelle selbst gestalten. (0742) Von B. Wenzelburger, 88 S., 163 Farbfotos, 41 Zeichnungen, 11 Schnittmuster, kart.
DM 19,80/S 159,-

Puppen und Figuren aus Kunstporzellan
gießen, bemalen und gestalten. (0735) Von G. Baumgarten, S. 32, 86 Farbfotos, Pappband. **DM 9,80**/ S 79,-

Die liebenswerte Welt der **Puppen**
(2212) Von U. D. Damrau, 80 S., 60 Farbfotos, Pappband. **DM 9,80**/S 85,-

Selbstgestrickte Puppen
Materialien und Arbeitsanleitungen.
(0638) Von B. Wehrle, 32 S., 23 Farbfotos, 24 Zeichnungen, Pappband.
DM 9,80/S 79,-

Dekorative Rupfenpuppen
Arbeitsanleitungen und Gestaltungsvorschläge. (0733) Von B. Wenzelburger, 32 S., 57 Farbfotos, 14 Zeichnungen, Spiralbindung. **DM 7,80**/S 69,-

Schritt für Schritt zum Scherenschnitt
Materialien · Techniken · Gestaltungsvorschläge. (0732) Von H. Klingmüller, 32 S., 38 Farbfotos, 34 Vorlagen, Spiralbindung. **DM 7,80**/S 69,-

Garagentore selbst bemalt
Techniken und Motive. (0786) Von H. u. Y. Nadolny, 32 S., 24 Farbfotos, 12 s/w-Zeichnungen, Pappband.
DM 9,80/S 79,-

Freizeit

Aktfotografie
Interpretationen zu einem unerschöpflichen Thema.
Gestaltung · Technik · Spezialeffekte. (0737) Von H. Wedewardt, 88 S., 144 Farb- und 6 s/w-Fotos, 6 Zeichnungen, kart. **DM 19,80**/S 159,-

Videokassette Aktfotografie
Laufzeit ca. 60 Min. In Farbe.
VHS (6001), Video 2000 (6002), Beta (6003) **DM 98,-**/S 882,-
(unverb. Preisempfehlung)

So macht man bessere Fotos
Das meistverkaufte Fotobuch der Welt.
(0614) Von M. L. Taylor, 192 S., 457 Farbfotos, 15 Abb., kart. **DM 14,80**/S 119,-

Falken-Handbuch Dunkelkammerpraxis
Laboreinrichtung · Arbeitsabläufe · Fehlerkatalog. (4140) Von E. Pauli, 200 S., 14 Farbfotos, 239 s/w-Fotos, 171 Zeichnungen, Pappband.
DM 39,-/S 319,-

Falken-Handbuch Trickfilmen
Flach-, Sach- und Zeichentrickfilme – von der Idee zur Ausführung. (4131) Von H.-D. Wilden, 144 S., über 430 überwiegend farbige Abb., Pappband.
DM 39,-/S 319,-

Moderne Schmalfilmpraxis
Ausrüstungen · Drehbuch · Aufnahme Schnitt · Vertonung. (4043) Von U. Ney, 328 S., 29 Farbfotos, 177 s/w-Fotos, 57 Zeichnungen, gebunden.
DM 29,80/S 239,-

Schmalfilmen
Ausrüstung · Aufnahmepraxis · Schnitt Ton. (0342) Von U. Ney, 108 S., 4 Farbtafeln, 25 s/w-Fotos, kart.
DM 9,80/S 79,-

Schmalfilme selbst vertonen
(0593) Von U. Ney, 96 S., 57 s/w-Fotos, 14 Zeichnungen, kart. **DM 9,80**/S 79,-

Fotografie – Das Schöne als Ziel
Zur Ästhetik und Psychologie der visuellen Wahrnehmung. (4122) Von E. Stark, 208 S., 252 Farbfotos, 63 Zeichnungen, Ganzleinen. **DM 78,-**/S 624,-

Ferngelenkte Motorflugmodelle
bauen und fliegen. (0400) Von W. Thies, 184 S., mit Zeichnungen und Detailplänen, kart. **DM 16,80**/S 139,-

Modellflug-Lexikon
(0549) Von W. Thies, 280 S., 98 s/w-Fotos, 234 Zeichnungen, Pappband. **DM 36,-**/S 298,-

Flugmodelle
bauen und einfliegen. (0361) Von W. Thies und Willi Rolf, 160 S., 63 Abb., 7 Faltpläne, kart. **DM 12,80**/S 99,-

CB-Code
Wörterbuch und Technik. (0435) Von R. Kerler, 120 S., 5 s/w Fotos, 9 Zeichnungen, kart. **DM 9,80**/S 79,-

Kleine Welt auf Rädern
Das faszinierende Spiel mit **Modelleisenbahnen** (4175) Von F. Eisen, 256 S., 72 Farb- und 180 s/w-Fotos, 25 Zeichnungen, Pappband. **DM 29,80**/S 239,-

Modelleisenbahnen im Freien
Mit Volldampf durch den Garten. (4245) Von F. Eisen, 96 S., 115 Farb-, 4 s/w-Fotos, 5 Zeichnungen, Pappband.
DM 29,80/S 239,-

Raketen auf Rädern
Autos und Motorräder an der Schallgrenze. (4220) Von H. G. Isenberg, 96 S., 112 Farbfotos, 21 s/w-Fotos, Pappband.
DM 24,80/S 198,-

Die rasantesten Rallyes der Welt
(4213) Von H. G. Isenberg und D. Maxeiner, 96 S., 116 Farbfotos, Pappband. **DM 24,80**/S 198,-

Trucks
Giganten der Landstraßen in aller Welt. (4222) Von H. G. Isenberg, 96 S., 131 Farbfotos, Pappband.
DM 24,80/S 198,-

Ferngelenkte Elektromodelle
bauen und fliegen. (0700) Von W. Thies, 144 S., 52 s/w-Fotos, 50 Zeichnungen, kart. **DM 16,80**/139,-

Schiffsmodelle
selber bauen. (0500) Von D. und R. Lochner, 200 S., 93 Zeichnungen, 2 Faltpläne, kart. **DM 14,80**/S 119,-

Dampflokomotiven
(4204) Von W. Jopp, 96 S., 134 Farbfotos, Pappband. **DM 24,80**/S 198,-

Zivilflugzeuge
Vom Kleinflugzeug zum Überschall-Jet. (4218) Von R. J. Höhn und H. G. Isenberg, 96 S., 115 Farbfotos, Pappband. **DM 24,80**/S 198,-

Ferngelenkte Segelflugmodelle
bauen und fliegen. (0446) Von W. Thies, 176 S., 22 s/w-Fotos, 115 Zeichnungen, kart. **DM 14,80**/S 119,-

Die schnellsten Motorräder der Welt
(4206) Von H. G. Isenberg und D. Maxeiner, 96 S., 100 Farbfotos, Pappband. **DM 24,80**/S 198,-

Motorrad-Hits
Chopper, Tribikes, Heiße Öfen. (4221) Von H. G. Isenberg, 96 S., 119 Farbfotos, Pappband. **DM 24,80**/S 198,-

Die Super-Motorräder der Welt
(4193) Von H. G. Isenberg, 192 S., 170 Farb- und 100 s/w-Fotos, 8 Zeichnungen, Pappband. **DM 39,-**/S 319,-

Motorrad-Faszination
Heiße Öfen, von denen jeder träumt. (4223) Von H. G. Isenberg, 96 S., 103 Farb- und 20 s/w-Fotos, Pappband.
DM 24,80/S 198,-

Autos, die die Welt bewegten
Oldtimer
(2217) Von H. G. Isenberg, 80 S., 32 Farb- und 22 s/w-Fotos, Pappband. **DM 9,80**/S 85,-

Münzen
Ein Brevier für Sammler. (0353) Von
E. Dehnke, 128 S., 4 Farbtafeln, 17 s/w-
Abb., kart. **DM 9,80**/S 79.–

Astronomie als Hobby
Sternbilder und Planeten erkennen und
benennen. (0572) Von D. Block, 176 S.,
16 Farbtafeln, 49 s/w-Fotos, 93 Zeichnungen, kart. **DM 14,80**/S 119.–

Der Bart
Die individuelle Note des Mannes. (2222)
Von H. Strutzmann, 80 S., 58 Farbfotos,
Pappband. **DM 9,80**/S 85,–

Gitarre spielen
Ein Grundkurs für den Selbstunterricht.
(0534) Von A. Roßmann, 96 S., 1 Schall-
folie, 150 Zeichnungen, kart.
DM 24,80/S 198.–

Falken-Handbuch **Zaubern**
Über 400 verblüffende Tricks. (4063)
Von F. Stutz, 368 S., 1200 Zeichnungen,
Pappband. **DM 36,–**/S 298.–

Zaubern
einfach – aber verblüffend. (2018) Von
D. Buoch, 84 S., 41 Zeichnungen, kart.
DM 6,80/S 59.–

Zaubertricks
Das große Buch der Magie. (0282) Von
J. Zmeck, 244 S., 113 Abb., kart.
DM 14,80/S 119.–

Magische Zaubereien
(0672) Von W. Widenmann, 64 S.,
31 Zeichnungen, kart. **DM 7,80**/S 69.–

Pfeife rauchen
Die hohe Kunst, Tabak zu genießen.
(2203) Von W. Hufnagel, 80 S., 77 Farbfotos, 4 s/w-Fotos, 11 Zeichnungen,
Pappband. **DM 9,80**/S 85.–

Mit vollem Genuß **Pfeife rauchen**
Alles über Tabaksorten, Pfeifen und
Zubehör. (4227) Von H. Behrens,
H. Frickert, 168 S., 127 Farbfotos,
18 Zeichnungen, Pappband.
DM 39,–/S 319.–

Mineralien, Steine und Fossilien
Grundkenntnisse für Hobby-Sammler.
(0437) Von D. Stobbe, 96 S., 16 Farbtafeln, 14 s/w-Fotos, 10 Zeichnungen,
kart. **DM 9,80**/S 79.–

Vom verführerischen Feuer der
Edelsteine
(2221) Von H. A. Mehler, R. Klotz, 80 S.,
46 Farbfotos, Pappband.
DM 9,80/S 85,–

Freizeit mit dem Mikroskop
(0291) Von M. Deckart, 132 S., 8 Farbtafeln, 64 s/w Abb., 2 Zeichnungen, kart.
DM 9,80/S 79.–

Briefmarken
sammeln für Anfänger. (0481) Von
D. Stein, 120 S., 4 Farbtafeln,
98 s/w-Abb., kart. **DM 9,80**/S 79.–

Wir lernen tanzen
Standard- und lateinamerikanische
Tänze. (0200) Von E. Fern, 168 S.,
118 s/w-Fotos, 47 Zeichnungen, kart.
DM 9,80/S 79.–

Tanzstunde ,
Das Welttanzprogramm · Party-Tanz-
stunde. (5018) Von G. Hädrich, 172 S.,
443 s/w-Fotos, 140 Zeichnungen,
Pappband. **DM 19,80**/S 159.–

So tanzt man Rock'n'Roll
Grundschritte · Figuren · Akrobatik.
(0573) Von W. Steuer und G. Marz,
224 S., 303 Abb., kart.
DM 16,80/S 139,–

Disco-Tänze
(0491) Von B. und F. Weber, 104 S.,
104 Abb., kart. **DM 6,80**/S 59,–

Tanzen überall
Discofox, Rock'n'Roll, Blues, Langsamer
Walzer, Cha-Cha-Cha zum Selberlernen.
(0760) Von H. M. Pritzer, 112 S.,
128 Farbfotos, kart. **DM 19,80**/S 159,–

Videokassette **Tanzen überall**
Discofox, Rock'n'Roll, Blues. (6004/VHS,
6005/Video 2000, 6006/Beta) Von
H. M. Pritzer, G. Steinheimer, in Farbe,
ca. 45 Min. **DM 98,–**/S 882,–
(unverb. Preisempfehlung)

Wir wandern, wir wandern...
Romantisches Deutschland
(4168) Hrsg. H. Bücken, 160 S., durchgehend 4-farbig, über 350 Fotos,
Pappband. **DM 29,80**/S 239,–

**Unser schönes Deutschland
neu gesehen**
(4199) Hrsg. U. Moll, 208 S., 800 Farbfotos, Pappband. **DM 29,80**/S 239,–

Schwarzwald-Romantik
Vom Zauber einer deutschen Landschaft.
(4232) Hrsg. A. Rolf, 184 S., 273 Farbfotos, Pappband. **DM 29,80**/S 239,–

Sport

Judo
Grundlagen des Stand- und Boden-
kampfes. (4013) Von W. Hofmann,
244 S., 589 Fotos, Pappband.
DM 29,80/S 239.–

Neue Lehrmethoden der Judo-Praxis
(0424) Von P. Herrmann, 223 S.,
475 Abb., kart. **DM 16,80**/S 139.–

Judo
Grundlagen – Methodik. (0305) Von
M. Ohgo, 208 S., 1025 Fotos, kart.
DM 14,80/S 119.–

Wir machen Judo
(5069) Von R. Bonfranchi und U. Klocke,
92 S., mit Bewegungsabläufen in
cartoonartigen zweifarbigen Zeichnungen, kart. **DM 12,80**/S 99.–

Fußwürfe
für Judo, Karate und Selbstverteidigung.
(0439) Von H. Nishioka, 96 S., 260 Abb.,
kart. **DM 9,80**/S 79.–

Karate für alle
Karate-Selbstverteidigung in Bildern.
(0314) Von A. Pflüger, 112 S., 356 s/w-
Fotos, kart. **DM 9,80**/S 79.–

Karate für Frauen und Mädchen
Sport und Selbstverteidigung. (0425)
Von A. Pflüger, 168 S., 259 s/w-Fotos,
kart. **DM 12,80**/S 99.–

Nakayamas Karate perfekt 1
Einführung. (0487) Von M. Nakayama,
136 S., 605 s/w-Fotos, kart.
DM 19,80/S 159.–

Nakayamas Karate perfekt 2
Grundtechniken. (0512) Von
M. Nakayama, 136 S., 354 s/w-Fotos,
53 Zeichnungen, kart.
DM 19,80/S 159.–

Nakayamas Karate perfekt 3
Kumite 1: Kampfübungen. (0538) Von
M. Nakayama, 128 S., 424 s/w-Fotos,
kart. **DM 19,80**/S 159.–

Nakayamas Karate perfekt 4
Kumite 2: Kampfübungen. (0547) Von
M. Nakayama, 128 S., 394 s/w-Fotos,
kart. **DM 19,80**/S 159.–

Nakayamas Karate perfekt 5
Kata 1: Heian, Tekki. (0571) Von
M. Nakayama, 144 S., 1229 s/w-Fotos,
kart. **DM 19,80**/S 159.–

Nakayamas Karate perfekt 6
Kata 2: Bassai-Dai, Kanku-Dai.
(0600) Von M. Nakayama, 144 S.,
1300 s/w-Fotos, 107 Zeichnungen, kart.
DM 19,80/S 159.–

Nakayamas Karate perfekt 7
Kata 3: Jitte, Hangetsu, Empi. (0618)
Von M. Nakayama, 144 S., 1988 s/w-
Fotos, 105 Zeichnungen, kart.
DM 19,80/S 159.–

Nakayamas Karate perfekt 8
Gankaku, Jion. (0650) Von
M. Nakayama, 144 S., 1174 s/w-Fotos,
99 Zeichnungen, kart. **DM 19,80**/S 159.–

Kontakt-Karate
Ausrüstung · Technik · Training. (0396)
Von A. Pflüger, 112 S., 238 s/w-Fotos,
kart. **DM 14,80**/S 119.–

Karate-Do
Das Handbuch des modernen Karate.
(4028) Von A. Pflüger, 360 S., 1159 Abb.,
Pappband. **DM 39,–**/S 319.–

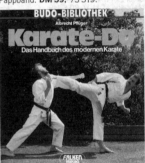

Bo-Karate
Kukishin-Ryu – die Technik des Stock-
kampfes. ((0447) Von G. Stiebler, 176 S.,
424 s/w-Fotos, 38 Zeichnungen, kart.
DM 16,80/S 139.–

Karate I
Einführung · Grundtechniken. (0227)
Von A. Pflüger, 148 S., 195 s/w-Fotos
und 120 Zeichnungen, kart.
DM 9,80/S 79.–

Karate II
Kombinationstechniken · Katas. (0239)
Von A. Pflüger, 176 S., 452 s/w-Fotos
und 120 Zeichnungen, kart.
DM 9,80/S 79.–

Karate Kata 1
Heian 1-5, Tekki 1, Bassai Dai. (0683)
Von W.-D. Wichmann, 164 S., 703 s/w-
Fotos, kart. **DM 19,80**/S 159.–

Karate Kata 2
Jion, Engi, Kanku-Dai, Hangetsu.
(0723) Von W.-D. Wichmann, 140 S.,
661 s/w Fotos, 4 Zeichnungen, kart.
DM 19,80/S 159.–

Ninja 1
Die Lehre der Schattenkämpfer. (0758)
Von S. K. Hayes, 144 S., 137 s/w-Fotos,
kart. **DM 16,80**/S 139,–

Die Preise entsprechen dem Status beim Druck diese

Ninja 2
Die Wege zum Shoshin (0763) Von
S. K. Hayes 160 S., 309 s/w-Fotos, kart. **DM 16,80**/S 139,–
Ninja 3
Der Pfad des Togakure-Kämpfers.
(0764) Von S. K. Hayes, 144 S., 197 s/w
Fotos, 2 Zeichnungen, kart.
DM 16,80/S 139,–
Ninja 4
Das Vermächtnis der Schattenkämpfer.
(0807) Von S. K. Hayes, 196 S., 466 s/w
Fotos, kart. **DM 16,80**/S 139,–
Der König des Kung-Fu
Bruce Lee
Sein Leben und Kampf. (0392) Von
seiner Frau Linda. 136 S., 104 s/w-Fotos,
kart. **DM 19,80**/S 159,–
Bruce Lees Kampfstil 1
Grundtechniken. (0473) Von B. Lee und
M. Uyehara, 109 S., 220 Abb., kart.
DM 9,80/S 79,–
Bruce Lees Kampfstil 2
Selbstverteidigungs-Techniken. (0486)
Von B. Lee und M. Uyehara, 128 S.,
310 Abb., kart. **DM 9,80**/S 79,–
Bruce Lees Kampfstil 3
Trainingslehre. (0503) Von B. Lee und
M. Uyehara, 112 S., 246 Abb., kart.
DM 9,80/S 79,–
Bruce Lees Kampfstil 4
Kampftechniken. (0523) Von B. Lee und
M. Uyehara, 104 S., 211 Abb., kart.
DM 9,80/S 79,–
Bruce Lees Jeet Kune Do
(0440) Von B. Lee, übersetzt von H.-J.
Hesse, 192 S., mit 105 eigenhändigen
Zeichnungen von B. Lee, kart.
DM 19,80/S 159,–
Ju-Jutsu 1
Grundtechniken – Moderne Selbstver-
teidigung. (0276) Von W. Heim und
F. J. Gresch, 160 S., 460 s/w-Fotos,
8 Zeichnungen, kart. **DM 9,80**/S 79,–
Ju-Jutsu 2
für Fortgeschrittene und Meister. (0378)
Von W. Heim und F. J. Gresch, 164 S.,
798 s/w-Fotos, kart. **DM 19,80**/S 159,–
Ju-Jutsu 3
Spezial-, Gegen- und Weiterführungs-
Techniken. (0485) Von W. Heim und F. J.
Gresch, 214 S., über 600 s/w-Fotos,
kart. **DM 19,80**/S 159,–
Nunchaku
Waffe · Sport · Selbstverteidigung.
(0373) Von A. Pflüger. 144 S., 247 Abb.,
kart. **DM 16,80**/S 139,–
Shuriken · Tonfa · Sai
Stockfechten und andere bewaffnete
Kampfsportarten aus Fernost. (0397)
Von A. Schulz, 96 S., 253 Abb., kart.
kart. **DM 12,80**/S 99,–
**Illustriertes Handbuch des
Taekwon-Do**
Koreanische Kampfkunst und Selbst-
verteidigung. (4053) Von K. Gil, 248 S.,
1026 Abb., Pappband. **DM 29,80**/S 239,–
Taekwon-Do
Koreanischer Kampfsport. (0347) Von
K. Gil, 152 S., 408 Abb., kart.
DM 12,80/S 99,–
Aikido
Lehren und Techniken des harmonischen
Weges. (0537) Von R. Brand, 280 S.,
697 Abb., kart. **DM 19,80**/S 159,–
Kung-Fu und Tai-Chi
Grundlagen und Bewegungsabläufe.
(0367) Von B. Tegner, 182 S., 370 s/w-
Fotos, kart. **DM 14,80**/S 119,–

Kung-Fu
Theorie und Praxis klassischer und
moderner Stile. (0376) Von M. Pabst,
160 S., 330 Abb., kart.
DM 12,80/S 99,–
Shaolin-Kempo – Kung-Fu
Chinesisches Karate im Drachenstil.
(0395) Von R. Czerni und K. Konrad.
246 S., 723 Abbildungen, kart.
DM 19,80/S 159,–
Hap Ki Do
Grundlagen und Techniken koreanischer
Selbstverteidigung. (0379) Von Kim Sou
Bong, 112 S., 153 Abb., kart.
DM 14,80/S 119,–
Dynamische Tritte
Grundlagen für den Zweikampf. (0438)
Von C. Lee, 96 S., 398 s/w-Fotos,
10 Zeichnungen, kart. **DM 9,80**/S 79,–
Kickboxen
Fitneßtraining und Wettkampfsport.
(0795) Von G. Lemmens, 96 S., 208 s/w
Fotos, 23 Zeichnungen, kart.
DM 16,80/S 139,–
Muskeltraining mit Hanteln
Leistungssteigerung für Sport und
Fitness. (0676) Von H. Schulz, 108 S.,
92 s/w-Fotos, 2 Zeichnungen, kart.
DM 9,80/ S 79,–
Leistungsfähiger durch Krafttraining
Eine Anleitung für Fitness-Sportler,
Trainer und Athleten (0617) Von
W. Kieser, 100 S., 20 s/w-Fotos,
62 Zeichnungen, kart. **DM 9,80**/S 79,–
Bodybuilding
Anleitung zum Muskel- und Konditions-
training für sie und ihn. (0604) Von
R. Smolana. 160 S., 171 s/w-Fotos, kart.
DM 9,80/S 79,–
Hanteltraining zu Hause
(0800) Von W. Kieser, 80 S., 71 s/w
Fotos, 4 Zeichnungen, kart.
DM 9,80/S 79,–
Fit und gesund
Körpertraining und Bodybuilding zu
Hause. (0782) Von H. Schulz, 80 S.,
100 Farbfotos, 3 Zeichnungen, kart.
DM 14,80/S 119,–
Video-Kassette:
Fit und gesund
VHS (6013), Video 2000 (6014), Beta
(6015), Laufzeit 30 Minuten, in Farbe.
DM 49,80/ S 448,–
(unverb. Preisempf.)
Package (Buch und Kassette)
Fit und gesund
(6019/VHS, 6020/Video 2000,
6021/Beta). Von H. Schulz,
DM 65,–/S 585,–)
(unverbindl. Preisempf.)
Bodybuilding für Frauen
Wege zu Ihrer Idealfigur (0661) Von
H. Schulz, 108 S., 84 s/w-Fotos, 4 Zeich-
nungen, großes farbiges Übungsposter,
kart. **DM 14,80**/S 119,–
Isometrisches Training
Übungen für Muskelkraft und Entspan-
nung. (0529) Von L. M. Kirsch, 140 S.,
162 s/w-Fotos, kart. **DM 9,80**/S 79,–
Spaß am Laufen
Jogging für die Gesundheit. (0470) Von
W. Sonntag, 140 S., 41 s/w-Fotos,
1 Zeichnung, kart. **DM 9,80**/S 79,–
Mein bester Freund, der Fußball
(5107) Von D. Brüggemann und
D. Albrecht, 144 S., 171 Abb., kart.
DM 16,80/S 139,–

Fußball
Training und Wettkampf. (0448) Von H.
Obermann und P. Walz, 166 S., 92 s/w-
Fotos, 15 Zeichnungen, 29 Diagramme,
kart. **DM 12,80**/S 99,–
Handball
Technik · Taktik · Regeln. (0426) Von
F. und P. Hattig, 128 S., 91 s/w-Fotos,
121 Zeichnungen, kart. **DM 14,80**/S 119,–
Volleyball
Technik · Taktik · Regeln. (0351) Von
H. Huhle, 104 S., 330 Abb., kart.
DM 9,80/S 79,–
Basketball
Technik und Übungen für Schule und Ver-
ein. (0279) Von C. Kyriasoglou, 116 S.,
mit 252 Übungen zur Basketballtechnik,
186 s/w-Fotos und 164 Zeichnungen,
kart. **DM 12,80**/S 99,–
Hockey
Technische und taktische Grundlagen.
(0398) Von H. Wein, 152 S., 60 s/w-
Fotos, 30 Zeichnungen, kart.
DM 16,80/S 139,–
Eishockey
Lauf- und Stocktechnik, Körperspiel,
Taktik, Ausrüstung und Regeln, (0414)
Von J. Čapla, 264 S., 548 s/w-Fotos,
163 Zeichnungen, kart. **DM 19,80**/S 159,–
Badminton
Technik · Taktik · Training.
(0699) Von K. Fuchs, L. Sologub, 168 S.,
51 Abb., kart., **DM 16,80**/S 139,–
Golf
Ausrüstung · Technik · Regeln. (0343) Von
J. C. Jessop, übersetzt von H. Biemer,
mit einem Vorwort von H. Krings, Prä-
sident des Deutschen Golf-Verbandes,
160 S., 65 Abb., Anhang Golfregeln des
DGV, kart. **DM 16,80**/S 139,–
Pool-Billard
(0484) Herausgegeben vom Deutschen
Pool-Billard-Bund, von M. Bach und
K.-W. Kühn, 88 S., mit über 80 Abb.,
kart. **DM 7,80**/S 69,–
Sportschießen
für jedermann. (0502) Von A. Kovacic,
124 S., 116 s/w-Fotos, kart.
DM 14,80/S 119,–
Fechten
Florett · Degen · Säbel. (0449) Von
E. Beck, 88 S., 219 Fotos und Zeichnun-
gen, kart. **DM 11,80**/S 94,–
Reiten
Dressur · Springen · Gelände. (0415) Von
U. Richter, 168 S., 235 Abb., kart.
DM 12,80/S 99,–
Fibel für Kegelfreunde
Sport- und Freizeitkegeln · Bowling.
(0191) Von G. Bocsai, 72 S., 62 Abb.,
kart. **DM 5,80**/S 49,–
Beliebte und neue Kegelspiele
(0271) Von G. Bocsai, 92 S., 62 Abb.,
kart. **DM 5,80**/S 49,–
111 spannende Kegelspiele
(2031) Von H. Regulski, 88 S., 53 Zeich-
nungen, kart., **DM 7,80**/S 69,–
Ski-Gymnastik
Fit für Piste und Loipe. (0450) Von
H. Pilss-Samek, 104 S., 67 s/w-Fotos
20 Zeichnungen, kart. **DM 6,80**/S 59,–
Die neue Skischule
Ausrüstung · Technik · Trickskilauf ·
Gymnastik. (0369) Von C. und R. Kerler,
128 S., 100 Abb., kart. **DM 9,80**/S 79,–
Skilanglauf, Skiwandern
Ausrüstung · Technik · Skigymnastik.
(5129) Von T. Reiter und R. Kerler, 80 S.,
8 Farbtafeln, 85 Zeichnungen und s/w-
Fotos, kart. **DM 14,80**/S 119,–

Verzeichnisses (s. Seite 1) – Änderungen, im besonderen der Preise, vorbehalten – **7**

Alpiner Skisport
Ausrüstung · Techniken · Skigymnastik (5130) Von K. Meßmann, 128 S., 8 Farbtafeln, 93 s/w-Fotos, 45 Zeichnungen, kart. **DM 14,80**/S 119.–

Die neue Tennis-Praxis
Der individuelle Weg zu erfolgreichem Spiel. (4097) Von R. Schönborn, 240 S., 202 Farbzeichnungen, 31 s/w-Abb., Pappband. **DM 39,–**/S 319.–

Erfolgreiche Tennis-Taktik
(4086) Von R. Ford Greene, übersetzt von M. R. Fischer, 182 S., 87 Abb., kart. **DM 19,80**/S 159.–

Moderne Tennistechnik
(4187) Von G. Lam, 192 S., 339 s/w Fotos, 91 Zeichnungen, kart. **DM 24,80**/S 198.–

Tennis kompakt
Der erfolgreiche Weg zu Spiel, Satz und Sieg. (5116) Von W. Taferner, 128 S., 82 s/w-Fotos, 67 Zeichnungen, kart. **DM 14,80**/S 119.–

Tennis
Technik · Taktik · Regeln. (0375) Von H. Elschenbroich, 112 S., 81 Abb., kart. **DM 6,80**/S 59.–

Tischtennis-Technik
Der individuelle Weg zu erfolgreichem Spiel. (0775) Von M. Perger, 144 S., 296 Abb. kart. **DM 16,80**/S 139.–

Squash
Ausrüstung · Technik · Regeln. (0539) Von D. von Horn und H.-D. Stünitz, 96 S., 55 s/w-Fotos, 25 Zeichnungen, kart. **DM 8,80**/S 74.–

Sporttauchen
Theorie und Praxis des Gerätetauchens. (0647) Von S. Müßig, 144 S., 8 Farbtafeln, 35 s/w-Fotos, 89 Zeichnungen, kart. **DM 14,80**/S 119.–

Windsurfing
Lehrbuch für Grundschein und Praxis. (5028) Von C. Schmidt, 64 S., 60 Farbfotos, Pappband. **DM 12,80**/S 99.–

Segeln
Der neue Grundschein – Vorstufe zum A-Schein – Mit Prüfungsfragen. (5147) Von C. Schmidt, 80 S., 8 Farbtafeln, 18 Farbfotos, 82 Zeichnungen, kart. **DM 14,80**/S 119,–

Sportfischen
Fische – Geräte – Technik. (0324) Von H. Oppel, 144 S., 49 s/w-Fotos, 8 Farbtafeln, kart. **DM 9,80**/S 79.–

Falken-Handbuch Angeln
in Binnengewässern und im Meer. (4340) Von H. Oppel, 344 S., 24 Farbtafeln, 66 s/w-Fotos, 151 Zeichnungen, gebunden. **DM 39,–**/S 319.–

Angeln
Kleine Fibel für den Sportfischer. (0198) Von E. Bondick, 96 S., 116 Abb., kart. **DM 8,80**/S 74.–

Die Erben Lilienthals
Sportfliegen heute
(4054) Von G. Brinkmann, 240 S., 32 Farbtafeln, 176 s/w-Fotos, 33 Zeichnungen, gebunden. **DM 39,–**/S 319.–

Einführung in das Schachspiel
(0104) Von W. Wollensköper und K. Colditz, 92 S., 116 Diagramme und Abb., kart. **DM 6,80**/S 59.–

Schach mit dem Computer
(0747) Von D. Frickenschmidt, 140 S., 112 Diagramme, 29 s/w-Fotos, 5 Zeichnungen, kart. **DM 9,80**/S 139,–

Spielend Schach lernen
(2002) Von T. Schuster, 128 S., kart. **DM 6,80**/S 59.–

Kinder- und Jugendschach
Offizielles Lehrbuch des Deutschen Schachbundes zur Erringung der Bauern-, Turm- und Königsdiplome. (0561) Von B. J. Withuis und H. Pfleger, 144 S., 220 Zeichnungen u. Diagramme, kart. **DM 12,80**/S 99.–

Neue Schacheröffnungen
(0478) Von T. Schuster, 108 S., 100 Diagramme, kart. **DM 8,80**/S 74.–

Schach für Fortgeschrittene
Taktik und Probleme des Schachspiels. (0219) Von R. Teschner, 96 S., 85 Diagramme, kart. **DM 5,80**/S 49.–

Taktische Schachendspiele
(0752) Von J. Nunn, 200 S., 151 Diagramme, kart. **DM 16,80**/S 139.–

Schach-WM '85 Karpow – Kasparow.
Mit ausführlichen Kommentaren zu allen Partien. (0785) Von H. Pfleger, O. Borik, M. Kipp-Thomas, 128 S., zahlreiche Abb. und Diagramme, kart. **DM 14,80**/S 119.–

Schachstrategie
Ein Intensivkurs mit Übungen und ausführlichen Lösungen. (0584) Von A. Koblenz, dt. Bearb. von K. Colditz, 212 S., 240 Diagramme, kart. **DM 16,80**/S 139.–

Falken-Handbuch Schach
(4051) Von T. Schuster, 360 S., über 340 Diagramme, gebunden. **DM 36,–**/S 298.–

Die besten Partien deutscher Schachgroßmeister
(4121) Von H. Pfleger, 192 S., 29 s/w-Fotos, 89 Diagramme, Pappband. **DM 29,80**/S 239.–

Turnier der Schachgroßmeister '83
Karpow · Hort · Browne · Miles · Chandler · Garcia · Rogers · Kinderman. (0718) Von H. Pfleger, E. Kurz, 176 S., 29 s/w-Fotos, 71 Diagramme, kart. **DM 16,80**/S 139.–

Lehr-, Übungs- und Testbuch der Schachkombinationen
(0649) Von K. Colditz, 184 S., 227 Diagramme, kart. **DM 14,80**/S 119.–

Zug um Zug
Schach für jedermann 1
Offizielles Lehrbuch des Deutschen Schachbundes zur Erringung des Bauerndiploms. (0648) Von H. Pfleger und E. Kurz, 80 S., 24 s/w-Fotos, 8 Zeichnungen, 60 Diagramme, kart. **DM 6,80**/S 59.–

Zug um Zug
Schach für jedermann 2
Offizielles Lehrbuch des Deutschen Schachbundes zur Erringung des Turmdiploms. (0659) Von H. Pfleger und E. Kurz, 132 S., 8 s/w-Fotos, 14 Zeichnungen, 78 Diagramme, kart. **DM 9,80**/S 79.–

Zug um Zug
Schach für jedermann 3
Offizielles Lehrbuch des Deutschen Schachbundes zur Erringung des Königsdiploms. (0728) Von H. Pfleger, G. Treppner, 128 S., 4 s/w-Fotos, 84 Diagramme, 10 Zeichnungen, kart. **DM 16,80**/S 139.–

Schachtraining mit den Großmeistern
(0670) Von H. Bouwmeester, 128 S., 90 Diagramme, kart. **DM 14,80**/S 119.–

Schach als Kampf
Meine Spiele und mein Weg. (0729) Von G. Kasparow, 144 S., 95 Diagramme, 9 s/w-Fotos, kart. **DM 14,80**/S 119.–

Spiele, Denksport, Unterhaltung

Kartenspiele
(2001) Von C. D. Grupp, 144 S., kart. **DM 9,80**/S 79.–

Neues Buch der siebzehn und vier Kartenspiele
(0095) Von K. Lichtwitz, 96 S., kart. **DM 6,80**/S 59.–

Alles über Pokern
Regeln und Tricks. (2024) Von C. D. Grupp, 120 S., 29 Kartenbilder, kart. **DM 8,80**/S 74.–

Rommé und Canasta
in allen Variationen. (2025) Von C. D. Grupp, 124 S., 24 Zeichnungen, kart. **DM 9,80**/S 79.–

Schafkopf, Doppelkopf, Binokel, Cego, Gaigel, Jaß, Tarock und andere „Lokalspiele".
(2015) Von C. D. Grupp, 152 S., kart. **DM 12,80**/S 99.–

Spielend Skat lernen
unter freundlicher Mitarbeit des deutschen Skatverbandes. (2005) Von Th. Krüger, 156 S., 181 s/w-Fotos, 22 Zeichnungen, kart. **DM 9,80**/S 79.–

Das Skatspiel
Eine Fibel für Anfänger. (0206) Von K. Lehnhoff, überarb. von P. A. Höfges, 96 S., kart. **DM 6,80**/S 59.–

Black Jack
Regeln und Strategien des Kasinospiels. (2032) Von K. Kelbratowski, 88 S., kart. **DM 9,80**/S 79,–

Falken-Handbuch Patiencen
Die 111 interessantesten Auslagen. (4151) Von U. v. Lyncker, 216 S., 108 Abbildungen, Pappband. **DM 29,80**/S 239.–

Patiencen
in Wort und Bild. (2003) Von I. Wolter, 136 S., kart. **DM 7,80**/S 69.–

Falken-Handbuch Bridge
Von den Grundregeln zum Turnierspiel. (4092) Von W. Voigt und K. Ritz, 276 S., 792 Zeichnungen, gebunden. **DM 39,–**/S 319.–

Spielend Bridge lernen
(2012) Von J. Weiss, 108 S., 58 Zeichnungen, kart. **DM 7,80**/S 69.–

Spieltechnik im Bridge
(2004) Von V. Mollo und N. Gardener, deutsche Adaption von D. Schröder, 216 S., kart. **DM 16,80**/S 139.–

Besser Bridge spielen
Reiztechnik, Spielverlauf und Gegenspiel. (2026) Von J. Weiss, 144 S., 60 Diagrammen, kart. **DM 14,80**/S 119.–

Herausforderung im Bridge
200 Aufgaben mit Lösungen. (2033) Von V. Mollo, 152 S., kart. **DM 19,80**/S 159.–

Kartentricks
(2010) Von T. A. Rosee, 80 S., 13 Zeichnungen, kart. **DM 6,80**/S 59.–

Mah-Jongg
Das chinesische Glücks-, Kombinations- und Gesellschaftsspiel. (2030) Von U. Eschenbach, 80 S., 30 s/w-Fotos, 5 Zeichnungen, kart. **DM 9,80**/S 79.–

Neue Kartentricks
(2027) Von K. Pankow, 104 S., 20 Abb., kart. **DM 7,80**/S 69.–

Backgammon
für Anfänger und Könner. (2008) Von G. W. Fink und G. Fuchs, 116 S., 41 Abb., kart. **DM 9,80**/S 79.–

Die Preise entsprechen dem Status beim Druck dieses

Würfelspiele
für jung und alt. (2007) Von F. Pruss,
112 S., 21 s/w-Zeichnungen, kart.
DM 7,80/S 69.–

Gesellschaftsspiele
für drinnen und draußen. (2006) Von
H. Görz, 128 S., kart. **DM 6,80**/S 59.–

Spiele für Party und Familie
(2014) Von Rudi Carrell, 160 S., 50 Abb.,
kart. **DM 9,80**/S 79.–

Dame
Das Brettspiel in allen Variationen.
(2028) Von C. D. Grupp, 104 S.,
122 Diagramme, kart. **DM 9,80**/S 79.–

Das japanische Brettspiel Go
(2020) Von W. Dörholt, 104 S., 182 Diagramme, kart. **DM 9,80**/S 79.–

Roulette richtig gespielt
Systemspiele, die Vermögen brachten.
(0121) Von M. Jung, 96 S., zahlreiche
Tabellen, kart. **DM 7,80**/S 69.–

**So gewinnt man gegen
Video- und Computerspiele**
(0644) Von C. Kerler, 160 S., 25 Zeichnungen, 30 s/w-Fotos, kart.
DM 6,80/S 59.–

Denksport und Schnickschnack
für Tüftler und fixe Köpfe. (0362) Von
J. Barto, 100 S., 45 Abb., kart.
DM 6,80/S 59.–

Rätselspiele, Quiz- und Scherzfragen
für gesellige Stunden. (0577) Von K.-H.
Schneider, 168 S., über 100 Zeichnungen,
Pappband. **DM 16,80**/S 139.–

Knobeleien und Denksport
(2019) Von K. Rechberger, 142 S.,
105 Zeichnungen, kart. **DM 7,80**/S 69.–

Quiz
Mehr als 1500 ernste und heitere Fragen
aus allen Gebieten. (0129) Von R. Sautter
und W. Pröve, 92 S., 9 Zeichnungen,
kart. **DM 7,80**/S 69.–

500 Rätsel selberraten
(0681) Von E. Krüger, 272 S., kart.
DM 9,95/S 79.–

Das Super-Kreuzwort-Rätsel-Lexikon
Über 150.000 Begriffe. (4126) Von
H. Schiefelbein, 684 S., Pappband.
DM 19,80/S 159.–

365 Schwedenrätsel
(4173) Von Günther Borutta, 336 S.,kart.
DM 16,80/S 139,–

501 Rätsel selberraten
(0711) Von E. Krüger, 272 S., kart.
DM 9,95/S 79,–

Riesen-Kreuzwort-Rätsel-Lexikon
über 250.000 Begriffe. (4197) Von
H. Schiefelbein, 1024 S., Pappband.
DM 29,80/S 239,–

Das große farbige Kinderlexikon
(4195) Von U. Kopp, 320 S., 493 Farbabb.,
17 s/w-Fotos, Pappband.
DM 29,80/S 239,–

Punkt, Punkt, Komma, Strich
Zeichenstunden für Kinder. (0564) Von
H. Witzig, 144 S., über 250 Zeichnungen,
kart. **DM 6,80**/S 59.–

Einmal grad und einmal krumm
Zeichenstunden für Kinder. (0599) Von
H. Witzig, 144 S., 363 Abb., kart.
DM 6,80/S 59.–

Kinderspiele
die Spaß machen. (2009) Von H. Müller-
Stein, 112 S., 28 Abb., kart.
DM 6,80/S 59.–

Spiele für Kleinkinder
(2011) Von D. Kellermann, 80 S.,
23 Abb., kart. **DM 5,80**/S 49.–

Kasperletheater
Spieltexte und Spielanleitungen · Basteltips für Theater und Puppen. (0641) Von
U. Lietz, 136 S., 4 Farbtafeln,
12 s/w-Fotos, 39 Zeichnungen, kart.
DM 9,80/S 79.–

Kindergeburtstag
Vorbereitung, Spiel und Spaß. (0287)
Von Dr. I. Obrig, 104 S., 40 Abb.,
11 Zeichnungen, 9 Lieder mit Noten, kart.
DM 5,80/S 49.–

Kindergeburtstage die keiner vergißt
Planung, Gestaltung, Spielvorschläge.
(0698) Von G. und G. Zimmermann, 102 S.,
80 Vignetten, kart. **DM 9,80**/S 79.–

Kinderfeste
daheim und in Gruppen. (4033) Von
G. Blechner, 240 S., 320 Abb., kart.
DM 19,80/S 159.–

Scherzfragen, Drudel und Blödeleien
gesammelt von Kindern. (0506) Hrsg.
von W. Pröve, 112 S., 57 Zeichnungen,
kart. **DM 5,80**/S 49.–

Kein schöner Land...
**Das große Buch unserer beliebtesten
Volkslieder.** (4150) 208 S., 108 Farbzeichnungen, Pappband. **19,80**/S 159.–

Die schönsten Wander- und Fahrtenlieder
(0462) Hrsg. von F. R. Miller, empfohlen
vom Deutschen Sängerbund, 80 S., mit
Noten und Zeichnungen, kart.
DM 5,80/S 49.–

Die schönsten Volkslieder
(0432) Hrsg. von D. Walther, 128 S.,
mit Noten und Zeichnungen, kart.
DM 6,80/ S 55.–

Wir geben eine Party
(0192) Von E. Ruge, 88 S., 8 Farbtafeln,
23 Zeichnungen, kart. **DM 8,80**/S 74.–

Neue Spiele für Ihre Party
(2022) Von G. Blechner, 120 S., 54 Zeichnungen, kart. **DM 7,80**/S 69.–

Lustige Tanzspiele und Scherztänze
für Parties und Feste. (0165) Von
E. Bäulke, 80 S., 53 Abb., kart.
DM 6,80/S 59.–

Straßenfeste, Flohmärkte und Basare
Praktische Tips für Organisation und
Durchführung. (0592) Von H. Schuster,
96 S., 52 Fotos, 17 Zeichnungen, kart.
DM 12,80/S 99.–

Humor

Es ist ein Brauch von alters her...
Lebensweisheiten
(2214) Von W. Busch, 80 S., 38 Zeichnungen, Pappband. **DM 9,80**/S 79,–

Heitere Vorträge und witzige Reden
Lachen, Witz und gute Laune. (0149) Von
E. Müller, 104 S., 44 Abb., kart.
DM 9,80/S 79,–

Tolle Sketche
mit zündenden Pointen – zum Nachspielen. (0656) Von E. Cohrs, 112 S.,
kart. **DM 9,80**/S 79.–

Vergnügliche Sketche
(0476) Von H. Pillau, 96 S., mit
7 lustigen Zeichnungen, kart.
DM 6,80/S 59.–

Heitere Vorträge
(0528) Von E. Müller, 128 S., 14 Zeichnungen, kart. **DM 9,80**/S 79.–

Die große Lachparade
Neue Texte für heitere Vorträge und
Ansagen. (0188) Von E. Müller, 108 S.,
kart. **DM 6,80**/S 59.–

So feiert man Feste fröhlicher
Heitere Vorträge und Gedichte.
(0098) Von Dr. Allos, 96 S., 15 Abb.,
kart. **DM 7,80**/S 69.–

Lustige Vorträge für fröhliche Feiern
(0284) Von Karl Lehnhoff, 96 S., kart.
DM 6,80/S 59.–

Vergnügliches Vortragsbuch
(0091) Von J. Plaut, 192 S., kart.
DM 8,80/S 79.–

**Tolle Sachen zum Schmunzeln und
Lachen**
Lustige Ansagen und Vorträge. (0163)
Von E. Müller, 92 S., kart.
DM 6,80/S 59.–

Humor für jedes Ohr
Fidele Sketche und Ansagen. (0157) Von
H. Ehnle, 96 S., kart. **DM 6,80**/S 59.–

Sketche und spielbare Witze
für bunte Abende und andere Feste.
(0445) Von H. Friedrich, 120 S., 7 Zeichnungen, kart. **DM 6,80**/S 59.–

Sketche
Kurzspiele zu amüsanter Unterhaltung.
(0247) Von M. Gering, 132 S., 16 Abb.,
kart., **DM 6,80**/59.–

Dalli-Dalli-Sketche
aus dem heiteren Ratespiel von und mit
Hans Rosenthal. (0527) Von H. Pillau,
144 S., 18 Zeichnungen, kart.
DM 9,80/S 79.–

Witzige Sketche zum Nachspielen
(0511) Von D. Hallervorden, 160 S., kart.
DM 14,80/S 119.–

Gereimte Vorträge
für Bühne und Bütt. (0567) Von G. Wagner,
96 S., kart. **DM 7,80**/S 69.–

Damen in der Bütt
Scherze, Büttenreden, Sketche.
(0354) Von T. Müller, 136 S., kart.
DM 8,80/S 74.–

Narren in der Bütt
Leckerbissen aus dem rheinischen
Karneval. (0216) Zusammengestellt von
T. Lücker, 112 S., kart.
DM 8,80/S 74.–

Rings um den Karneval
Karnevalsscherze und Büttenreden.
(0130) Von Dr. Allos, 136 S., kart.
DM 9,80/S 79.–

Helau und Alaaf 1
Närrisches aus der Bütt.
(0304) Von E. Müller, 112 S., kart.
DM 6,80/S 59.–

Helau und Alaaf 2
Neue Büttenreden.
(0477) Von E. Luft, 104 S., kart.
DM 7,80/S 69.–

Humor und Stimmung
Ein heiteres Vortragsbuch. (0460) Von
G. Wagner, 112 S., kart. **DM 6,80**/S 59.–

Humor und gute Laune
Ein heiteres Vortragsbuch.
(0635) Von G. Wagner, 112 S., 5 Zeichnungen, kart. **DM 8,80**/S 74.–

Das große Buch der Witze
(0384) Von E. Holz, 320 S., 36 Zeichnungen, Pappband. **DM 16,80**/S 139.–

Da lacht das Publikum
Neue lustige Vorträge für viele Gelegenheiten. (0716) Von H. Schmalenbach,
104 S., kart. **DM 9,80**/S 79,–

Verzeichnisses (s. Seite 1) – Änderungen, im besonderen der Preise, vorbehalten –

Witzig, witzig
(0507) Von E. Müller, 128 S., 16 Zeichnungen, kart. **DM 6,80**/S 59,–

Die besten Witze und Cartoons des Jahres 1
(0454) Hrsg. von K. Hartmann, 288 S., 125 Zeichnungen, geb. **DM 16,80**/S 139,–

Die besten Witze und Cartoons des Jahres 2
(0488) Hrsg. von K. Hartmann, 288 S., 148 Zeichnungen, geb. **DM 16,80**/S 139,–

Die besten Witze und Cartoons des Jahres 3
(0524) Hrsg. von K. Hartmann, 288 S., 105 Zeichnungen, Pappband. **DM 16,80**/S 139,–

Die besten Witze und Cartoons des Jahres 4
(0579) Hrsg. von K. Hartmann, 288 S., 140 Zeichnungen, Pappband. **DM 16,80**/S 139,–

Die besten Witze und Cartoons des Jahres 5
(0642) Hrsg. von K. Hartmann, 288 S., 88 Zeichnungen, Pappband. **DM 16,80**/S 139,–

Das Superbuch der Witze
(4146) Von B. Bornheim, 504 S., 54 Cartoons, Pappband. **DM 16,80**/S 139,–

Witze
Lachen am laufenden Band (4241) Von J. Borkert, D. Kroppach, 400 S., 41 Zeichnungen, Pappband. **DM 15,–**/S 120,–

Die besten Beamtenwitze
(0574) Hrsg. von W. Pröve, 112 S., 59 Cartoons, kart. **DM 5,80**/S 49,–

Die besten Kalauer
(0705) Von K. Frank, 112 S., 12 Zeichnungen, kart. **DM 5,80**/S 49,–

Robert Lembkes Witzauslese
(0325) Von Robert Lembke, 160 S., 10 Zeichnungen von E. Köhler, Pappband. **DM 14,80**/S 119,–

Fred Metzlers Witze mit Pfiff
(0368) Von F. Metzler, 120 S., kart. **DM 6,80**/S 59,–

O frivol ist mir am Abend
Pikante Witze von Fred Metzler. (0388) Von F. Metzler, 128 S., mit Karikaturen, kart. **DM 5,80**/S 49,–

Herrenwitze
(0589) Von G. Wilhelm, 112 S., 31 Zeichnungen, kart. **DM 5,80**/S 49,–

Witze am laufenden Band
(0461) Von F. Asmussen, 118 S., kart. **DM 6,80**/S 59,–

Horror zum Totlachen
Gruselwitze
(0536) Von F. Lautenschläger, 96 S., 44 Zeichnungen, kart. **DM 5,80**/S 49,–

Die besten Ostfriesenwitze
(0495) Hrsg. von O. Freese, 112 S., 17 Zeichnungen, kart. **DM 5,80**/S 49,–

Die Kleidermotte ernährt sich von nichts, sie frißt nur Löcher
Stilblüten, Sprüche und Widersprüche aus Schule, Zeitung, Rundfunk und Fernsehen. (0738) Von P. Haas, D. Kroppach, 112 S., zahlr. Abb., kart. **DM 6,80**/S 59,–

Olympische Witze
Sportlerwitze in Wort und Bild. (0505) Von W. Willnat, 112 S., 126 Zeichnungen, kart. **DM 5,80**/S 49,–

Ich lach mich kaputt! Die besten Kinderwitze
(0545) Von E. Hannemann, 128 S., 15 Zeichnungen, kart. **DM 5,80**/S 49,–

Lach mit!
Witze für Kinder, gesammelt von Kindern. (0468) Hrsg. von W. Pröve, 128 S., 17 Zeichnungen, kart. **DM 6,80**/S 59,–

Die besten Kinderwitze
(0757) Von K. Rank, 120 S., 28 Zeichnungen, kart. **DM 6,80**/S 59,–

Lustige Sketche für Jungen und Mädchen
Kurze Theaterstücke für Jungen und Mädchen. (0669) Von U. Lietz und U. Lange, 104 S., kart. **DM 7,80**/S 69,–

Natur

Faszination Berg
zwischen Alpen und Himalaya. (4214) Von T. Hiebeler, 96 S., 100 Farbfotos, Pappband. **DM 24,80**/S 198,–

Hilfe für den Wald
Ursachen, Schadbilder, Hilfsprogramme. Was jeder wissen muß, um unser wichtigstes Öko-System zu retten. (4164) Von K. F. Wentzel, R. Zundel, 128 S., 178 Farb- und 6 s/w-Fotos, 60 Zeichnungen, kart. **DM 19,80**/S 159,–

Gefährdete und geschützte Pflanzen
erkennen und benennen. (0596) Von W. Schnedler und K. Wolfstetter. 160 S., 140 Farbfotos, 4 Zeichnungen, kart. **DM 19,80**/S 159,–

Beeren und Waldfrüchte
erkennen und benennen, eßbar oder giftig? (0401) Von J. Raithelhuber, 120 S., 90 Farbfotos, 40 Zeichnungen, kart. **DM 16,80**/S 139,–

Pilze
erkennen und benennen. (0380) Von J. Raithelhuber, 136 S., 110 Farbfotos, kart. **DM 14,80**/S 119,–

Falken-Handbuch Pilze
Mit über 250 Farbfotos und Rezepten. (4061) Von M. Knoop, 276 S., 250 Farbfotos, Pappband. **DM 39,–**/S 319,–

Das Gartenjahr
Arbeitsplan für den Hobbygärtner. (4075) Von G. Bambach, 152 S., 16 Farbtafeln, 141 Abb., kart. **DM 14,80**/S 119,–

Gartenteiche und Wasserspiele
planen, anlegen und pflegen. (4083) Von H. R. Sikora, 160 S., 31 Farb- und 31 s/w-Fotos, 73 Zeichnungen, Pappband. **DM 29,80**/S 239,–

Wasser im Garten
Von der Vogeltränke zum Naturteich – Natürliche Lebensräume selbst gestalten. (4230) Von H. Hendel, 240 S., 247 Farbfotos, 68 Farbzeichnungen, Pappband. **DM 59,–**/S 479,–

Gärtnern
(5004) Von I. Manz, 64 S., 38 Farbfotos, Pappband. **DM 14,80**/S 119,–

Gärtner Gustavs Gartenkalender
Arbeitspläne · Pflanzenporträts · Gartenlexikon. (4155) Von G. Schoser, 120 S., 146 Farbfotos, 13 Tabellen, 203 farbige Zeichnungen, Pappband. **DM 24,80**/S 198,–

Ziersträucher und -bäume im Garten
(5071) Von I. Manz, 64 S., 91 Farbfotos, Pappband. **DM 14,80**/S 119,–

Das Blumenjahr
Arbeitsplan für drinnen und draußen. (4142) Von G. Vocke, 136 S., 15 Farbtafeln, kart. **DM 14,80**/S 119,–

Der richtige Schnitt von Obst- und Ziergehölzen, Rosen und Hecken
(0619) Von E. Zettl, 88 S., 8 Farbtafeln, 39 Zeichnungen, 21 s/w-Fotos, kart. **DM 7,80**/S 69,–

Blumenpracht im Garten
(5014) Von I. Manz, 64 S., 93 Farbfotos, Pappband. **DM 14,80**/S 119,–

Vom betörenden Zauber der Rosen
(2206) Von H. Steinhauer, 80 S., 89 Farbfotos und Zeichnungen, Pappband. **DM 9,80**/S 85,–

Blütenpracht in Haus und Garten
(4145) Von M. Haberer, u. a., 352 S., 1012 Farbfotos, Pappband. **DM 39,–**/S 319,–

Das bunte Blütenparadies der Blumen
(2219) Von B. Zeidelhack, 80 S., 72 Farbabb., Pappband. **DM 9,80**/S 85,–

Sag's mit Blumen
Pflege und Arrangieren von Schnittblumen. (5103) Von P. Möhring, 64 S., 82 Farbfotos, 2 s/w-Abb., Pappband. **DM 14,80**/S 119,–

Grabgestaltung
Bepflanzung und Pflege zu jeder Jahreszeit. (5120) Von N. Uhl, 64 S., 77 Farbfotos, 2 Zeichnungen, Pappband. **DM 16,80**/S 139,–

Leben im Naturgarten
Der Biogärtner und seine gesunde Umwelt. (4124) Von N. Jorek, 128 S., 68 s/w-Fotos, kart. **DM 14,80**/S 119,–

So wird mein Garten zum Biogarten
Alles über die Umstellung auf naturgemäßen Anbau. (0706) Von I. Gabriel, 128 S., durchgehend 4farbig, 73 Farbfotos, 54 Farbzeichnungen, kart. **DM 14,80**/S 119,–

Gesunde Pflanzen im Biogarten
Biologische Maßnahmen bei Schädlingsbefall und Pflanzenkrankheiten. (0707) Von I. Gabriel, 128 S., durchgehend 4farbig, 126 Farbfotos, 12 Farbzeichnungen, kart. **DM 14,80**/S 119,–

Der Biogarten unter Glas und Folie
Ganzjährig erfolgreich ernten. (0722) Von I. Gabriel, 128 S., durchgehend 4farbig, 62 Farbfotos, 45 Farbzeichnungen, kart. **DM 14,80**/S 119,–

Obst und Beeren im Biogarten
Gesunde und scmackhafte Früchte durch natürlichen Anbau. (0780) Von I. Gabriel, 128 S., 38 Farbfotos, 71 Farbzeichnungen, kart. **DM 14,80**/S 119,–

Neuanlage eines Biogartens
Planung, Bodenvorbeitung, Gestaltung.
(0721) Von I. Gabriel, 128 S., durchgehend 4farbig, 73 Farbfotos, 39 Zeichnungen, kart. **DM 14,80**/S 119,–

Der biologische Zier- und Wohngarten
Planen, Vorbereiten, Bepflanzen und Pflegen. (0748) Von I. Gabriel, 128 S., 72 Farbfotos, 46 Farbzeichnungen, kart. **DM 14,80**/S 119,–

Das Bio-Gartenjahr
Arbeitsplan für naturgemäßes Gärtnern. (4169) Von N. Jorek, 128 S., 8 Farbtafeln, 70 s/w-Abb. kart. **DM 14,80**/S 119,–

Selbstversorgung aus dem eigenen Anbau
Reichen Erntesegen verwerten und haltbar machen. (4182) Von M. Bustorf-Hirsch, M. Hirsch, 216 S., 270 Zeichnungen, Pappband. **DM 29,80**/S 239,–

Mischkultur im Nutzgarten
Mit Jahreskalender und Anbauplänen. (0651) Von H. Oppel, 112 S., 8 Farbtafeln, 23 s/w-Fotos, 29 Zeichnungen, kart. **DM 9,80**/S 79,–

Erfolgstips für den Gemüsegarten
Mit naturgemäßem Anbau zu höherem Ertrag. (0674) Von F. Mühl, 80 S., 30 s/w-Fotos, 4 Zeichnungen, kart. **DM 7,80**/S 69,–

Der erfolgreiche Obstgarten
Pflanzung · Veredelung und Schnitt. (5100) Von J. Zech, 64 S., 54 Farbfotos, Pappband. **DM 14,80**/S 119,–

Gemüse, Kräuter, Obst aus dem Balkongarten
– Erfolgreich ernten auf kleinstem Raum. (0694) Von S. Stein, 32 S., 34 Farbfotos, 6 Zeichnungen, Spiralbindung, kart., **DM 7,80**/S 69,–

Keime, Sprossen, Küchenkräuter
am Fenster ziehen – rund ums Jahr. (0658) Von F. und H. Jantzen, 32 S., 55 Farbfotos, Spiralbindung, kart. **DM 6,80**/S 59,–

Balkons in Blütenpracht
zu allen Jahreszeiten. (5047) Von N. Uhl, 64 S., 80 Farbfotos, Pappband. **DM 14,80**/S 119,–

Kübelpflanzen
für Balkon, Terrasse und Dachgarten. (5132) Von M. Haberer, 64 S., 70 Farbfotos, Pappband. **DM 14,80**/S 119,–

Kletterpflanzen
Rankende Begrünung für Fassade, Balkon und Garten. (5140) Von M. Haberer, 64 S., 70 Farbabb., 2 Zeichnungen, Pappband. **DM 14,80**/S 119,–

Mein Kräutergarten rund ums Jahr
Täglich schnittfrisch und gesund würzen. (4192) Von Prof. Dr. G. Lysek, 136 S., 15 Farbtafeln, 91 Zeichnungen, kart. **DM 16,80**/S 139,–

Blühende Zimmerpflanzen
94 Arten mit Pflegeanleitungen. (5010) Von R. Blaich, 64 S., 107 Farbfotos, Pappband. **DM 14,80**/S 119,–

Falken-Handbuch Zimmerpflanzen
1600 Pflanzenporträts. (4082) Von R. Blaich, 432 S., 480 Farbfotos, 84 Zeichnungen, 1600 Pflanzenbeschreibungen, Pappband. **DM 39,–**/S 319.–

Blütenpracht in Grolit 2000
Der neue, mühelose Weg zu farbenprächtigen Zimmerpflanzen. (5127) Von G. Vocke, 64 S., 50 Farbfotos, Pappband. **DM 14,80**/S 119,–

Bonsai
Japanische Miniaturbäume und Miniaturlandschaften. Anzucht, Gestaltung und Pflege. (4091) Von B. Lesniewicz, 160 S., 106 Farbfotos, 46 s/w-Fotos, 115 Zeichnungen, gebunden. **DM 68,–**/S 549.–

Zimmerbäume, Palmen und andere Blattpflanzen
Standort, Pflege, Vermehrung, Schädlinge. (5111) Von G. Schoser, 96 S., 98 Farbfotos, 7 Zeichnungen, Pappband. **DM 19,80**/S 159.–

Biologisch zimmergärtnern
Zier- und Zimmerpflanzen natürlich pflegen. (4144) Von N. Jorek, 152 S., 15 Farbtafeln, 120 s/w-Fotos, Pappband. **DM 19,80**/S 159.–

Hydrokultur
Pflanzen ohne Erde – mühelos gepflegt. (4080) Von H.-A. Rotter, 120 S., 82 Abb., Pappband. **DM 19,80**/S 159.–

Zimmerpflanzen in Hydrokultur
Leitfaden für problemlose Blumenpflege. (0660) Von H.-A. Rotter, 32 S., 76 Farbfotos, 8 farbige Zeichnungen, Pappband. **DM 7,80**/S 69.–

Sukkulenten
Mittagsblumen, Lebende Steine, Wolfsmilchgewächse u. a. (5070) Von W. Hoffmann, 64 S., 82 Farbfotos, Pappband. **DM 14,80**/S 119.–

Kakteen und andere Sukkulenten
300 Arten über 500 Farbfotos. (4116) Von G. Andersohn, 316 S., 520 Farbfotos, 193 Zeichnungen, Pappband. **DM 49,–**/S 398.–

Fibel für Kakteenfreunde
(0199) Von H. Herold, 102 S., 23 Farbfotos, 37 s/w-Fotos, kart. **DM 7,80**/S 69.–

Kakteen
Herkunft, Anzucht, Pflege, Arten. (5021) Von W. Hoffmann, 64 S., 70 Farbfotos, Pappband. **DM 14,80**/S 119.–

Faszinierende Formen und Farben Kakteen
(4211) Von K. und F. Schild, 96 S., 127 Farbfotos, Pappband. **DM 24,80**/S 198.–

Orchideen
(4215) Von G. Schoser, 96 S., 143 Farbfotos, Pappband. **DM 24,80**/S 198,–

Falken-Handbuch Orchideen
Lebensraum, Kultur, Anzucht und Pflege. (4231) Von G. Schoser, 144 S., 121 Farbfotos, 28 Zeichnungen, Pappband. **DM 29,80**/S 239,–

Falken-Handbuch Katzen
(4158) Von H. G. Gerber, 176 S., 294 Farb- und 88 s/w-Fotos, Pappband. **DM 39,–**/S 319,–

Katzen
Rassen · Haltung · Pflege. (4216) Von B. Eilert-Overbeck, 96 S., 84 Farbfotos, Pappband. **DM 24,80**/S 198.–

Das neue Katzenbuch
Rassen – Aufzucht – Pflege. (0427) Von B. Eilert-Overbeck, 136 S., 14 Farbfotos, 26 s/w-Fotos, kart. **DM 8,80**/S 74.–

Lieblinge auf Samtpfötchen Katzen
(2202) Von B. Eilert-Overbeck, 80 S., 53 Farbfotos, 5 s/w-Fotos, 1 Zeichnungen, Pappband. **DM 9,80**/S 85.–

Katzenkrankheiten
Erkennung und Behandlung. Steuerung des Sexualverhaltens. (0652) Von Dr. med. vet. R. Spangenberg, 176 S., 64 s/w-Fotos, 4 Zeichnungen, kart. **DM 9,80**/S 79.–

Falken-Handbuch Hunde
(4118) Von H. Bielfeld, 176 S., 222 Farbfotos und Farbzeichnungen, 73 s/w-Abb., Pappband. **DM 39,–**/S 319.–

Hunde
Die treuen Freunde des Menschen (2207) Von R. Spangenberg, 80 S., 49 Farbfotos und Zeichnungen, Pappband. **DM 9,80**/S 85,–

Hunde
Rassen · Erziehung · Haltung. (4209) Von H. Bielfeld, 96 S., 101 Farbfotos, Pappband. **DM 24,80**/S 198.–

Das neue Hundebuch
Rassen · Aufzucht · Pflege. (0009) Von W. Busack, überarbeitet von Dr. med. vet. A. H. Hacker und H. Bielfeld, 112 S., 8 Farbtafeln, 27 s/w-Fotos, 6 Zeichnungen, kart. **DM 8,80**/S 74.–

Falken-Handbuch Der Deutsche Schäferhund
(4077) Von U. Förster, 228 S., 160 Abb., Pappband. **DM 29,80**/S 239.–

Der Deutsche Schäferhund
Aufzucht, Pflege und Ausbildung. (0073) Von A. Hacker, 104 S., 56 Abb., kart. **DM 7,80**/S 69.–

Dackel, Teckel, Dachshund
Aufzucht · Pflege · Ausbildung. (0508) Von M. Wein-Gysae, 112 S., 4 Farbtafeln, 43 s/w-Fotos, 2 Zeichnungen, kart. **DM 9,80**/S 79.–

Hundeausbildung
Verhalten – Gehorsam – Abrichtung. (0346) Von Prof. Dr. F. Menzel, 96 S., 18 Fotos, kart. **DM 7,80**/S 69.–

Hundekrankheiten
Erkennung und Behandlung, Steuerung des Sexualverhaltens. (0570) Von Dr. med. vet. R. Spangenberg, 128 S., 68 s/w-Fotos, 10 Zeichnungen, kart. **DM 9,80**/S 79.–

Falken-Handbuch Pferde
(4186) Von H. Werner, 176 S., 196 Farb- und 50 s/w-Fotos, 100 Zeichnungen, Pappband. **DM 48,–**/S 389.–

Ponys
Rassen, Haltung, Reiten. (4205) Von S. Braun, 96 S., 84 Farbfotos, Pappband. **DM 24,80**/S 198.–

Schmetterlinge
Tagfalter Miteleuropas erkennen und benennen. (0510) Von T. Ruckstuhl, 156 S., 136 Farbfotos, kart. **DM 16,80**/S 139.–

Wellensittiche
Arten · Haltung · Pflege · Sprechunterricht · Zucht. (5136) Von H. Bielfeld, 64 S., 59 Farbfotos, Pappband. **DM 14,80**/S 119.–

Papageien und Sittiche
Arten · Pflege · Sprechunterricht. (0591) Von H. Bielfeld, 112 S., 8 Farbtafeln, kart. **DM 9,80**/S 79.–

Geflügelhaltung als Hobby
(0749) Von M. Baumeister, H. Meyer, 184 S., 8 Farbtafeln, 47 s/w-Fotos, 15 Zeichnungen, kart. **DM 16,80**/S 139,–

Falken-Handbuch Das Terrarium
(4069) Von B. Kahl, P. Gaupp, Dr. G. Schmidt, 336 S., 215 Farbfotos, geb. **DM 58,–**/S 460.–

Das Süßwasser-Aquarium
Einrichtung, Pflege · Fische · Pflanzen. (0153) Von H. J. Mayland, 152 S., 16 Farbtafeln, 43 s/w-Zeichnungen, kart. **DM 12,80**/S 99.–

11

Falken-Handbuch
Süßwasser-Aquarium
(4191) Von H. J. Mayland, 288 S.,
564 Farbfotos, 75 Zeichnungen,
Pappband. **DM 49,–**/S 398,–

Cichliden
Pflege, Herkunft und Nachzucht der
wichtigsten Buntbarscharten. (5144) Von
Jo in't Veen, 96 S., 163 Farbfotos,
Pappband. **DM 19,80**/S 159,–

Gesundheit

Die Frau als Hausärztin
Der unentgeltliche Ratgeber für die
Gesundheit. (4072) Von Dr. med.
A. Fischer-Dückelmann, 808 S., 14 Farb-
tafeln, 146 s/w-Fotos, 203 Zeichnungen,
Pappband. **DM 29,80**/S 239,–

**Heiltees und Kräuter für die
Gesundheit**
(4123) Von G. Leibold, 136 S., 15 Farbtafeln, 16 Zeichnungen, kart.
DM 14,80/S 119,–

Falken-Handbuch
Heilkräuter
Modernes Lexikon der Pflanzen und
Anwendungen (4076) Von G. Leibold,
392 S., 183 Farbfotos, 22 Zeichnungen,
geb. **DM 39,–**/S 319,–

Die farbige Kräuterfibel
Heil- und Gewürzpflanzen. (0245) Von
I. Gabriel, 196 S., 49 farbige und
97 s/w-Abb., kart. **DM 14,80**/ S 119,–

Arzneikräuter und Wildgemüse
erkennen und benennen. (0459) Von
J. Raithelhuber, 144 S., 108 Farbfotos,
31 Zeichnungen, kart. **DM 16,80**/S 139,–

Falken-Handbuch
Bio-Medizin
Alles über die moderne Naturheilpraxis.
(4136) Von G. Leibold, 552 S., 38 Farb-
fotos, 232 s/w-Abb., Pappband.
DM 39,–/ S 319,–

Enzyme
(0677) Von G. Leibold, 96 S., kart.
DM 9,80/S 79,–

Heilfasten
(0713) Von G. Leibold, 108 S., kart.
DM 9,80/S 79,–

**So lebt man länger nach Dr. Le
Comptes Erfolgsmethode!**
Vital und gesund bis ins hohe Alter.
(4129) Von Dr. H. Le Compte,
P. Pervenche, 224 S., gebunden.
DM 24,80/S 198,–

**Gesundheit und Spannkraft durch
Yoga**
(0321) Von L. Frank und U. Ebbers,
112 S., 50 s/w-Fotos, kart.
DM 7,80/S 69.–

Yoga für jeden
(0341) Von K. Zebroff, 156 S., 135 Abb.,
Spiralbindung, **DM 20,–**/–/S 160.–

Yoga für Schwangere
Der Weg zur sanften Geburt. (0777) Von
V. Bolesta-Hahn, 108 S., 76 2-farbige
Abb. **DM 12,80**/S 99,–

**Yoga gegen Haltungsschäden und
Rückenschmerzen**
(0394) Von A. Raab, 104 S., 215 Abb.,
kart. **DM 6,80**/S 59.–

Hypnose und Autosuggestion
Methoden – Heilwirkungen – praktische
Beispiele. (0483) Von G. Leibold, 116 S.,
kart. **DM 7,80**/S 69.–

Autogenes Training
Anwendung · Heilwirkungen · Methoden.
(0541) Von R. Faller, 128 S., 3 Zeichnungen, kart. **DM 9,80**/S 79.–

**Die fernöstliche Fingerdrucktherapie
Shiatsu**
Anleitungen zur Selbsthilfe – Heilwirkungen. (0615) Von G. Leibold, 196 S.,
180 Abb., kart. **DM 16,80**/S 139,–

Eigenbehandlung durch Akupressur
Heilwirkungen – Energielehre – Meri-
diane. (0417) Von G. Leibold, 152 S.,
78 Abb., kart. **DM 9,80**/S 79.–

**Bauch, Taille und Hüfte gezielt formen
durch Aktiv Yoga**
(0709) Von K. Zebroff, 112 S., 102 Farbfotos, Spiralbindung, **DM 14,80**/S 119,–

10 Minuten täglich Tele-Gymnastik
(5102) Von B. Manz und K. Biermann,
128 S., 381 Abb., kart. **DM 14,80**/S 119.–

Gesund und fit durch Gymnastik
(0366) Von H. Pilss-Samek, 132 S.,
150 Abb., kart. **DM 9,80**/S 79.–

Stretching
Mit Dehnungsgymnastik zu Entspannung, Geschmeidigkeit und Wohlbefinden. (0717) Von H. Schulz, 80 S.,
90 s/w-Fotos, kart. **DM 7,80**/S 69.–

Schönheitspflege
Kosmetische Tips für jeden Tag. (0493)
Von H. Zander, 80 S., 25 Abb., kart.
DM 7,80/S 69.–

Natur-Apotheke
Gesundheit durch altbewährte Kräuter-
rezepte und Hausmittel.
(4156) Von G. Leibold, 236 S., 8 Farbtafeln, 100 Zeichnungen, kart.,
DM 19,80/S 159.–
(4157) Pappband, **29,80**/S 239.–

Bildatlas des menschlichen Körpers
(4177) Von G. Pogliani, V. Vannini, 112 S.,
402 Farbabb., 28 s/w-Fotos, Pappband,
DM 29,80/S 239.–

Fußmassage
Reflexzonentherapie am Fuß (0714) Von
G. Leibold, 96 S., 38 Zeichnungen, kart.
DM 9,80/S 79.–

Rheuma und Gicht
Krankheitsbilder, Behandlung, Therapie-
verfahren, Selbstbehandlung, richtige
Lebensführung und Ernährung. (0712)
Von Dr. J. Höder, J. Bandick, 104 S., kart.
DM 9,80/S 79.–

Krampfadern
Ursachen, Vorbeugung, Selbstbehandlung, Therapieverfahren. (0727) Von
Dr. med. K. Steffens, 96 S., 38 Abb.,
kart. **DM 9,80**/S 79.–

Gallenleiden
Krankheitsbilder, Behandlung, Therapie-
verfahren, Selbstbehandlung, Richtige
Lebensführung und Ernährung. (0673)
Von Dr. med. K. Steffens, 104 S.,
34 Zeichnungen, kart. **DM 9,80**/S 79,–

Asthma
Pseudokrupp, Bronchitis und Lungen-
emphysem. (0778) Von Prof. Dr. med.
W. Schmidt, 120 S., 56 Zeichnungen,
kart. **DM 9,80**/S 79.–

Vitamine und Ballaststoffe
So ermittle ich meinen täglichen Bedarf
(0746) Von Prof. Dr. M. Wagner,
I. Bongartz, 96 S., 6 Farbabb., zahlreiche
Tabellen, kart. **DM 9,80**/S 79,–

Darmleiden
Krankheitsbilder, Behandlung, Selbst-
behandlung, Richtige Lebensführung und
Ernährung. (0798) Von Dr. med. K. Stef-
fens, 112 S., 46 Zeichnungen, kart.
DM 9,80/S 79,–

Massage
(0750) Von B. Rumpler, K. Schutt, 112 S.,
116 2-farbige Zeichnungen, kart.
DM 12,80/S 99.–

Ratgeber Aids
Entstehung, Ansteckung, Krankheitsbilder,
Heilungschancen, Schutzmaßnahmen.
(0803) Von B. Baartman, Vorwort von
Dr. med. H. Jäger, 112 S., 8 Fabrtafeln,
4 Grafiken, kart. **DM 16,80**/S 139,–

Wenn Kinder krank werden
Medizinischer Ratgeber für Eltern.
(4240) Von Dr. med. I. J. Chasnoff,
B. Nees-Delaval, 232 S., 163 Zeichnungen, Pappband. **DM 29,80**/S 239,–

Ratgeber Lebenshilfe

Umgangsformen heute
Die Empfehlungen des Fachausschusses für Umgangsformen. (4015) 282 S., 160 s/w-Fotos, 25 Zeichnungen, Pappband. **DM 29,80**/S 239.–

Der gute Ton
Ein moderner Knigge. (0063) Von I. Wolter, 168 S., 38 Zeichnungen, 53 s/w-Fotos, kart. **DM 9,80**/S 79.–

Haushaltstips von A bis Z
(0759) Von A. Eder, 80 S., 30 Zeichnungen, kart. **DM 7,80**/S 69,–

Wir heiraten
Ratgeber zur Vorbereitung und Festgestaltung der Verlobung und Hochzeit. (4188) Von C. Poensgen, 216 S., 8 s/w-Fotos, 30 s/w-Zeichnungen, 8 Farbtafeln, Pappband. **DM 19,80**/S 159.–

Kleines Dankeschön für die charmante Gastgeberin
(2218) Von S. Gräfin Schönfeldt, 80 S., 46 Farbabb., Pappband. **DM 9,80**/S 85,–

Die Kunst der freien Rede
Ein Intensivkurs mit vielen Übungen, Beispielen und Lösungen. (4189) Von G. Hirsch, 232 S., 11 Zeichnungen, Pappband. **DM 29,80**/S 239,–

Reden zur Taufe, Kommunion und Konfirmation
(0751) Von G. Georg, 96 S., kart. **DM 6,80**/S 59.–

Der richtige Brief zu jedem Anlaß
Das moderne Handbuch mit 400 Musterbriefen. (4179) Von H. Kirst, 376 S., Pappband. **DM 26,80**/S 218.–

Von der Verlobung zur Goldenen Hochzeit
(0393) Von E. Ruge, 120 S., kart. **DM 6,80**/S 59.–

Reden zur Hochzeit
Musteransprachen für Hochzeitstage. (0654) Von G. Georg, 112 S., kart. **DM 6,80**/S 59.–

Glückwünsche, Toasts und Festreden zur Hochzeit.
(0264) Von I. Wolter, 128 S., 18 Zeichnungen, kart. **DM 7,80**/S 69.–

Hochzeits- und Bierzeitungen
Muster, Tips und Anregungen. (0288) Von H.-J. Winkler, mit vielen Text- und Gestaltungsanregungen, 116 S., 15 Abb., 1 Musterzeitung, kart. **DM 6,80**/ S 59.–

Kindergedichte zur Grünen, Silbernen und Goldenen Hochzeit
(0318) Von H.-J. Winkler, 104 S., 20 Abb., kart. **DM 5,80**/S 49.–

Die Silberhochzeit
Vorbereitung · Einladung · Geschenkvorschläge · Dekoration · Festablauf · Menüs · Reden · Glückwünsche. (0542) Von K. F. Merkle, 120 S., 41 Zeichnungen, kart. **DM 9,80**/S 79.–

Großes Buch der Glückwünsche
(0255) Hrsg. von O. Fuhrmann, 240 S., 77 Zeichnungen und viele Gestaltungsvorschläge, kart. **DM 9,80**/S 79.–

Neue Glückwunschfibel
für Groß und Klein. (0166) Von R. Christian-Hildebrandt, 96 S., kart. **DM 5,80**/S 49.–

Glückwunschverse für Kinder
(0277) Von B. Ulrici, 80 S., kart. **DM 5,80**/S 49.–

Die Redekunst
Rhetorik · Rednererfolg (0076) Von K. Wolter, überarbeitet von Dr. W. Tappe, 80 S., kart. **DM 5,80**/S 49.–

Reden und Ansprachen
für jeden Anlaß. (4009) Hrsg. von F. Sicker, 454 S., gebunden. **DM 39,–**/S 319.–

Reden zum Jubiläum
Musteransprachen für viele Gelegenheiten (0595) Von G. Georg, 112 S., kart. **DM 6,80**/S 59.–

Reden zum Ruhestand
Musteransprachen zum Anschluß des Berufslebens (0790) Von G. Georg, 104 S., kart. **DM 7,80**/S 69,–

Reden und Sprüche zu Grundsteinlegung, Richtfest und Einzug
(0598) Von A. Bruder, G. Georg, 96 S., kart. **DM 6,80**/S 59.–

Reden zu Familienfesten
Musteransprachen für viele Gelegenheiten. (0675) Von G. Georg, 108 S., kart. **DM 6,80**/S 59.–

Reden zum Geburtstag
Musteransprachen für familiäre und offizielle Anläße. (0773) Von G. Georg, 104 S., kart. **DM 7,80**/S 69.–

Festreden und Vereinsreden
Ansprachen für festliche Gelegenheiten. (0069) Von K. Lehnhoff, E. Ruge, 88 S., kart. **DM 5,80**/S 49.–

Reden im Verein
Musteransprachen für viele Gelegenheiten. (0703) Von G. Georg, 112 S., kart, **DM 6,80**/S 59.–

Trinksprüche
Fest- und Damenreden in Reimen. (0791) Von L. Metzner, 88 S., 14 s/w-Zeichnungen, kart. **DM 7,80**/S 68,–

Trinksprüche, Richtsprüche, Gästebuchverse
(0224) Von D. Kellermann, 80 S., kart. **DM 5,80**/S 49.–

Ins Gästebuch geschrieben
(0576) Von K. H. Trabeck, 96 S., 24 Zeichnungen, kart. **DM 7,80**/S 69.–

Poesiealbumverse
Heiteres und Besinnliches. (0578) Von A. Göttling, 112 S., 20 Zeichnungen, Pappband. **DM 14,80**/S 119.–

Verse fürs Poesiealbum
(0241) Von I. Wolter, 96 S., 20 Abb., kart. **DM 5,80**/S 49.–

Rosen, Tulpen, Nelken . . .
Beliebte Verse fürs Poesiealbum
(0431) Von W. Pröve, 96 S., 11 Faksimile-Abb., kart. **DM 5,80**/S 49.–

Der Verseschmied
Kleiner Leitfaden für Hobbydichter. Mit Reimlexikon. (0597) Von T. Parisius, 96 S., 28 Zeichnungen, kart. **DM 7,80**/S 69.–

Was wäre das Leben ohne Hoffnung
Trostreiche Worte
(2224) Hrsg. E. Heinold, 80 S., 23 Farbfotos, Pappband. **DM 9,80**/S 85.–

Moderne Korrespondenz
Handbuch für erfolgreiche Briefe. (4014) Von H. Kirst und W. Manekeller, 544 S., gebunden. **DM 39,–**/S 319.–

Der neue Briefsteller
Musterbriefe für alle Gelegenheiten. (0060) Von I. Wolter-Rosendorf, 112 S., kart. **DM 5,80**/S 49.–

Geschäftliche Briefe
des Privatmanns, Handwerkers, Kaufmanns. (0041) Von A. Römer, 120 S., kart. **DM 6,80**/S 59.–

Behördenkorrespondenz
Musterbriefe – Anträge – Einsprüche. (0412) Von E. Ruge, 120 S., kart. **DM 7,80**/S 69.–

Musterbriefe
für alle Gelegenheiten. (0231) Hrsg. von O. Fuhrmann, 240 S., kart. **DM 9,80**/S 79.–

Privatbriefe
Muster für alle Gelegenheiten. (0114) Von I. Wolter-Rosendorf, 132 S., kart. **DM 6,80**/S 59.–

Erfolgstips für den Schriftverkehr
Briefwechsel leicht gemacht durch einfachen Stil und klaren Ausdruck (0678) Von J. Werbellin, 120 S., kart. **DM 8,80**/S 74.–

Worte und Briefe der Anteilnahme
(0464) Von E. Ruge, 128 S., mit vielen Abb., kart. **DM 9,80**/S 79.–

Reden in Trauerfällen
Musteransprachen für Beerdigungen und Trauerfeiern (0736) Von G. Georg, 104 S., kart. **DM 6,80**/S 59,–

Lebenslauf und Bewerbung
Beispiele für Inhalt, Form und Aufbau. (0428) Von H. Friedrich, 112 S., kart. **DM 6,80**/S 59.–

Erfolgreiche Bewerbungsbriefe und Bewerbungsformen.
(0138) Von W. Manekeller, 88 S., kart. **DM 5,80**/S 49.–

Die erfolgreiche Bewerbung
Bewerbung und Vorstellung. (0173) Von W. Manekeller, 156 S., kart. **DM 9,80**/S 79.–

Die Bewerbung
Der moderne Ratgeber für Bewerbungsbriefe, Lebenslauf und Vorstellungsgespräche. (4138) Von W. Manekeller, 264 S., Pappband. **DM 19,80**/S 159.–

Vorstellungsgespräche
sicher und erfolgreich führen. (0636) Von H. Friedrich, 144 S., kart. **DM 9,80**/S 79.–

Keine Angst vor Einstellungstests
Ein Ratgeber für Bewerber. (0793) Von Ch. Titze, 120 S., 67 Zeichnungen, kart. **DM 9,80**/S 79.–

Zeugnisse im Beruf
richtig schreiben, richtig verstehen. (0544) Von H. Friedrich, 112 S., kart. **DM 9,80**/S 79.–

In Anerkennung Ihrer . . .
Lob und Würdigung in Briefen und Reden.
(0535) Von H. Friedrich, 136 S., kart. **DM 9,80**/S 79.–

Erfolgreiche Kaufmannspraxis
Wirtschaftliche Grundlagen, Geld, Kreditwesen, Steuern, Betriebsführung, Recht, EDV. (4046) Von W. Göhler, H. Gölz, M. Heibel, Dr. D. Machenheimer, 544 S., gebunden. **DM 39,–**/S 319.–

Der Rechtsberater im Haus
(4048) Von K.-H. Hofmeister, 528 S., gebunden. **DM 39,–**/–/S 319.–

Arbeitsrecht
Praktischer Ratgeber für Arbeitnehmer und Arbeitgeber. (0594) Von J. Beuthner, 192 S., kart. **DM 16,80**/S 139.–

Mietrecht
Leitfaden für Mieter und Vermieter. (0479) Von J. Beuthner, 196 S., kart. **DM 14,80**/S 119.–

Familienrecht
Ehe – Scheidung – Unterhalt. (4190) Von T. Drewes, R. Hollender, 368 S., Pappband. **DM 29,80**/S 239.–

Scheidung und Unterhalt
nach dem neuen Eherecht. (0403) Von
Rechtsanwalt H. T. Drewes, 112 S., mit
Kosten- und Unterhaltstabellen, kart.
DM 7,80/S 69.–

Testament und Erbschaft
Erbfolge, Rechte und Pflichten der Erben,
Erbschafts- und Schenkungssteuer,
Mustertestamente. (4139) Von T. Drewes,
R. Hollender, 304 S., Pappband.
DM 26,80/S 218.–

Erbrecht und Testament
Mit Erläuterungen des Erbschaftssteuergesetzes von 1974. (0046) Von Dr. jur.
H. Wandrey, 124 S., kart. **DM 6,80**/S 59.–

Endlich 18 und nun?
Rechte und Pflichten mit der Volljährigkeit. (0646) Von R. Rathgeber, 224 S.,
27 Zeichnungen, kart. **DM 14,80**/S 119.–

Was heißt hier minderjährig?
(0765) Von R. Rathgeber, C. Rummel,
148 S., 50 Fotos, 25 Zeichnungen, kart.
DM 14,80/S 119,–

So finde ich einen Ausbildungsplatz
(0715) Von H. Friedrich, 136 S., kart.
DM 9,80/S 79,–

Elternsache Grundschule
(0692) Hrsg. von K. Meynersen, 324 S.,
kart. **DM 26,80**/S 218,–

Sexualberatung
(0402) Von Dr. M. Röhl, 168 S., 8 Farbtafeln, 17 Zeichnungen, Pappband.
DM 19,80/S 159,–

Die Kunst des Stillens
nach neuesten Erkenntnissen
(0701) Von Prof. Dr. med. E. Schmidt/S.
Brunn, 112 S., 20 Fotos und Zeichnungen,
kart. **DM 9,80**/S 79,–

Wenn Sie ein Kind bekommen
(4003) Von U. Klamroth, Dr. med.
H. Oster, 240 S., 86 s/w-Fotos, 30 Zeichnungen, Pappband. **DM 24,80**/S 198.–

Vorbereitung auf die Geburt
Schwangerschaftsgymnastik, Atmung,
Rückbildungsgymnastik. (0251) Von
S. Buchholz, 112 S., 98 s/w-Fotos, kart.
DM 6,80/S 59.–

Wie soll es heißen?
(0211) Von D. Köhr, 136 S., kart.
DM 5,80/S 49.–

Das Babybuch
Pflege · Ernährung · Entwicklung. (0531)
Von A. Burkert, 128 S., 16 Farbtafeln,
38 s/w-Fotos, 30 Zeichnungen, kart.
DM 12,80/ S 99.–

Mitmachen – die Umwelt retten!
Das Öko-Testbuch
Analysen und Experimente zur Eigeninitiative. (4160) Von M. Häfner,
400 Farbfotos, 137 farbige Zeichnungen,
Pappband. **DM 39,–**/S 319,–

Die neue Lebenshilfe Biorhytmik
Höhen und Tiefen der persönlichen
Lebenskurven vorausberechnen und
danach handeln. (0458) Von W. A. Appel,
157 S., 63 Zeichnungen, Pappband.
DM 12,80/S 99.–

Vom Urkrümel zum Atompilz
Evolution – Ursache und Ausweg aus der
Krise. (4181) Von Jürgen Voigt, 188 S.,
20 Farb- und 70 s/w-Fotos, 32 Zeichnungen, kart. **DM 19,80**/S 159,–

Der Sklave Calvisius
Alltag in einer römischen Provinz 150 n.
Chr. (4058) Von A. Ammermann,
T. Röhrig, G. Schmidt, 120 S.,
99 Farbabb., 47 s/w-Abb., Pappband.
DM 19,80/S 159,–

ZDF · ORF · DRS
Kompaß Jugend-Lexikon
(4096) Von R. Kerler, J. Blum, 336 S.,
766 Farbfotos, 39 s/w-Abb., Pappband.
DM 39,–/S 319.–

Astrologie
Das Orakel der Sterne. (2211) Von
B. A. Mertz, 80 S., 42 Farb- und 15 s/w-
Fotos, Pappband. **DM 9,80**/S 85,–

Psycho-Tests
– Erkennen Sich sich selbst. (0710) Von
B. M. Nash, R. B. Monchick, 304 S.,
81 Zeichnungen, kart. **DM 16,80**/S 139,–

Falken-Handbuch **Astrologie**
Charakterkunde · Schicksal · Liebe und
Beruf · Berechnung und Deutung von
Horoskopen · Aszendenttabelle. (4068)
Von B. A. Mertz, 342 S., mit 60 erläuternden Grafiken, gebunden.
DM 29,80/S 239.–

Selbst Wahrsagen mit Karten
Die Zukunft in Liebe, Beruf und Finanzen.
(0404) Von R. Koch, 112 S., 252 Abb.,
Pappband. **DM 12,80**/S 99.–

Weissagen, Hellsehen, Kartenlegen . . .
Wie jeder die geheimen Kräfte ergründen
und für sich nutzen kann. (4153) Von
G. Haddenbach, 192 S., 40 Zeichnungen,
Pappband. **DM 19,80**/S 159.–

Frauenträume, Männerträume
und ihre Bedeutung. (4198) Von
G. Senger, 272 S., mit Traumlexikon,
Pappband. **DM 29,80**/S 239,–

Wahrsagen mit Tarot-Karten
(0482) Von E. J. Nigg, 112 S., 4 Farbtafeln, 52 s/w-Fotos, Abb., Pappband.
DM 14,80/S 119.–

Aztekenhoroskop
Deutung von Liebe und Schicksal nach
dem Aztekenkalender. (0543) Von
C.-M. und R. Kerler, 160 S., 20 Zeichnungen, Pappband. **DM 9,80**/S 79.–

Was sagt uns das Horoskop?
Praktische Einführung in die Astrologie.
(0655) Von B. A. Mertz, 176 S., 25 Zeichnungen, kart. **DM 9,80**/S 79.–

Das Super-Horoskop
Der neue Weg zur Deutung von Charakter,
Liebe und Schicksal nach chinesischer
und abendländischer Astrologie. (0465)
Von G. Haddenbach, 175 S., kart.
DM 9,80/S 79.–

**Liebeshoroskop für die
12 Sternzeichen**
Alles über Chancen, Beziehungen, Erotik,
Zärtlichkeit, Leidenschaft. (0587) Von
G. Haddenbach, 144 S., 11 Zeichnungen,
kart. **DM 7,80**/S 69.–

Die 12 Sternzeichen
Charakter, Liebe und Schicksal. (0385)
Von G. Haddenbach, 160 S., Pappband.
DM 12,80/S 99.–

**Die 12 Tierzeichen im chinesischen
Horoskop**
(0423) Von G. Haddenbach, 128 S.,
Pappband. **DM 9,80**/S 79.–

Sternstunden
für Liebe, Glück und Geld, Berufserfolg
und Gesundheit. Das ganz persönliche
Mitbringsel für Widder (0621), Stier
(0622), Zwillinge (0623), Krebs (0624),
Löwe (0625), Jungfrau (0626), Waage
(0627), Skorpion (0628), Schütze
(0629), Steinbock (0630), Wassermann
(0631), Fische (0632) Von L. Cancer,
62 S., durchgehend farbig, Zeichnungen,
Pappband. **DM 5,–**/S 39.–

So deutet man Träume
Die Bildersprache des Unbewußten.
(0444) Von G. Haddenbach, 160 S.,
Pappband. **DM 9,80**/S 79.–

Die Familie im Horoskop
Glück und Harmonie gemeinsam erleben
– Probleme und Gegensätze verstehen
und tolerieren. (4161) Von B. A. Mertz,
296 S., 40 Zeichnungen, kart.
DM 19,80/S 159,–

Erkennen Sie Psyche und Charakter
durch **Handdeutung**
(4176) Von B. A. Mertz, 252 S., 9 s/w-
Fotos, 160 Zeichnungen, Pappband.
DM 36,–/S 298.–

Falken-Handbuch
Kartenlegen
Wahrsagen mit Tarot-, Skat-, Lenormand-
und Zigeunerblättern. (4226) Von
B. A. Mertz, 288 S., 38 Farb- und
108 s/w-Abb. Pappband.
DM 39,–/S 319,–

I Ging der Liebe
Das altchinesische Orakel für Partnerschaft und Ehe. (4244) Von G. Damian-
Knight, 320 S., 64 s/w-Zeichnungen,
Pappband. **DM 29,80**/S 239,–

Wenn die Schwalben niedrig fliegen
Bauernregeln
(2208) Von G. Haddenbach, 80 S.,
52 Farbfotos, Pappband.
DM 9,80/S 85,–

**Bauernregeln, Bauernweisheiten,
Bauernsprüche**
(4243) Von G. Haddenbach, 192 S.,
62 Farbabb. 9 s/w-Fotos, 144 s/w-Zeichnungen, Pappband. **DM 29,80**/S 239,–

Computer

Computer Grundwissen
Eine Einführung in Funktion und Einsatzmöglichkeiten. (4302) Von W. Bauer, 176 Seiten, 193 Farb- und 12 s/w-Fotos, 37 Computergrafiken, kart.,
DM 29,80/S 239.–
(4301) Pappband, **DM 39,–**/S 312.–

Einführung in die Programmiersprache BASIC. (4303) Von S. Curran und R. Curnow, 192 S., 92 Zeichnungen, Spiralbindung. **DM 19,80**/S 159.–

Lernen mit dem Computer. (4304) Von S. Curran und R. Curnow, 144 S., 34 Zeichnungen, Spiralbindung, **DM 19,80**/S 159.–

Computerspiele, Grafik und Musik (4305) Von S. Curran und R. Curnow, 147 S., 46 Zeichnungen, Spiralbindung. **DM 19,80**/S 159.–

dBase III
Einführung für Einsteiger und Nachschlagewerk für Profis. (4310) Von J. Brehm, G. A. Karl, 211 S., 23 Abb., kart. **DM 58,–**/S 460,–

Das Medienpaket
Buch und Programmdiskette „dBase III" zusammen (4312) **DM 98,–**/S 784,

Grundwissen Informationsverarbeitung
(4314) Von H. Schiro, 312 S., 59 s/w-Fotos, 133 s/w-Zeichnungen, Pappband. **DM 58**,–/S 460,–

Heimcomputer-Bastellkiste
Messen, Steuern, Regeln mit C 64-, Apple II-, MSX-, TANDY-, MC-, Atari- und Sinclair-Computern. (4309) Von G. A. Karl, 256 S., 160 Zeichnungen, kart. **DM 39**,–/S 319,–

Drucker und Plotter
Text und Grafik für Ihren Computer. (4315) Von K.-H. Koch, 192 S., 12 Farbtafeln, 5 s/w-Fotos, kart. **DM 39**,–/S 319,–

Textverarbeitung mit Home- und Personal-Computern
Systeme – Vergleiche – Anwendungen. (4316) Von A. Görgens, 128 S., 49 s/w-Fotos, kart. **DM 29,80**/S 239,–

Lernhilfen

Deutsch für Ausländer im Selbstunterricht
Ausgabe für Jugoslawen
(0261) Von I. Hladek und E. Richter, 132 S., 62 Zeichnungen, kart.
DM 9,80/S 79.–

Deutsch – Ihre neue Sprache.
Grundbuch (0327) Von H.-J. Demetz und J. M. Puente, 204 S., mit über 200 Abb., kart. **DM 14,80**/S 119.–

Glossar Italienisch
(0329) Von H.-J. Demetz und J. M. Puente, 74 S., kart.
DM 9,80/S 79.–

In gleicher Ausstattung:
Glossar Spanisch (0330)
DM 9,80/S 79.–
Glossar Serbokroatisch (0331)
DM 9,80/S 79.–
Glossar Türkisch (0332)
DM 9,80/S 79.–
Glossar Arabisch (0335)
DM 9,80/S 79.–
Glossar Französisch (0337)
DM 9,80/S 79.–

Das Deutschbuch
Ein Sprachprogramm für Ausländer, Erwachsene und Jugendliche.
Autorenteam: J. M. Puente, H.-J. Demetz, S. Sargut, M. Spohner.
Grundbuch Jugendliche
(4915) Von Puente, Demetz, Sargut, Spohner, Hirschberger, Kersten, von Stolzenwaldt, 256 S., durchgehend zweifarbig, kart. **DM 19,80**/S 159.–
Grundbuch Erwachsene
(4901) Von Puente, Demetz, Sargut, Spohner, 292 S., durchgehend zweifarbig, kart. **DM 24,80**/S 198.–
Arbeitsheft
zu Grundbuch Erwachsene und Jugendliche. (4903) Von Puente, Demetz, Sargut, Spohner, 160 S., durchgehend zweifarbig, kart. **DM 16,80**/S 139.–
Aufbaukurs
(4902) Von Puente, Sargut, Spohner, 232 S., durchgehend zweifarbig, kart.
DM 22,80/S 182.–
Lehrerhandbuch Grundbuch Erwachsene
(4904) 144 S., kart. **DM 14,80**/S 119.–
Lehrerhandbuch Grundbuch Jugendliche
(4929) 120 S., kart. **DM 14,80**/S 119.–
Lehrerhandbuch Aufbaukurs
(4930) 64 S., kart. **DM 9,80**/S 79.–
Glossare Erwachsene:
Türkisch
(4906) 100 S., kart. **DM 9,80**/S 79.–
Englisch
(4912) 100 S., kart. **DM 9,80**/S 79.–
Französisch
(4911) 104 S., kart. **DM 9,80**/S 79.–
Spanisch
(4909) 98 S., kart. **DM 9,80**/S 79.–
Italienisch
(4908) 100 S., kart. **DM 9,80**/S 79.–
Serbokroatisch
(4914) 100 S., kart. **DM 9,80**/S 79.–
Griechisch
(4907) 102 S., kart. **DM 9,80**/S 79.–
Portugiesisch
(4910) 100 S., kart. **DM 9,80**/S 79.–
Polnisch
(4913) 102 S., kart. **DM 9,80**/S 79.–
Arabisch
(4905) 100 S., kart. **DM 9,80**/S 79.–
Glossare Jugendliche:
Türkisch
(4927) 104 S., kart. **DM 9,80**/S 79.–
Italienisch
(4932) Von A. Baumgartner, 104 S., kart. **DM 9,80**/S 79.–
Spanisch
(4933) Von M. Weidemann, 104 S., kart. **DM 9,80**/S 79.–
Serbokroatisch
(4934) Von M. Vuckovic, 104 S., kart. **DM 9,80**/S 79.–
Griechisch
(4936) Von Dr. G. Tzounakis, 112 S., kart. **DM 9,80**/S 79.–
Tonband Grundbuch Erwachsene
(4916) Ø 18 cm. **DM 125,**–/S 1.000.–
Tonband Grundbuch Jugendliche
(4917) Ø 18 cm. **DM 125,**–/S 1.000.–
Tonband Aufbaukurs
(4918) Ø 18 cm. **DM 125,**–/S 1.000.–
Tonband Arbeitsheft
(4919) Ø 18 cm. **DM 89,**–/S 712.–
Kassetten Grundbuch Erwachsene
(4920) 2 Stück à 90 Min. Laufzeit.
DM 39,–/S 319.–
Kassetten Grundbuch Jugendliche
(4921) 2 Stück à 90 Min. Laufzeit.
DM 39,–/S 319.–
Kassetten Aufbaukurs
(4922) 2 Stück à 90 Min. Laufzeit.
DM 39,–/S 319.–
Kassette Arbeitsheft Grundbuch
(4923) 60 Min. Laufzeit.
DM 19,80/S 159.–
Overheadfolie Grundbuch Erwachsene
(4924) 60 Stück **DM 159,**–/S 1.270.–
Overheadfolien Grundbuch Jugendliche
(4925) 59 Stück. **DM 159,**–/S 1.270.–
Overheadfolien Aufbaukurs
(4931) 54 Stück. **DM 159,**–/S 1.270.–
Diapositive Grundbuch Erwachsene
(4926) 300 Stück. **DM 398,**–/S 3.184.–
Bildkarten
zum Grundbuch Jugendliche und Erwachsene. (4928) 200 Stück.
DM 159,–/S 1.270.–

Arbeitshefte für ausländische Jugendliche in der Berufsvorbereitung
Fachsprache im projektorientierten/ fachübergreifenden Unterricht
Metall 1
(4937) Von S. Sargut, M. Spohner, 96 S., 30 Farbfotos, 30 Zeichnungen, kart.
DM 14,80/S 119.–

Maschinenschreiben für Kinder
(0274) Von H. Kaus, 48 S., farbige Abb., kart. **DM 5,80**/S 49,–
So lernt man leicht und schnell
Maschinenschreiben
Lehrbuch für Selbstunterricht und Kurse. (0568) Von J. W. Wagner, 112 S., 31 s/w-Fotos, 36 Zeichnungen, kart. **DM 19,80**/S 159.–
Maschinenschreiben durch Selbstunterricht
(0170) Von A. Fonfara, 84 S., kart. **DM 5,80**/S 49,–
Stenografie leicht gelernt
im Kursus oder Selbstunterricht. (0266) Von H. Kaus, 64 S., kart. **DM 6,80**/S 59,–
Buchführung
leicht gefaßt. Ein Leitfaden für Handwerker und Gewerbetreibende. (0127) Von R. Pohl, 104 S., kart. **DM 7,80**/S 69,–
Buchführung leicht gemacht
Ein methodischer Grundkurs für den Selbstunterricht. (4238) Von D. Machenheimer, R. Kersten, 252 S., Pappband. **DM 26,80**/S 218,–

Schülerlexikon der Mathematik
Formeln, Übungen und Begriffserklärungen für die Klassen 5–10. (0430) Von R. Müller, 176 S., 96 Zeichnungen, kart. **DM 9,80**/S 79.–
Mathematik verständlich
Zahlenbereiche Mengenlehre, Algebra, Geometrie, Wahrscheinlichkeitsrechnung, Kaufmännisches Rechnen. (4135) Von R. Müller, 652 S., 10 s/w- und 109 Farbfotos, 802 farbige und 79 s/w-Zeichnungen, über 2500 Beispiele und Übungen mit Lösungen, Pappband. **DM 68,–**/S 549.–
Mathematische Formeln für Schule und Beruf
Mit Beispielen und Erklärungen. (0499) Von R. Müller, 156 S., 210 Zeichnungen, kart. **DM 9,80**/S 79.–
Rechnen aufgefrischt
für Schule und Beruf. (0100) Von H. Rausch, 144 S., kart. **DM 6,80**/S 59.–
Mehr Erfolg in Schule und Beruf
Besseres Deutsch
Mit Übungen und Beispielen für Rechtschreibung, Diktate, Zeichensetzung, Aufsätze, Grammatik, Literaturbetrachtung, Stil, Briefe, Fremdwörter, Reden. (4115) Von K. Schreiner, 444 S., 7 s/w-Fotos, 27 Zeichnungen, Pappband. **DM 29,80**/S 239.–
Richtiges Deutsch
Rechtschreibung · Zeichensetzung · Grammatik · Stilkunde. (0551) Von K. Schreiner, 128 S., 7 Zeichnungen, kart. **DM 9,80**/S 79.–
Diktate besser schreiben
Übungen zur Rechtschreibung für die Klassen 4–8. (0469) Von K. Schreiner, 152 S., 31 Zeichnungen, kart. **DM 9,80**/S 79.–
Aufsätze besser schreiben
Förderkurs für die Klassen 4–10. (0429) Von K. Schreiner, 144 S., 4 s/w-Fotos, 27 Zeichnungen, kart. **DM 9,80**/S 79.–

Deutsche Grammatik
Ein Lern- und Übungsbuch. (0704) Von K. Schreiner, 112 S., kart. **DM 9,80**/S 79.–
Besseres Englisch
Grammatik und Übungen für die Klassen 5 bis 10. (0745) Von E. Henrichs, 144 S., **DM 12,80**/S 99.–
Richtige Zeichensetzung
durch neue, vereinfachte Regeln. Erläuterungen der Zweifelsfragen anhand vieler Beispiele. (0774) Von Prof. Dr. Ch. Stetter, 160 S., kart. **DM 9,80**/S 79,–

Bestellschein

Erfüllungsort und Gerichtsstand für Vollkaufleute ist der jeweilige Sitz der Lieferfirma. Für alle übrigen Kunden gilt dieser Gerichtsstand für das Mahnverfahren. Falls durch besondere Umstände Preisänderungen notwendig werden, erfolgt Auftragserledigung zu dem bei der Lieferung gültigen Preis.
Ich bestelle hiermit aus dem Falken-Verlag GmbH, Postfach 1120, D-6272 Niedernhausen/Ts., durch die Buchhandlung:

_____ Ex. _____
_____ Ex. _____
_____ Ex. _____
_____ Ex. _____

Name:
Straße: Ort:
Datum: Unterschrift:

Für die Schweiz: sFr.-Preise gemäß   Preisauszeichnung in der Buchhandlung